構造構成主義とは何か

次世代人間科学の原理

西條剛央

「構造構成主義」のテーマ曲

掌に刻まれた歪な曲線
何らかの意味を持って生まれてきた証

僕らなら　求め合う寂しい動物
肩を寄せるようにして　愛を歌っている

抱いたはずが突き飛ばして
包むはずが切り刻んで
撫でるつもりが引っ掻いて
また愛　求める
解かり合えたふりしたって
僕らは違った個体で
だけどひとつになりたくて
暗闇で　跪いて　跪いている

ステッカーにして貼られた本物の印
だけど　そう主張している方がニセモノに見える

僕らなら　こんな風な袋小路に
今も迷い込んだまま　抜け出せずにいる

夢見てるから儚くて
探すから見つからなくて
欲しがるから手に入んなくて
途方に暮れる
どこで間違ったかなんて
考えてる暇もなくて
でも答えがなきゃ不安で

君は君で　僕は僕　そんな当たり前のこと
なんでこんなにも簡単に　僕ら
見失ってしまえるんだろう？

ALL FOR ONE FOR ALL
BUT I AM ONE
ALL FOR ONE FOR ALL
BUT YOU ARE ONE

ひとつにならなくていいよ
認め合うことができればさ
もちろん投げやりじゃなくて
認め合うことができるから
ひとつにならなくていいよ
価値観も　理念も　宗教もさ
ひとつにならなくていいよ
認め合うことができるから
それで素晴らしい

キスしながら唾を吐いて
舐めるつもりが噛みついて
着せたつもりが引き裂いて
また愛　求める
ひとつにならなくていいよ
認め合えばそれでいいよ
それだけが僕らの前の
暗闇を　優しく　散らして
光を　降らして　与えてくれる

2003年11月19日　Mr.Children『掌』

＊この曲をテーマ曲としている理由については「あとがき」の〔本書の成立経緯〕をご参照ください。

出版に寄せて

　私が『構造主義科学論の冒険』（毎日新聞社）を上梓してから15年の歳月が流れた。この本はその2年前の1988年に出版した『構造主義生物学とは何か』（海鳴社）で展開した考えを科学論に応用したもので，いわば構造主義生物学から導かれた系（コロラリー）の1つである。この中で私は，帰納主義，反証主義，規約主義等々を包摂し，止揚した新しい科学論を構築し得たと秘かに自負した。2，3の好意的な書評が出たとはいえ，しかし，日本の主流の科学論・科学哲学界は私の本を完璧に無視した。『構造主義生物学とは何か』の出版で，傍流の学者が一般向けに書いた本は，内容のいかんを問わず，いずれにせよ学界からは無視されることを学んでいた私は，落胆もしなければ，腹も立たず，自分の理論の優位性を疑うこともなかった。

　私は理論の完成度に自信をもっていたので（という意味は，メタ理論としてはこれ以上考える余地がなくなったので），構造主義科学論に関係する本を，その後もいくつか出版しはしたが（『科学はどこまでいくのか』筑摩書房，1995年，『科学とオカルト』PHP新書，1999年），もはや，理論をより洗練させようとの意図をもたなくなっていた。私の関心は，ネオダーウィニズム批判とそれに代わるべきオールタナティブ理論の構築，新しい分類理論の提唱，リバータリアニズムの理論的基礎づけ，生命の形式の探求等々に移っていった。

　その間に毎日新聞社刊の『構造主義科学論の冒険』は版を重ね，1998年に出版した講談社学術文庫版も順調に版を重ねて，一定の読者数を獲得したように思われたが，相変わらず，職業的学者が書く科学論や科学哲学の本や論文に，私の構造主義科学論が引用されることはなかったように思う。しかし，こういった学界とは無縁な人の中には，私の科学論をおもしろがってくれる人もチラホラ現われて，そういったものを目にするたびに，私はちょっと誇らしいようなうれしいような気分になった。

　そんな時に出現したのが本書である。送られてきた草稿を読んで，私は不思議な気分になった。メンデルが1865年に発表した遺伝の理論は長らく無視され，1900年になって再発見されるのだが，メンデルは1884年にすでに亡くなっていて，自分の理論の再発見を知ることはなかった。もし，メンデルが生きながらえて，自分の理論の再発見を報されたらどんな気分になったろうか。そう，西條剛央さんの書いた本書を読んで，私は不遜にも，生きながらえて自分の理論の再発見の報せを聞いて

いるメンデルもかくありなん，という気分になったのである．

　私は本書を読みながら，15年前に『構造主義科学論の冒険』を書いていた時の心躍りを想い出し，きっと西條さんも本書を書きながら，新しい理論を自ら構築する者だけが味わえる昂揚感を味わったに違いないと思い，なつかしいような，ちょっとうらやましいような気持ちになった．

　構造主義科学論を，帰納主義，反証主義，規約主義を止揚したメタ理論として構想した私は，この理論が具体的な研究プログラムとして役に立つかもしれない，なんて考えたことはなかった．本書を読んで，なるほど，構造主義科学論の基本的なスタンスは，諸学を束ねる結節点としての人間科学にこそふさわしいのかもしれないと思い，西條さんの慧眼に舌を巻いているしだいである．

　私は『構造主義科学論の冒険』に先立つ『構造主義生物学とは何か』のあとがきに次のように書いた．

　　　「あれもよし，これもよしといった形での現状追認のニヒリズムに陥らずに，しかも一元主義と同型的な論理構成にならずに，多元主義を擁護するためのメタレベルの思想を構築することは，大げさに言えば，現代思想が直面している最大の課題であると私には思われた．本書は第一義的には，構造主義生物学の方法論的な基礎を述べたものであるが，同時にこの課題を解決しようとする試みでもある」．

　これを書いた時点では，このマニフェストは単なる大言壮語にすぎなかったが，本書を読むと，人間科学という具体的なディシプリンの中でひょっとすると実現可能かもしれないという曙光が見えてきたような気がする．私が構造主義科学論の構想を公表して以来，西條さんが現われるまで，誰も私の理論を具体的な道具として使おうという人は現われなかったし，私自身もどう使っていいかわからなかった．作った本人は玉だと強がってみても，誰にも顧みられずに打ち捨てられたままであれば，科学論の歴史の片隅に転がっているただの石ころにすぎない．

　西條さんはこの石ころを磨いて玉にして，さらにそれを加工して，「構造構成主義」という商品にしようとしているのだと思う．願わくば，たくさんの人がこの商品の価値を認めて，使い勝手のいい道具として愛用してくれますように．

　　2004年師走

池田清彦

はじめに

　本書は新たなメタ理論（原理）として「構造構成主義」を体系的に提示するものである。
　人間科学内部や，専門領域としている心理学における学会から小規模の研究会に至るまで，学者，研究者といわれるさまざまな人々と議論をし，また議論の仕方をみてきたが，いつも「なぜだろうか？」と思っていたのは，たいていは建設的議論にはなることなく，信念対立が繰り返され，結果として領域間や理論対実践，実験対現場，基礎対応用といったさまざまな対立図式に陥ってしまうことだ。
　研究に携わる人々は，確かに自身の専攻やテーマに関しては，専門書などをよく読み，論文を生産したり，実践活動に寄与している。しかし，異領域間の交流となると，相手をやりこめる議論は一流でも，建設的に何かを生み出すことはできず，後味の悪い思いだけが残る。ボタンの掛け違いが日常的に起こり，事態は紛糾し，不毛な信念対立や相互不干渉図式へと至ってしまう。また，そうした違和感から，異領域間のコラボレーションがうまくいっていないことに気づき，その現状を批評することはできても，具体的な解決策が提案されることはまずない。
　しかし，その一方で，相手の関心や目的，ルール，志向性を十分理解した上で，その人の研究がよりよくなるように，異領域ならではの発想を活かした意義ある提言を行なう人もいる。そうした人々は，それぞれの領域のもつ特長を活かしたコラボレーションを促進することにより，建設的に問題を先に進める。そのタイプの人は，確かに専門領域の知識や能力を有してはいるのだが，本質的にはそうした能力とは関係なさそうである。むしろ，自他の関心を対象化して捉える認識力に長けていること，問題がこじれそうな時にその根源を突きとめ解きほぐすことができること，自分だったらどうするかといった身に引きつける態度で建設的に考え，お互いの良さを引き出すといった「隠れスキル」とでもいうべき裏の技術をもっているようだ。
　大学院生から教員に至るまで，研究者といわれる人々は，人間科学の旗印のもとで，それぞれの専門領域の研究に従事している。しかし，何を専門に学ぼうとも，関心や目的，方法といった前提を異にする領域の研究者たちとコラボレーションするためのスキルを学ばなければ，人間科学において建設的議論を行なうことはできない。
　その結果，細分化する科学の限界を乗り越えるために掲げた「総合性」「全体

性」という人間科学の理念は，そこに関わる人々に自覚されないまま，日々の営みの中で崩壊していくことになる。「異領域の人々を集めれば，個別にやっているのとは異なる新たな展開が生まれるのではないか」という人間科学に対する淡い期待は，総合ルールの不在により，泡となって空の彼方へと消えて行くのである。これは人間科学にかけられた「呪」ということができよう。

この「呪」を解くためには，独自の「魔法」（メタ理論）が求められる。

総合領域としての人間科学が，自らが抱える呪を解き，建設的議論によりコラボレートしていくために現在最も必要なのは，それぞれの専門領域の知識を高めることではなく，異なるルールに基づく領域の人々と，建設的な議論を行なうための基本的スキルを身につけることではないだろうか。このスキルとなりうる原理が，構造構成主義なのである。言い換えれば，それは学問間の信念対立を調整，解消し，コラボレートをうまく進めるための，総合ルールとして機能しうるメタ理論といえる。構造構成主義は，人間科学（社会）の不毛な信念対立を解消し，建設的な協力態勢を生み出すための「原理」（考え方の筋道）なのである。

本書は，こうしたモチーフから，人間科学に掛けられた「呪」を解消した上で「学問のるつぼ」である人間科学の形式上の「特徴」を，機能的な「特長」へと昇華するため，「構造構成主義」という新たなメタ理論の体系的提示を試みるものである。

[本書の構成]

本書は11章から構成されている。1章では人間科学における問題と本書の目的について論じる。2章では，その問題を打開するために本書が採用する基本的思考法の整理を行なう。3章から10章までは（これが本書のメインになるのだが），構造構成主義を構成する基本的な概念を説明しながら構造構成主義の体系化を行なう。11章では，構造構成主義の応用実践の議論を行なう。具体的には，構造構成主義を，質的研究法，心理統計学，発達研究法，知覚研究法，医学，QOL評価法，古武術といった多様な領域に導入した新たな枠組みを提示した上で，それらの特長を概説する。

[本書の書かれ方と読み方]

本書は，書名の通り「構造構成主義とは何か」を明らかにすべく，論じられたものである。構造構成主義を体系的に提示する最初の本であるため，構造構成主義を理論化する際の根本動機，各概念の定義，概念間の関係を明確にするよう心がけた。さらに，今後，構造構成主義を継承し，さまざまな領域に援用しようという人々が現われた際の利便性を考慮し，重要な思想については，読みやすさをある程度犠牲

にしても，可能な限りその系譜を辿り引用することにした。それにより，学的な厳密さを担保すると同時に，構造構成主義の系譜を含めて理解できるよう配慮した。なお，直接引用した箇所は特にことわりをしない限り，傍点や漢字表記を含め原文のままとした。

次に本書の読み方についてだが，本書は，上述した意図によって書かれることもあり，一般の人々にとってはやや専門的すぎる箇所も出てくることと思う。しかし，用語の背景や難解な箇所にこだわる必要はまったくない。難解な所は読み飛ばしていただき，むしろ全体の流れの中から，構造構成主義がどのような目的を達成するために，どのような方法を採り，どのような展開をもたらそうとしているのか，そのエッセンスを受け取ってもらえればと思う。

また，本書は最初の方で詳説したいくつかの概念（原理）を，その後活用しつつ議論を進めるという書き方をしているため，基本的には前から読み進めるという方法をお勧めしたいが，10章をざっと読んで，構造構成主義の全体像を「見取り図」程度に頭に入れた上で，冒頭から読み進めるのもよいかもしれない。

構造構成主義は，現象を「構造構成」のネットワークとして捉えようとする認識形式をとる。構造構成主義も，構成された1つの構造にすぎない。したがって，常に構成され続ける必要がある。読者の方々から，さまざまな意見をいただくことにより，構造構成主義をより精緻化，発展させていきたいと考えている。

そして，構造構成主義は「原理」であるがゆえに，さまざまな領域において発展させることが可能である。多くの人に継承発展していただくことにより，各領域における「次世代」を切り開いていってもらえれば望外の喜びである。

西條剛央

『構造構成主義とは何か』もくじ

出版に寄せて　i
はじめに　iii

1章　人間科学の「呪」 …………………………………… 1
　1節　人間科学の特徴と特長　*1*
　2節　人間科学の現状　*2*
　3節　人間科学のテーゼを通してみる「呪」の発生構造　*5*
　4節　「呪」の解消を巡るさまざまな問い　*9*
　5節　本書の目的　*10*

2章　人間科学の「呪」の解き方 ……………………………… 11
　1節　呪の解消へ向けて　*11*
　2節　リーダーシップによる先導　*12*
　3節　実証の限界と有効性　*12*
　4節　哲学の問題点と機能　*15*
　5節　哲学に対する誤解　*17*
　6節　「哲学」による「原理」の探求　*20*
　7節　本書で採用する現象学の整理　*22*
　8節　その他の方法概念　*30*

3章　哲学的解明の基礎ツールとしての現象学的思考法──判断中止と還元 …… 32
　1節　本章の構成　*32*
　2節　主客問題・認識問題の歴史的起源　*33*
　3節　認識問題がなぜ信念対立へとつながるのか？　*35*
　4節　自然的態度から生まれる信念対立　*38*
　5節　信念対立超克のための現象学的思考法　*39*
　6節　フッサール現象学における判断中止と還元　*41*
　7節　多様性の相互承認に向けた「原理」の創出　*45*
　8節　「内的視点」としての新たな「原理」の定式化へ向けて　*49*

4章　中核原理の定式化——関心相関性……………………………………51
　1節　信念対立の解消へ向けて　*51*
　2節　中核原理としての身体・欲望・関心相関性　*52*
　3節　関心相関性の機能　*53*
　4節　関心相関性のもつ普遍洞察性　*62*
　5節　ニーチェの欲望論　*64*
　6節　根本仮説の問題点　*69*
　7節　身体・欲望・関心相関性に通底する「原理の中の原理」　*71*
　8節　関心相関性に関する批判とそれへの回答　*76*

5章　「言葉」を相対化する思考法——ソシュール言語学と記号論的還元 ………82
　1節　「科学」という言葉の相対化へ向けて　*82*
　2節　ソシュールの一般言語学のエッセンス　*83*
　3節　恣意性　*86*
　4節　差異性　*89*
　5節　恣意性と差異性の関係　*90*
　6節　蔽盲性　*91*
　7節　記号論的還元　*92*
　8節　記号論的還元の応用としての「科学論的還元」　*94*
　9節　実体的概念と非実体的概念の違い　*97*
　10節　記号論的還元の学融促進機能　*99*
　11節　第二の記号論的還元の科学論的実践へ向けて　*100*

6章　人間科学の科学論の確立——構造主義科学論 ……………………………102
　1節　本章の概観　*102*
　2節　帰納主義とその限界　*103*
　3節　ポパーの反証主義とその限界　*104*
　4節　帰納の成立条件とその根本問題　*105*
　5節　求められる科学論の条件　*109*
　6節　規約主義　*109*
　7節　社会的構築主義　*110*
　8節　科学論最大の難問の解明へ向けて　*112*
　9節　「私」再考　*114*
　10節　独我論・観念論という批判への論駁　*121*
　11節　構造主義科学論　*122*

12節　構造主義科学論と「科学論の最前線」との比較　*127*
13節　日本の科学論の展望　*129*
14節　構造主義科学論が人間科学にもたらす意義　*130*

7章　構造概念の定式化――構造存在論を通して……134
1節　構造存在論の導入　*134*
2節　構造の存在様式　*135*
3節　人間科学を基礎づける構造概念　*139*
4節　構造とは何か？――2つのレベルの構造　*143*

8章　人間科学の方法論の整備……147
1節　信憑性と構造の質　*147*
2節　多様な認識論と方法論の活用法――関心相関的選択　*149*
3節　広義の科学性を満たすもう1つの条件――構造化に至る軌跡　*155*
4節　構造仮説の引き継ぎ方――継承　*158*
5節　推測統計学による一般化の有効性と原理的限界　*160*
6節　アナロジー的思考に拠る一般化　*163*
7節　「視点」としての「構造」　*168*
8節　継承対象の拡張による人間科学知の存在論的編み変え　*170*
9節　人間科学の方法論のまとめ　*171*

9章　他の思潮との差異化，構造主義，社会的構築主義，客観主義，そして構成主義……173
1節　構造主義との差異化　*173*
2節　社会的構築主義との差異化　*174*
3節　客観主義と構成主義との差異化　*179*
4節　連立制御ネットワークとしての構成主義との異同と連携　*181*

10章　構造構成主義――全体像と思想的態度……185
1節　本章の企図と構造構成主義のモデル提示　*185*
2節　現象の尊重　*187*
3節　哲学的構造構成と科学的構造構成の共通概念　*189*
4節　哲学的構造構成　*191*
5節　科学的構造構成　*195*
6節　二重の構造構成の意味すること――哲学と科学の融合　*197*

7節　「矛盾」に対する態度　*199*
　8節　開放系としての知の継承──関心相関性という媒介者　*200*
　9節　構造構成主義とは何か？　*204*

11章　構造構成主義の継承実践 ……………………………………*206*
　1節　構造構成主義の応用実践へ向けて　*206*
　2節　構造構成的質的研究法　*208*
　3節　構造構成的心理統計学　*214*
　4節　構造構成的発達研究法　*217*
　5節　構造構成的知覚研究法　*218*
　6節　人間科学的医学　*223*
　7節　構造構成的QOL評価法　*228*
　8節　構造構成主義による甲野善紀流古武術の基礎づけ　*231*
　9節　原理としての優れた継承性　*236*

引用文献　*237*
あとがき　*245*

1章 人間科学の「呪」

　学問のためにささげられたこの場所でおこなうこの講演の「ヨーロッパ諸学の危機と心理学」という題目そのものからしてすでに異論を喚び起こすであろうことを、わたしは覚悟しておかねばなるまい。[その異論はほぼ次のようなものであろう。]いったい、われわれの学問そのものが危機におちいっているなどとまじめに語られてよいものであろうか。今日よく耳にするこのような言い方は、あまりにも大げさに過ぎないだろうか。……（略）……われわれは、この講演の題目に対して、自分たちの方法に自信を持っている科学者たちがまず最初に内心いだくであろう抗議にもあらかじめある権利を認めておくことにしよう。
　　　　　　　　　　　　　　　　　　　(Husserl, 1954 ; p. 15, pp. 17-18)

●◆● 1節 ●◆●
人間科学の特徴と特長

1．人間科学の形式上の特徴

　歴史上、人間科学という用語は18世紀以来、多様な意味で用いられてきており、その整理も端緒についたばかりである（田畑，2004）。そのため「人間科学とは何か」という問いに答えるのは容易ではなく、またおそらく多数の答え方が並列し得

る。しかし，人間科学の成立背景を踏まえた上で，その形式的特徴を挙げることは可能であろう。

成立背景を考えるならば，これまでの専門化・細分化に邁進してきた個別科学の限界と反省から，人間存在を総合的に理解する科学が求められ，その結果，生まれてきたのが人間科学ということができる（柿崎，1992，菅村・春木，2001）。したがって，人間科学は程度の差こそあれ，多様な学問領域を包括している総合領域である点は共通している。すなわち「総合性・全体性」といった理念のもとに，さまざまな学問領域が集まっていることを，人間科学の形式的特徴として挙げることができるだろう。こうした人間科学の特徴を，本書では人間科学の「学問のるつぼ」的特徴と呼ぶこととする。

2．人間科学の機能的特長

したがって，この学問のるつぼ的な特徴を活かせているかどうかを基準として，人間科学の成否を判断することは1つの妥当な基準といえよう。言い換えれば，人間科学の「形式的な特徴」を，「機能的な特長」へと変換できているかどうかが人間科学の成否を判断する1つのポイントとなるだろう。学問の総合性を活かすということは，たとえば，異領域が共同し，相補完的に特定の問題を解決したり，それぞれの特長を活かしてコラボレートすることによって，学的フロンティアを切り開いたりすることがそれに該当するといえよう。

●◆● 2節 ●◆●
人間科学の現状

1．「束論」としての人間科学

それでは，そうした意味で人間科学は成功しているといえるだろうか。菅村と春木（2001）は，人間科学の現状を，確かに学際性が提唱され，同一テーマについて，複数の分野の専門家が，それぞれの立場からアプローチしてはいるものの，これは結局学問そのものに変化をもたらすものではなく，協力体制を作る「束論」（春木，1988）に近いと論じている。

2．専門家の集合体の長所と短所

また，養老（2002）は，著書『人間科学』において「人間科学という言葉は，いまでは公式によく使われている」として，「いくつかの著名な大学に，人間科学ないしそれに類似の名称がついた学部がある」と述べている。そして，「ではその正

体が何かというなら，統一された学ではなく，複数分野の専門家の集合というのが実情であろう」と指摘している。そして養老は「専門家の集合には長短両面がある」として，長所としては「異分野の人たちが集まることによる相互刺激」を挙げつつも，「専門家の集合の短所」として次のように論じている。少し長くなるが，一部省略しながら，引用してみよう。

> 専門家の集合の短所をいうなら，総合性を欠くことであろう。具体的には，いつまで経っても専門家の集まりで止まる。なぜなら，専門分野とは，その分野の前提を当然として受け入れたところに成立するからである。前提を問うことは専門分野には入らない。しかし前提を考えなければ，総論はできないのである。
>
> 日本の場合，とくに総合性を欠きやすい状況が存在する。研究者はそれぞれの専門分野で業績を上げようとする。評価はその専門分野でなされるからである。それなら本人の顔は，実質的には専門分野にしか向かない。……（略）……それなら自然に，つきあいもその分野の人ということになる。そこには日本的「世間」が成立する。その世間がつまり「実体としての専門分野」であり，それなら看板である人間科学とは関係がない。その意味では，「人間科学」という総論は，実質的には不要だということになってしまう。極論すれば，文部科学省向けの看板としておいておけ，ということになる。
>
> （養老，2002；p. 13-14）

養老孟司のこの指摘は，人間科学の抱える本質的問題を捉えている，と私は思う。こうした指摘を踏まえた上で，次に，早稲田大学人間総合研究センターの紀要『ヒューマンサイエンス』に掲載されていた，シリーズ「人間科学を考える」を取り上げて，人間科学の実態を検討してみよう。

3．ジャーナルレベルでみる人間科学の「呪」

この『ヒューマンサイエンス』には，「人間科学を考える」という，養老孟司のいうところの人間科学の「総論」がシリーズ化されていた。私は人間科学総論の量的推移を検討するために，このシリーズを取り上げて，数量的な分析を行なったことがある（西條，2003b）。その結果，そのシリーズの掲載ページ数は，1988年の創刊時から1991年までの4年間は，いずれも15ページ以上あったが，その後しだいに減少していき，1999年からはまったく見られなくなっていた（図1-1）。シリーズ「人間科学を考える」は，人間科学に総論が必要であるという問題意識から生まれたにもかかわらず，しだいに減少し，事実上このシリーズは消失していたので

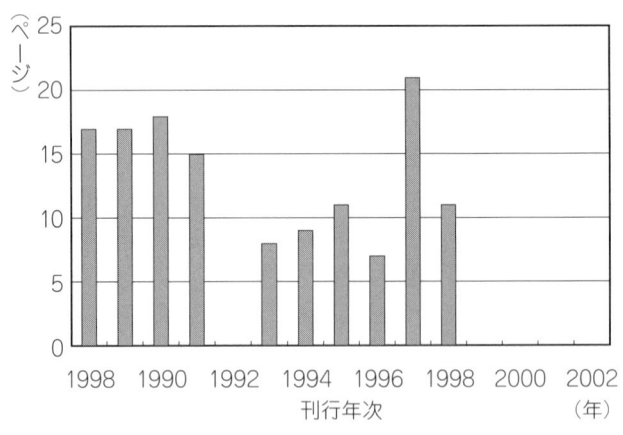

●図1-1 「人間科学を考える」総ページ数の推移（西條，2003b）

ある。
　これはいったい何を意味するのであろうか？
　私は，このような事態に陥った構造の一端を明らかにするために，このシリーズにおけるそれぞれの論考の内容を質的に分析することによって，そこでの「人間科学の考え方」を検討した。その結果，ほとんどの論考が，自分なりの人間科学へのスタンスを自らの専門領域に引きつけて表明するナイーブな議論にとどまっており，人間科学の総論と呼べるものではないことがわかった。それらの論考では，人間科学論に関する先行研究を引用することもなく，人間科学の総論を鍛えていくような学知構築の場にはなっていなかったのである。また，この点においては，養老孟司が異分野の集合体としての長所として挙げた「異分野の人たちが集まることによる相互刺激」も，十分に成立していなかったといえよう。
　おそらく，人間科学の設立に携わった人々は，人間科学を発展させるために「人間科学を考える」という総論が必要と考え，シリーズとして確立したのであろう。しかしシリーズ化してみたものの，その後いっこうに建設的議論に発展するような手応えが得られなかったため，それを引き継いでいった人々は「やっても無駄だ」と無力感を学習し，シリーズを打ち切ってしまったのではないだろうか（西條，2003b）。こうした一連の流れを構造化すれば，＜人間科学を試みる＞→＜建設的議論に発展しない＞→＜学習性無力感に陥る＞→＜実質的に不要なのでやめてしまう＞といったことになるだろう。
　いずれにせよ，結果としてシリーズ「人間科学を考える」が消滅したことは事実であり，それは，養老（2002）が「『人間科学』という総論は，実質的には不要」

であり,「極論すれば,文部科学省向けの看板としておいておけ,ということになる」と指摘した内容を裏づけるものといえよう。以上のことから,養老の専門家の集合の短所に関する見解は総じて妥当なものといえよう。

　これらの分析からも,人間科学は既存の諸学問が人間科学という名のもとに一箇所に集まったというだけで,「学問のるつぼ」としての「形式的特徴」を,総合領域としての機能的特長へと昇華できていないのが現状といえるように思う。そして,人間科学の特徴を活かすためには,人間科学「総論」が必要だが,学問のるつぼであるゆえに「総論」それ自体が消滅してしまうのである。つまり,人間科学には,自らが掲げた全体性,総合性といった理念が,内側からある種の必然性をもって崩壊してしまう「呪」が掛かっているのである。

3節
人間科学のテーゼを通してみる「呪」の発生構造

　次に,人間科学における「呪」の発生構造を論理的な形で把握していこう。「科学」ではなく「人間科学」と銘打ってあることからも,「人間科学とは人間を中心に据えた科学である」ということはおそらく広く了解が得られるであろう。これを踏まえて,リンカーンの有名なテーゼに倣い,ここでは＜人間の,人間のための,人間による科学＞というテーゼを掲げてみたい。人間科学とは,その中心となる「対象」が人間であることから,①「人間の科学」であり,また「目的」という意味では,②「人間のための科学」であり,「行為主体」という意味では,③「人間による科学」であるといえよう。このように分解できることから,上記のテーゼは①〜③の複合テーゼということができる。

　以下では,このテーゼを通じて,そこから派生する「呪」の発生構造を把握していく。①〜③の各部に焦点化し,それぞれからどのような信念対立が立ち現われるのかを検討してみよう。

1.「人間の科学」の呪
　自然科学は,客観的構造化が可能な現象の「確実な側面」だけ扱う。物理学がこの典型であり,そうした科学は通称「ハードサイエンス」と呼ばれる。
　それに対して,「人間の科学」テーゼは,人間科学の「対象」が「人間」であることを明示的に示したものといえよう。そして人間科学が対象とする人間的事象には「確実な側面」のみならず,「曖昧な側面」も含まれる。たとえば人間的事象には,生物学的な構造といった「確実な側面」に加えて,人間の心的,意味的側面といった「曖昧な側面」も含まれる。

たとえば，この本を持っている手が在るか無いかといったことに関しては，一致した共通了解が得られると思われる。自分の「手」について，隣りの人が「そんなものはない」ということはほとんど起こり得ない。しかし，手の「意味」や「価値」といったものに関してはどうだろうか。自分にとっては自分の手は必要不可欠なものであろうが，隣りの人にとってはそれほど意味や価値は感じられないであろう。むしろそれに対して一致した見解をもつ方が稀な事態ともいってよく，こうした意味領域は人間的事象の「曖昧な側面」ということができる。

　大雑把にいえば，このような人間の「曖昧な側面」を扱う領域は，通称「ソフトサイエンス」と呼ばれ，たとえば，解釈学的な事例研究，文化人類学のフィールドワークなどによる研究がこれにあたるといえよう。このように，人間科学とは，人間的事象の「確実な側面」を扱う「ハードサイエンス」と「曖昧な側面」を扱う「ソフトサイエンス」の双方を含む集合領域なのである。

　そして通常「科学」とは「客観的」な営みである（べき）とされる。したがって，ソフトサイエンスよりの，いわゆる「主観的」な方法によって得られた知見は，その知見と客観的世界とのズレの大きさ（不一致）が問題とされることになる。なぜなら主観的解釈が介入する程度が大きいほど，客観的な世界記述からは遠ざかっていくためである。その結果，たとえば，解釈学的な方法による事例研究などは，ハードサイエンスの領域から「その知見は客観性に欠ける」といった類の批判がなされることになる。

　「人間学」であれば「客観性」を無条件に是としたこうした批判はなされないであろう。「人間科学」は「科学」を標榜するために「客観性に欠け科学的ではない」という批判がなされ，またそれが一定の効果を持つのである。そして，この観点からは，ハードサイエンスの領域に分があり，ソフトサイエンスの領域に対して批判が展開されるのである。

　このような批判を提起された場合，通常，①答えに窮する，②問題をすり替える，③開き直るかのいずれかになる。①は解説するまでもないので，②から説明すると，「確かに科学的かどうかといわれれば厳しいが，われわれは現場に役立つ知見を見つけようとしているのであり，その意味では事例研究は貴重な発見をもたらし得る」といった形で，科学性に欠けていることを認めつつも，議論の内容を「現場で役立つかどうか」へとすり替えてしまうものである。③の「開き直る」場合は「いや，そもそも厳密な意味での客観性，科学性などというものは原理的に成立し得ないため，科学的でないのは程度の問題であり，問題にならない」などと反論することになる。この反論は「完全な科学性の成立」という理想状態を設定し，それからみれば，不完全なのはハードサイエンスもソフトサイエンスも程度の問題であり，したがって問題ではないという論理をもち込むものである。

こうした返答はいずれも批判を行なったハードサイエンス領域の人々を納得させることはむずかしく,「開き直ったり,話をすり替えたりしているが,結局のところ科学的とはとてもいえないのではないか」といった不信感を増すことになる。このように「非科学的」といった批判は,ソフトサイエンスとハードサイエンスを基軸とした人間科学内部の信念対立構造が生じる1つの契機となるのだ。

その具体的な例として,基礎研究領域のハードサイエンティストと,応用研究領域のソフトサイエンティスト（臨床研究者）が,コラボレートしようとする状況を想定してみよう。ハードサイエンティストからすれば,臨床（現場）の研究者の事例的・記述的な研究は,「客観性」「厳密性」に欠けた「いいかげんな研究」に見える。それゆえ,コラボレーション以前に「そもそもそのような研究は科学的とはいえないのではないか」と批判されることになる。当然,臨床研究者は「現場の現象は複雑かつ多様で,ハードサイエンスの方法は使えないのだから,仕方ないのだ」といったような反論をすることになり,相互理解に至るどころか,相互不信に陥り,コラボレーション以前に対立構造が生まれてしまうのである。

このように,人間科学は,人間的事象の「曖昧な側面」と「確実な側面」といった両側面を包括する総合性を有すると同時に,「科学」を標榜するために,深刻な信念対立が生じるのである。

2.「人間のための科学」の呪

次に「人間のための科学」がもたらす信念対立について考えてみよう。従来の科学は細分化しつつ,飛躍的な進歩を遂げてきたが,同時に,自然破壊,公害,医療問題,核兵器の開発といったように人間を不幸にする力を増大させてきたということもできる。科学の発展とともに科学者の視点はますます微視的になり,その結果科学の原点ともいえる「全体」すなわち,「人間の幸福」を損なうことになってしまった。「木を見て森を見ず」に倣えば,「科学をみて人間を見ず」となってしまったといえよう。人間科学には,このように,本来「人間のための科学」であるはずが,「科学者のための科学」になっているとの反省から生まれたという側面がある。

実はこの「人間のための科学」というテーゼの根底には,「価値」の問題が潜んでいる。「人間のための科学」を考える際に,「何が人間のためになるか？」という問いを避けて通ることはできない。その問いを検討する場合も,もし単一の学問領域の内部であれば,それほど事態は紛糾しないであろう。なぜなら,そのコミュニティの関心や目的,学範などが単一的だからである。

しかし,人間科学は,基礎や臨床,理論や実践と,多様な関心をもち,かつ多様な学範を専門領域とする研究者の集合体である。したがって,「何が人間にとって価値ある研究か」は,研究者の数だけ成立するような事態に陥っているといっても

過言ではない。一方で，実験で確認できる科学的で確実な知見こそ人間のためになると考え，他方では現場で直接役立つ知見こそ人間のためになると考える人が併存しているのである。「人間のための科学」というテーゼは，人間科学という集合体に，「価値」に関する難問をもたらすのである。

そして，この「人間のための科学」というテーゼが「実践」や「現場」で「役立つ」という意味での「応用性」「実践性」を重んじる「応用人間科学」の流れを作ったということができよう。先の「人間の科学」という対象に関するテーゼが基礎研究者（ハードサイエンティスト）の拠り所になるのとはまったく逆に，「人間のための科学」という目的に関するテーゼは「応用」「実践」を志向する研究者たちにとって都合のよいものとなっているのである。

たとえば，「役立つ」という視点に立てば，基礎的な研究による知見が，直接一般の人々の役に立つことは稀である。また少なくともどのように役立つかわかりにくい。そのため，特に「直接現場に有益な知見」に関心のある研究者からみると，基礎科学的知見は「役に立たない」ものに見えてしまう。そして「その研究は，今現在，いったい誰の役に立つのか？」という問いを，批判という形で提起することになる。その結果，基礎研究者は防戦の立場に追い込まれ，「基礎的な研究は，直接誰かを救うわけではないが，将来的に役立ち得る」といった苦しい反論を余儀なくされるのである。

こうした現場研究者の「役に立たない」という言葉の前には，「直接現場の人の援助として」といった言葉が括弧つきで含まれているのだが，それは発話者にとっても自覚されていないことが多い。というのは，現場研究者にとっては，「直接現場の人を支援する」という自らの関心はあまりに当然のことなので，通常対象化されることがなく，暗黙裡に正しいものとされているためである。そして，基礎研究者は，自分たちの営みの意味をまったく理解しようともしない（ように見える）現場研究者を敵視するようになることも少なくない。これも信念対立が生じるパターンの１つということができよう。これが「人間のための科学」の「呪」である。

3．「人間による科学」の呪

さて，次に「人間による科学」という人間科学の「主体」に関するテーゼからもたらされる信念対立を考えてみよう。人間科学の行為主体は「人間」である。しばしば忘れがちであるが，科学は人間の営みなのである。先に見てきたように，自分の領域における関心やルールを尊重されることなく，外部から的はずれな批判をされれば，多くの人は不快に思うであろう。そして，それらに反論し，不毛な対立図式を深めるか，「この人は話にならない」と遠ざけて相互不干渉状態に至る。

このように，人間科学内部の対立や相互不干渉は，異なる信念をもつ人間科学内

部の研究者の活動，議論の結果として，なかば自然的に生起するものなのである。

　人間科学の現状をたとえるならば，多様な学問領域を集めてコラボレートさせようという試みは，ラグビーとサッカーの選手を同じフィールドに放り込んでゲームをさせるのと同じような混乱を招いているのである。ラグビー選手はボールを手でつかんで走り，サッカー選手は，「それはハンドだ！　反則だ！」と批判し，それに対してラグビー選手が「何を言ってる！　ボールは掴んだっていいはずだ！」と反論するような事態が起こっているのだ。

　こうしたやりとりの結果，お互いに「あの人たちは間違ったルールに基づいているのでゲームにならない」と思うことになる。その主張の根底には暗黙裡に「自分のスポーツが依拠するルールこそが唯一正しいゲームのルールである」という信念が横たわっているのだが，当人たちはそれに気づくことができず，対立が生まれるのである。

　その結果，それぞれ「ルールの守れない人たちは放っておこう」ということでお互いを無視して，同じ領域の人たちだけで集まり，ゲームを再開することになる。そのうち，もっと広く自由にフィールドを使いたくなってきた人々の中には，さまざまな策略を巡らす野心的な人も現われて，邪魔な異領域の人たちをフィールドから追い出すなどして，事態はいよいよ紛糾する。

　もっとも，スポーツの場合は，ルールが明示的であるためこうした事態には陥りにくいが，学問の場合は，そのプレーヤー（研究者）は他の領域では異なる学範（ルール）のもとにゲームが行なわれていることに気づくことが困難なため，自らの学範（ルール）を無条件に他の領域でも妥当するものだと信じることになる。否，「〜を信じる」という対象化の感覚すら生まれることなく，まさに大前提として無条件に受け入れているため，ボタンの掛け違いに気づくことすらできずに，必然的に不毛な信念対立が生じるのである。

4節
「呪」の解消を巡るさまざまな問い

　以上概観してきたように，人間科学のテーゼを通して，人間科学の「全体性」の理念が，内的な営みにより失われる呪われた構造を見て取れたといえよう。人間科学はハードサイエンスとソフトサイエンスを包括する総合性という形式的特徴をもつために，そこからさまざまな非建設的批判が現われ，それらは研究者間の信念対立や相互不干渉を引き起こしてしまうのである。その結果，総合的，全体的な人間理解を目指して創設された人間科学は，その内部からその理念の崩壊に至る。

　このような呪を解除するためには，個々人がいくら理想的な理念を謳ったところ

で，それはせいぜい限定的・一時的な効力しかもたず，人間科学の体現に至ることはない。科学が人間の営みであるという現実を踏まえずに，「科学者は客観的かつ理性的な存在であるし，そうあるべきである」などと理想論を声高に唱えても，人間科学のさらなる失敗につながるだけなのだ。なぜなら，先に述べたように，科学が人間の営みであるということが，人間科学が自律的に崩壊する「呪」の構造に深く関わってくるからであり，そうした実態を無視して理想論を掲げても，事態はいっこうに解決されないからである。したがって，われわれは「科学が人間の営みである」という厳然たる事実を謙虚に受け入れることから出発する必要がある。

　それでは，この「呪」はどのようにすれば解くことができるのであろうか？　またこの「呪」はいかなる「構造」をもっているのであろうか？　その呪を解く理論とはどのような方法論を有していなければならないのであろうか？　そうした理論は従来の思想を凌駕する理論的・思想的性質を有しているのであろうか？　その理論は抽象論のみならず実際の研究レベルで人間科学を駆動させるものになるのであろうか？　またそれは新たな知見を生み出す「研究法」を生み出すものになるのであろうか？　それは多様な領域に援用可能な汎用性を備えているのであろうか？　研究レベルのみならず実践レベルや制度レベルにおいても人間科学に新たな進展をもたらせるのであろうか？

◆◆ 5節 ◆◆
本書の目的

　これらのすべての問いに答えるべく体系化されるのが「構造構成主義」である。本書の目的は，人間科学の呪の契機となる信念対立を解消し，人間科学の「学問のるつぼ」の性質を活かすことにより異領域の建設的コラボレーションを実現するためのメタ理論を体系的に提示することにある。また人間科学をフィールドとして提起される「構造構成主義」という原理は，信念対立という現代社会の根本問題を解明する鍵を提供する思想にもなるだろう。

2章　人間科学の「呪」の解き方

> 難問を深くつかまえるということは，難しい。
> というのも，浅くつかまえただけだと，難問はまさしく難問のままにとどまるからである。難問は，根から引きぬかなければならない。ということはつまり，新しいやり方でその問題を考えはじめなければならない。
>
> (Wittgenstein, 1977 ; p. 130)

◆◆◆ 1節 ◆◆◆
呪の解消へ向けて

　前章では，従来の人間科学は，多領域並列科学という人間科学の特徴を活かすことはできていないことを確認した。そしてその特徴を活かすためには，独自の工夫を施さなければならないことを論じた。

　実は，先のテーゼから浮き彫りになった人間科学を巡る3つの難問は，認識問題，主客問題の派生形態に他ならず，根を1つとするものなのである。そして，これらの蔦(った)は相互に絡み合いながら，日々の営みの中で，人間科学の内部にはびこり，しだいに人間科学を呪縛する「呪」へと成長し，人間科学内の信念対立，相互不干渉へと実体化する。それでは，人間科学に内在する「呪」は，どのような方法で解消可能なのだろうか。まずはいくつかの方向性を検討していこう。

2節
リーダーシップによる先導

　最初に素朴に考えつくのが，リーダーが，「信念対立に陥らないようにしよう」「建設的議論を心がけよう」「異領域で積極的にコラボレートして，問題を先に進めよう」と理念を謳い，先導するという方法である。

　しかし，そのような方法は，単に目指すべき「結果」を示しているだけであり，「方法」を提示していない。それはスポーツでいえば，「勝て」と言っているのと同じである。「勝つ」ための具体的な「方法」を提示しなければ，それを達成することはやはり困難であろう（清水，2003）。

　そもそも，人間科学は，「全体性」「総合性」の復権という理念を掲げて作られているにもかかわらず，しだいにその理念が失われ，失敗に終わっているのである。そしてなぜそのような状況に陥ってしまうのか，その構造を捉えることすらできずに，まさに「知らぬ間に」信念対立，相互不干渉という構図に陥り，「総合性」の理念が失われてしまうのが，呪が呪たる所以なのである。

　したがって，達成すべき「結果」を謳うことによるリーダーシップによる先導は，結果としてそれを達成できるような「方法」を備えていない限り，焼け石に水で終わるといわねばならない。そうした方法を伴わない正論は，現実に「呪」といわれるような複雑な問題を打開する役には立たないのである。

3節
実証の限界と有効性

1．実証の限界

　次に，通常の科学者が素朴に思いつく方法は，さまざまな観点から科学的研究を積み重ねることにより，真理を見つけ，その真理とされる知見や理論の傘下に人間科学を統一することによって信念対立をなくすという方法であろう。それでは，そうした方法で信念対立を解消できるのであろうか？

　結論をいえば，科学的実証によって信念対立を解消することはできない。実証とは，自覚の有無は別として，必ず何らかの「前提」に依拠して行なわれる。たとえば，実証主義は，「われわれとは独立して外部に世界が実在する」という「根本仮説」に依拠している。

　そして実証によりその根本仮説の正しさを判断することはできない。依拠してい

るものが根本仮説である限り，その上に積み上げられたデータによって，根本仮説の是非を論じることはできないからだ。それは野球というルールに則っている審判が，野球のルールが妥当なものか判断することができないことと似ている。

そして根本仮説に依拠している限り，相容れない根本仮説に依拠する枠組みは，信念対立に陥ることになる。なぜなら，それぞれが根本仮説を無条件に「是」としており，それに全面的に対立・否定する枠組みと相容れることはありえないからだ。

たとえば，根本仮説とは一神教における「神」のようなものだ。それを「絶対的に正しいもの」として，その上にさまざまな宗教的営みが成り立つわけだが，その宗教的営みによりどれほどの実績を積上げたとしても，それによって他の神を掲げる一神教を否定したり，どちらが優れているか判定することは原理的に不可能なのである。それと同じように，ある根本仮説に依拠して，いかに強力なデータを積み上げたとしても，それによって根本仮説の是非を論証することはできない。

また，実証によりその前提を覆すことができないことは，よく知られているゼノンの「アキレスと亀のパラドクス」という哲学的命題に基づき，形式論理的な形で示すことができる。このパラドクスは，経験的には後ろを走っている足の速いアキレスが，前を歩いているのろまな亀を追いこせないわけはないのに，論理的に考えればアキレスは亀をけっして追いこすことができないという有名なテーゼである。通常の科学者であれば，「そんなものは実験により経験的なデータを積み重ねればすぐに反証できる」と考えるだろう。

しかし，である。このパラドクスの要諦は，「あるテーゼに基づくと，なぜか経験的（科学的）知と異なる事態になってしまう」というものである。したがって，このパラドクスをそのパラドクスを構成している「科学的知の集積」により解くことは，背理となる。このゼノンのパラドクスに対する反駁は，実際に歩いてみせたりすることによってではなく，運動の不可能性の主張のどこに論理的欠陥があるかを示すものでなくてはならない（横山，1999）。

2．実証データはどのように役立ちうるのか？

しかしながら，私は上述してきたような一連の議論によって，経験科学的知見（データ）の集積には，何の意味もないと主張したいのではない。科学的知見が，解明のための参考資料として役立つ可能性はある。また，科学的営為を探求しているうちに，そこで得られた知見から，それが前提としている枠組み自体に疑問をもつということもあろう。

たとえば，遺伝学者の飯野（1993）は，遺伝学に附随する実験操作上の倫理的な面での制約をどのように克服してきたかを説明する論考において，次のような問いを立てている。「ヒトゲノムの全情報が解読されたならば，人間の遺伝的特性は明

らかになるだろうか」(p. 4) と。

　そして，その問いに対して，「私の予言は'否'である」と断じているのは興味深い。すなわち，「人間の特性と結び付けられる遺伝形質の多く」の「発現過程では，多数の遺伝子間および遺伝子産物間の複雑な相互作用が働いているに違いない」ため，「これまでに紹介した解析技術は，特定の遺伝子とその産物に着目した場合，あるいは細胞単位で判別できる遺伝子作用に対してはきわめて強力な手法であるが，個体としてはじめて判別できるような遺伝形質の解析に対しては，きわめて微力である」というのである。

　これは私なりに言い換えれば，個体は単なる遺伝子の集合体ではなく，環境の中で相互作用してきた時間を内包する「変なる存在」であるから，いくら要素としての遺伝子を詳しく調べても，成長過程を経た個体としての人間存在は，原理的に解明できないということになろう。

　おそらく，飯野は遺伝子研究に取り組む中で，このことに気づいたのだと思われる。そして彼のように，研究に従事しつつそこで得られた「知見」や「感触」を踏まえて，原理的な不可能性に思いを馳せることは可能であろう。

　しかし，だからといって実証，検証といった科学的営みそれ自体によって，哲学的な謎を解くことはやはりできないのである。

　たとえば，いくら研究を進めていても，「ヒトゲノム計画にて遺伝子解析がすべて完了すれば，人間存在をすべて理解できる」という認識枠組みを脱却できない人が多々存在するのも確かだろう。そして，そうした人々はたとえヒトゲノム計画にて遺伝子解析がすべて完了したとしても，その時点で人間存在をすべて理解できたと思い込み，飯野が指摘したような原理的不可能性については最後まで気づかない可能性がある。

　ここで言いたいことは次のことだ。すなわち，「科学的説明」≠「哲学的な難問の解明」なのであり，後者は研究者が，当該の知見を原理的思考のための参考資料として利用することにより，まさに原理的に考えれば不可能であるという帰結に至るものなのである。したがって，研究者が科学的営為に従事する中で導き出した知見は，原理的不可能性に思いを馳せるための「きっかけ」として機能することはある。しかし，知見の集積そのものが，自らが依拠する前提を覆すのではなく，自らが依拠していた前提を覆すのは，あくまでも研究者自身なのである。

　そこには，料理をテーブルに並べている人が，どうがんばっても料理を並べられなくなった時点で，そのテーブルはそのコース料理に相応しくないのではないかと思いを馳せることはあっても，テーブルの上に積まれていく「料理それ自体」が，テーブルそのものをひっくり返すことができないのと類似した構造がある。

　料理を並べすぎて料理が落ちることが，並べている人に気づきの「きっかけ」を

与えることはあるかもしれないが，料理にテーブルがふさわしいものかどうかを判断するのはやはり「人間」なのである。前提自体の妥当性に思いを馳せることのできない人であれば，たとえ並べ切れずに料理が落ちてしまっても，再び同じテーブルに料理を並べようとするであろう。

科学的営為により得られた知見は，言語（構造）を中軸としたやりとりの中で納得了解を得るための材料として有効性を発揮するのであって，知見そのものが状況を打開するわけではない。繰り返すが，この種の難問を，単なる科学的知見の集積によって解決することは，原理的には不可能なのである。

4節 哲学の問題点と機能

1．哲学は役に立たない？

そこで「哲学」の出番なのだが，科学者の中で「世の中に哲学ほど役に立たないものはない」と思っている人は少なくないだろう。多くの科学者が，「哲学」と聞いた時に抱く感覚は，おそらく次のようなものであろう。

「哲学はなぜわざわざむずかしい専門用語を使ってややこしい言い回しをするのか？」「要するに何が言いたいのか？」「もっと要点を簡潔に伝えられないものか？」「一言でいうとたいしたことない内容しか論じていないため，難解な言葉で装飾することでごまかしているのではないか？」「哲学は問題を生み出し，問題を余計にややこしくしているだけなのではないか？」「そもそもなぜそんなことを考えなければならないのか？」「哲学を知らなくても困ることはないのに，『科学を指導する』などと，なぜそんなにも偉そうに振る舞うのか？」

あえて極端な表現をしてみたが，上記のいくつかに共感する人は少なくはないだろう（特に科学者であれば）。そしてそれもやむを得ない状況であると思う。竹田青嗣は，「哲学がひょっとしたらまったく無駄なものかも知れないと思えるところがあるとすれば，それは統一的見解がちっとも定まらないという点にあるのではなく，むしろ違う理由による」として，その理由を以下のように論じている。

> それはまず，哲学が日常の言葉を使わずますます難解で抽象的な論理語だけで書かれるようになり（はじめはそうではなかったが），そのことで一種専門家だけにしか参加できない領域になったこと，つぎに哲学史の中で奇妙な逆転が生じ，人間の生のうちに哲学することの根拠があるのではなく，なんらかの哲学的理念のうちに人間の生の根拠が隠されているという転倒した考え方が生

じて来たことによるのである。……（略）
　　それはひとびとの中でその理論や信念を試されることなく，奇妙な隠語を使いあって，自分たちの中だけでなにやらを判り合って（いると信じて）おり，自分の信念によって世界を"裁断"している，そう思われて仕方のないような側面を哲学は持っているのだ。

(竹田，1990；pp. 87-88)

　そして「じつはもう長い間哲学はそういう状態を自分から作り出しており，そのために，普通の人間が哲学を『まったく無駄なもの』と感じる原因を生み出している」というのである。
　一口に「哲学」といってもさまざまな立場がある。確かに，問題をさらにややこしくするための哲学や，相対化により相手の力を無力化させるための哲学，信念対立を強化するために存在しているような哲学などもたくさんあるだろう。

2．哲学の機能
　竹田（1990）は，上述したように現状における哲学の「欠陥」を認めながらも，「ともあれ，そういう状況ではあるものの，哲学が本来そういうものだったわけではない」とし，「哲学はただ原理的にものごとを考えようとする思考法，つまり推論を徹底することで，いつのまにか出来上がっている常識的な世界像を絶えず疑い直すような思考の一技術を意味したし，今でもそういう根本の原理は変わっていないといっていい」(p. 89)と「本来の」哲学の機能を擁護している。
　それでは哲学，つまり「原理的思考」の意味はどこにあるのか，「実証的思考」と対比させることにより，その機能を考えてみよう。「実証的思考」と「原理的思考」が異なる次元であることは，科学者にとっては了解しにくいと思われる。この点を理解してもらえるかどうかは，本書の意味や価値を受け取ってもらえるか否かという点から重要となるので，ここでは「矛盾」というよく知られている故事成語をもとに説明を加えてみよう。
　「矛盾」とは中国戦国時代の思想書『韓非子』におさめられている故事成語である。その書は，編者不明であり，二十巻五十五編から成り，韓非およびその学派の著作を主として集めたものである。広辞苑に従えば，次のようになる。

　　　　（楚の国に矛と盾とを売る者がいて，自分の矛はどんな盾をも破ることができ，自分の盾はどんな矛をも防ぐことができると誇っていたが，人に「お前の矛でお前の盾を突いたらどうか」といわれ，答えられなかったという故事に基づく）事の前後のととのわないこと。つじつまの合わないこと。

ここでは想像を膨らませて,「矛盾」を指摘した人は,その「2つの絶対性」を主張する売り手に「うさんくささ」を感じ取ったと想定して考えてみよう。その際に,もちろん矛と盾のどちらが強いかは,実験的に試してみればわかるだろう。しかし,もし「実際に試してみてくれ」と指摘したならば,矛か盾のどちらか一方の絶対性を否定することはできるかもしれないが,もう一方の絶対性を否定することはできないであろう。あるいは他の矛や盾と比べさせたならば,へたをすれば,矛も盾も優れているということを実証する結果になるかもしれない。

　ここで指摘した人の優れていた点は,その矛と盾の相対的な強度を問題としなかった点にある。すなわち,「本当はどちらが強いか」,あるいは「他の矛や盾より強いか」といった具体的な矛と盾の強度を問題とはしなかった。他の武器と比べさせるまでもなく,その発言の前提となっていること,つまり,矛と盾といった「2つの並び立たない絶対性」を根拠(前提)とすること自体の論理的非整合性(原理的不可能性)を突くことにより,売り手の主張(論理)そのものを内側から崩壊させたわけである。それにより,矛も盾もその強度が信頼に足るものではなく,またその売り手が「うさんくさい」ことを,周知のものにしてしまったのだ。

　このように,原理的思考は,論理構造そのものの原理的欠陥を指摘することにより,特定の主張が依拠する前提を,その根底から崩壊させてしまう力をもち得るのである。

●◆● 5節 ●◆●
哲学に対する誤解

1. 哲学に対する無理解

　しかし,現状では,こうした哲学的営為の意味は理解されているとはいえまい。養老孟司は哲学に無理解な科学者とのやりとりを取り上げつつ,次のように述べている。

> 　科学とか科学者といったって世間でいう「科学」というものの体裁に,嵌っているか嵌っていないかということが,むしろ問題となるのです。だから僕なんか,干されるわけですよ。「あなたのやっているのは科学じゃない」と言われるから,「それじゃ,今,そっちが言った,『あなたがやっているのは科学じゃない』っていう言葉は科学か」って僕は言い返す(笑)。それは哲学ですもん。
>
> 　そうすると「私は哲学はやっていない」とそういう人は言う。「お前の頭は

どうなってんだ」って言いたくなるでしょう。科学とはこういうものだというのは，完全な哲学ですからね。だけど言っている本人が，自分が矛盾したことを言っていることを分かっていないんです。

(養老・甲野, 2002 ; pp. 84-85)

　ここで挙げられている「あなたがやっているのは科学じゃない」という批判は，「科学とは何か」という前提を問い直すのと同じ次元の試みということもでき，その意味では哲学的営為に他ならない。そうでありながら，通常の科学者は「自分が依拠している形式に嵌っているものが科学である」と盲目的に信じているため（それを無自覚ながら無条件に正しい前提としているため），その形式に嵌っているかどうかだけで科学かどうかを評価してしまい，このようなズレが生じるのであろう。

　したがって，「科学とは何か」といった前提から論理的に問い直さなければ，自分と異なる形式（方法）をとる人に，「そんなのは科学ではない！」という一方的で非論理的な批判をぶつけることになり，信念対立に陥ることは避けられないといえよう。

2．哲学による先導？

　なぜ科学において哲学が重要となるかといえば，上述してきたように，哲学とは原理的思考により，科学的営みが暗黙裡に依拠している「前提」そのものの妥当性を問い直す言葉の営みであるからだ。したがって，科学的営為だけでは「全体としての科学」の進展は望めないのである。この点で，吉岡（1989）が「サイエンスが方向性を見失ったときに学問をリードするのは哲学である」ため，「哲学の役割は特に重要である」と指摘した点は妥当なものといえよう。

　比喩的にいえば，信念対立による同志打ちが生じてしまうような人間科学に掛けられた「呪」を直接解くことができるのは，ハードサイエンスの騎士ではない。ブレインサイエンスの騎士や，ジェネティックサイエンスの騎士の研ぎすまされた「科学の剣」は，実体のない呪に対しては空を切ることになる。この「呪」は，言葉によって掛けられた「魔法」であるがゆえに，その呪を解くには，言葉を繰る魔法使いの「呪解の魔法」が必要となるのである。

　信念対立を生み出す構造を解消することなく，個別の人間科学を表明することは，必ずやその信念対立の渦中に引き込まれ，いずれ自らの脚をとられることになるであろう。『心理学の危機』におけるヴィゴツキー（1982）の言い回しを援用すれば，性急に個別の人間科学を構築しようとして，哲学の問題を跳び超えようとする者は，「必ずや馬に乗ろうとして，馬を飛び越すことになる」(p. 258) のである。

3．基礎づけとは何か?

　だからといって，ここでは剣（科学）より魔法（哲学）の方が優れていると主張しているわけではけっしてない。確かに「哲学による諸学問の基礎づけ」という言い方がされることはある。しかし，それは横山 (1999) が「哲学が，経験的知識に『先立って』それを『基礎づける』ということは，それに答えないと科学的知識についての研究が始まらないことや，哲学だけが知識の成立や科学の本性を問う資格がある，といったことを意味するものではないことは確かである」(p. 140) といっているように，哲学の科学に対する絶対的優位性を主張するものではない。

　それでは「学問の基礎づけ」とはどういった意味であろうか？　この点について西研 (2001) が『哲学的思考』の中でフッサールの主張をひきながら「たんに土台を固める基礎工事なのではなく，それぞれの学問の営みの『意味』をより深く理解すること」(p. 87) と述べつつ，優れた見解を披露しているので，取り上げてみよう。

　西 (2001) によれば，「学問の基礎づけ」とは「意識体系の反省」という「方法」ということができる。具体的にいえばそれは「それぞれの学問の営みの中に入り込み，その営みのあり方を反省的に解明することによって，それがどういう前提のもとに成り立っているのか，そこでの対象領域の特質，またそこでの真理性は何を意味するのか，などを解明する」方法なのである。

4．哲学が科学を叱る?

　また，哲学と科学の関係について「哲学は科学を叱るためにある」という言明がときどき聞かれるが，哲学と科学の「異質性」を「対立性」として捉えるような言明は，信念対立の渦中にあるといわねばならず，信念対立の超克という本書の目的と照らし合わせれば使い物にはならない。信念対立を調停，解消する人がその対立構図の渦中に入り込むことは，「ミイラ取りがミイラになる」という事態に他ならないといえよう。そのような態度は，とりもなおさず「信念対立の呪」に対する根深い敗北を意味するのである。

　剣（科学）と魔法（哲学）は，「目的」を達成するための「手段」でしかない。「手段」である以上，相手や対象によって，どちらが有効性を発揮するかは異なり，それゆえどちらが絶対的に優れているということはできない。魔法が効かない場合もあれば，剣による物理的攻撃が無効化される場合もある。剣と魔法は対立するものではなく，目的さえ共有できれば，それを達成するための相補完的な関係に位置づけられると考えるべきだろう。

6節
「哲学」による「原理」の探求

1.「哲学」とは何か？

　信念対立を強化する哲学と混同されないためにも，ここで「哲学」の定義を明確にしておく必要がある。「哲学とは何か」という問いに対する答えにもさまざまなものがあり，どれが絶対的に正しいということはできない。しかし，本書の目的に照らし合わせて，その目的を実現するのにふさわしい定義を選択することは可能である。以下，西（竹田・西，2004；pp. 39-40）の主張を参照しつつ，本書にふさわしい哲学の定義を模索してゆこう。

　西は，「哲学は，『誰もが洞察し納得しうるような理路（考え方の筋道）』をつくり出そうとするゲームであり，そこでの諸命題や理論はすべて，一人ひとりが自分で論の筋道を洞察し納得することによってのみ支えられる」ものであると述べている。つまり「実際には，全員がすべて納得するような考え方はそう簡単には成り立たないとしても，理念としては，誰もがきちんと考えれば『なるほどそうだ』と思えるものを目指そうとする」営みであるということである。西は，この「誰もが納得しうるような洞察」のことを「普遍洞察性」と呼んでいる。

　そして西は，「これが哲学というゲームの本質」であり，「そうした普遍洞察性を獲得するために，哲学は『原理』を提出」するという。そして「『哲学とは原理の学である』というのが哲学の定義としては，もっともふさわしいかもしれない」ともいっている。それでは，ここでいう「原理」とは何を意味しているのであろうか？　さらに西の説明を追ってみよう。

2.「原理」とは何か？

　哲学でいわれる「原理」は，原理主義の「原理」とは根本的に異なることに注意しなければならない。西は「イスラム原理主義の原理主義はファンダメンタリズム（fundamentalism）」であり，それは「聖書やコーランに書いてあることを一字一句すべて信じて，それと違うことはいっさい認めないという考え方」であり，「これは極めて排他的な絶対真理主義」であると説明している。

　他方，西は，哲学でいう「原理」とはプリンシプル（Principle）のことで，「これはもともとギリシャ語で，『おおもと』とか『根源』を意味するアルケーという言葉がラテン語に訳されたもの」であり，そもそも言葉が異なり，イスラム原理主義の原理とはまったく逆であると論じる。すなわち，「意見の対立があった場合に，

それらの対立を生み出している根本にまで遡ることによって，対立の理由を深く理解」し，「そのことによって考え方の対立を解きほぐしてしまう」ような「理路」が，哲学でいうところの「原理」だというのである。

そして，「もちろんこの原理は，権威によって神聖化されるものではなく，各人一人ひとりがみずから洞察し納得することによってのみ，支えられる」ため，「ある人が原理（の候補）として提出したものが批判されて，より深い考えによって置きかえられていくということがつねに起こる」と，それが絶対的なものではありえず，構成され続けるものであることを強調する。

これらを踏まえ，西は，哲学の原理とは絶対的真理の実在を先験的に仮定する「原理主義とはちょうど逆」であるとし，「議論の空間のなかで，一人ひとりが自分で洞察し検証したうえで，納得せざるを得ない強い考え方」であると結論づけている。

3．「哲学」と「原理」の定式化

本書は，人間科学の信念対立を超克し，建設的基盤を提供するための「理路」を提供することを目的としている。そのため，上述の西の説明を踏まえ，本書では，「哲学」と「原理」を次のように定義する。まず「哲学」とは"問題の根本まで遡ることによって，問題をその根源から解消し，「誰もが洞察し納得しうるような理路」を切り開こうとする営み"と定義する。そして，その哲学的営みよって得られた，「理路」（考え方の道筋）のことを「原理」と呼ぶことにする。

そして，横山（1999）が，「哲学史は，さまざまな現実的問題を全体的・原理的に考察する際に人類がこれまでに用いた『思考パターン』『思考の道具』あるいは『思考の枠組』の宝庫である」（p. 141）と述べているように，「原理」は複数併存しうる。本書は，信念対立の超克という目的に照らし合わせて，これまで思想史上提起されてきたさまざまな「原理」（理路）を選択し，それらを組み合せることにより，「構造構成主義」という新たな原理を体系化するものである。

なお，構造構成主義自体も「原理」であるために——これが11章の継承実践の豊富さにつながるのだが——信念対立により建設的発展が妨げられているさまざまな領域に継承可能なものとなる。つまり，構造構成主義という「原理」が「1人ひとりが自分で洞察し検証した上で，納得せざるを得ない強い考え方」であるがゆえに，異なる議論空間（言語的営み）に投入されることにより，さらなる展開をもたらしうる可能性をもっているのである。

7節
本書で採用する現象学の整理

　さて，本書は，人間科学の信念対立の超克という観点から，構造構成主義という「原理」を構築するものであるが，それを体系化する基礎ツールとなる「思考の原理」として「現象学的思考法」を採用する。

　その際，基礎ツールとなる枠組みの理解に混乱があると，それは構造構成主義の理解を妨げると考えられる。たとえば，「それは現象学ではない」「現象学とはこういうものだ」といったように，それぞれの現象学理解を絶対化することにより，この時点で不毛な信念対立に絡めとられる可能性がある。それを避けるためにも，本書が採用する現象学の系譜を整理しておく必要がある。

　ただし，木田元（2000；p. 10）は現象学を「一般的なかたちで定義し，それを哲学史なり思想史なりのうちに適切に定位しておく」ことは「ほとんど不可能な企て」と述べている。なぜなら，現象学は世紀初頭以来およそ100年の歴史をもつ思潮であり，「この思想運動は，たしかに一貫した運動ではありながらも，その展開のそれぞれの段階においてつねに新たな可能性を呈示し，今世紀のほとんどすべての思想的営為と深くからみ合いながら，不断の変貌を遂げてきている」からだ。そのため「こうした展開のどの時点，どの段階に焦点を合わせるかによってその見方は大きく変わって」くることからも，「現象学とは何か？」という問いを立てて「これこそが現象学である」と答えることはやはりほとんど不可能なのである。

　それでは「妥当な現象学」とはどのように判定されるのであろうか。ここでは，それは，「信念対立超克の原理の構築」という本書の目的と照らし合わせて，判断されることになる。したがって，私がここで行なうべきは，現象学の包括的な紹介や，それに基づいて「現象学とは何か」という問いにさまざまな観点から答えていくことではなく，あくまでも人間科学の自律的崩壊をもたらす呪われた構造を解消するために，現象学から何を汲み取れるかということに尽きる。そのため，現象学解釈のどのようなバージョンが，本書の目的を達成する際に有効な「方法」となり得るかといった観点から検討を進めることになる。

　では，本書ではどのような現象学を採用するのがふさわしいのであろうか。たとえば，後述するように，現象学の擁護者であるヴァン・デン・ベルク（1988）は，反科学の立場をとっている。しかし，このような反科学としての「現象学」に依拠しては，やはり信念対立の呪の渦中に巻き込まれることになるため，本書の目的に照らしてふさわしくない。

　理由は追々述べていくとして，結論を先取りすれば，本書で採用する「現象学」

とは，主観-客観問題の解明を志向した「フッサール現象学」（後期）であり，またそのエッセンスを受け継ぎ，さらに信念対立に特化した形で再定式化した「竹田青嗣現象学」となる。

とはいえ，「フッサール現象学」1つとっても，時期によって異なってくるし，またその解釈も多様である。しかし，私は構造構成主義者として，「解釈の戯れ」などといって"何でもあり"の理解を認めるような立場はとらない。そのため明らかにフッサールの意図を掴み損ねていると思われる誤解については，それと指摘しておく必要はあるだろう。したがって，フッサール現象学の本質を把握し，それを精緻化・応用している（と私には思われる）現象学者である竹田の議論を参照しつつ，現在のフッサール理解の現状を把握した上で，本書が採用する現象学的思考法について確認していきたい。

なお，本書が採用する「現象学」について整理しておくことは，上記の理由から学問的には重要ではあるが，それは「構造構成主義とは何か」に直接関係する議論ではない。したがって，構造構成主義のエッセンスだけを知りたいという方は，これ以降の議論は読み飛ばして，3章から読んでいただければ十分であろう。

1．フッサール現象学とその根本動機

竹田（2004）は，現象学の俗流理解がどのようなものであるかを示すために，現象学の擁護者であり，精神医学の権威といわれているヴァン・デン・ベルク（1988）の『現象学の発見』という本を例証のためのテクストとして取り上げ，その誤解の構造を取り出している。以下，その要諦を紹介していく。

まず第一に，「フッサールは還元によって認識の厳密な（究極的な）基礎づけを行うことができると信じたが，それは無理な試みだった」というような，「還元」という現象学的思考法の核となる方法に対する誤解を挙げている。

第二に，自然科学的支配が暴走しかねない現在において，現象学者の役割は，自然科学の絶望的な暴走を抑制するといった「反科学主義」「反客観主義」「反技術主義」であるという矮小化された現象学理解を指摘している。これらを総合すれば世に流布している現象学理解の典型とは，「現象学は，反客観主義，反科学主義という以上の明確な射程をも」たず，「しかも現象学における『厳密な基礎づけ』の概念は，ここで客観主義的性格をひきずったものとして受け取られている」（竹田，2004）ということができよう。

そしてこの「厳密な基礎づけ」に関しては，後ほど3章で現象学的思考について解説する中で，それが現象学のエッセンスを根底から取り違えている誤解であることがしだいに明らかになるであろう。なお，竹田は，他の著書でも，しばしば現象学に対するこの種の誤解を指摘してきた。主な誤解者を挙げれば，廣松渉，竹内芳

郎，柄谷行人などの言明を直接引用しながら論駁しているので，関心のある方は，『現象学入門』（竹田，1989）などを参考にしてもらえればと思う。

ここでは2番めに挙げた「現象学が反科学主義，反客観主義の思想である」という誤解について議論を進めていこう。先述したように，私は，好きなようにおもしろおかしく解釈すればよいなどというポストモダン的解釈を支持しない。その解釈が真実かどうかは問えないし，問うつもりもないが，より適切な解釈の仕方があるという意味で，「誤解」ということはあると考える方がより妥当だと思えるからである。したがって，次に現象学は反科学の立場であるという主張を裏づけることに利用（引用）可能なフッサールの記述を取り上げ，さらに，それよりも適切な解釈をすることが可能なことを例証してみる。

なお，本書では，現象学の創始者であるフッサールの著作の中でフッサール現象学の本質を捉えるためのテクストとして，『ヨーロッパ諸学の危機と超越論的現象学』に焦点化して検討することにする（以下，本文中に記す時は翻訳者である木田元にならい『危機』書と略記）。その理由として，『危機』書の解説に木田が書いている以下の部分を挙げておく。

> 『危機』書はこの最後期の思想の集大成ということになろう。事実，「現象学的哲学への一つのみちびき」（Eine Einleitung in die phänomenologische Philosophie）というその副題が示しているように，フッサールはここでその現象学的哲学にもう一度最終的な体系的表現を与えようとしているのであるし，しかもそのさい，彼はみずからの超越論的現象学の出現の動機を近代哲学史のうちに，いやさらには近代ヨーロッパ歴史そのもののうちに求めようとするため，同時にこれが彼の哲学史ともなれば歴史哲学ともなっているわけであるから，これを文字どおり彼の哲学の総決算と見てまちがいはないと思う。
>
> (Husserl, 1954; pp. 539–540)

上記のように，この『危機』書は「フッサール哲学の総決算」といえることから，本書ではフッサール現象学のテクストとして，この『危機』書を中心に取り上げる。

なお，上の引用の「超越論的」とは，カントにまで遡る特定の認識形式を指す。カントは「私は，対象に関する認識ではなくてむしろわれわれが一般に対象を認識する仕方……（略）……に関する一切の認識を超越論的（transzendental）と名づける」(Kant, 1922; p. 79) と述べている（なお，元の訳本では 'transzendental' を「先験的」と訳しているが，現在では「超越論的」の方が一般的なので，ここでは本書の文脈に合わせてそのように変更した）。黒崎政男は，これを噛み砕いて「つまり，個々の具体的な認識が正しいかどうか，という具体的レベルに関わるの

ではなくて，そのメタのレベル，つまり，そもそも一般に，我々が対象を認識するとはどういうことなのか，それの根本的な条件や構造はどういったものなのか，という次元の議論のことを＜超越論的＞」（黒崎，2000；pp. 98-99）と呼ぶと解説している。なお「超越論的」という言葉の起源については『ハイデガー拾い読み』（木田，2004；pp. 200-201）に詳しい。

さて，現象学に関する典型的な（一般的な）誤解を解くために，まずこの『危機』書から「現象学は反科学」とする人が，自らの考えを支持するために好んで引用すると思われる記述を取り上げてみよう。

> 単なる事実学は，単なる事実人をしかつくらない。このような傾向に対する一般的な評価の転換は，特に［第一次大］戦後避けることのできないものとなったが，われわれも知るように，それが若い世代のうちに，次第にこのような傾向に対する敵意に満ちた気分を惹き起こすまでになった。この事実学はわれわれの生存の危機にさいしてわれわれになにも語ってくれないということを，われわれはよく耳にする。この学問は，この不幸な時代にあって，運命的な転回にゆだねられている人間にとっての焦眉の問題を原理的に排除してしまうのだ。
> (Husserl, 1954 ; p. 20)

いかがだろうか。確かにここだけの記述を取り上げれば，うっかり現象学とは反科学の思想なのだと納得してしまいかねないことがわかるだろう。しかし，この後には次のような記述が続いていることに注意しなければならない。少し長くなるが誤解を解く上で重要な箇所なのでそのまま引用してみる。

> ……その問題というのは，この人間の生存全体に意味があるのか，それともないのかという問いである。……（略）……この問いのかかわるのは，結局，……（略）……人間になのである。理性と非理性とについて，またこの自由の主体としてのわれわれ人間について，学問はいったいなにを語るべきなのだろうか。……（略）
> しかし，もし諸科学がこのように，客観的に確定しうるものだけを真理と認めるのだとしたら，また歴史の教えるのが，精神的世界のすべての形態や人間生活を支え拘束するもの，すなわち理想や規範は束の間の波のように形づくられてはまた消えてゆくものだということ，それはこれまでもつねにそうであったし今後もつねにそうであろうということ，いつも理性が無意味に転じ，善行がわざわいになるというようなことだけなのだとしたら，世界と世界に生きる人間の存在は，はたして本当に意味をもちうるものであろうか。われわれは，

> こうしたことに満足できるものであろうか。歴史的出来事が，幻想にすぎない高揚と，苦い幻滅のたえまない連鎖以外のなにものでもないような，そういう世界ではたしてわれわれは生きてゆくことができるものであろうか。
>
> (Husserl, 1954 ; pp. 20-21)

　確かに客観科学的な世界観に対する否定的な言明も行なってはいるが，ここから同時に，相対主義的，ニヒリズム的な考え方にも否定的な見解を述べていることがわかる。具体的にいえば，客観的に確定できるものだけが認められるという事実学（科学）のみで，われわれの生きる意味とは何か，われわれはいかに生きるべきなのかといったわれわれの「生」の問題に答えは得られない，ということである。
　しかし，そうかといって正しいものや妥当なものなど何1つないというラディカルな相対主義の考えもわれわれの「生」（人生，生活，生き方）に力を与えてくれるようには思えない。このことから，客観主義に基づく事実学（客観科学）だけでも，主観主義に基づく相対主義だけでも，われわれがいかに生きるべきかといった問題（人間存在の意味）に答えを与えてくれないと問題提起している，と解釈できるであろう。
　すなわちフッサールの問題意識は，こうした主観と客観の相剋を解消することにあったのである。そして，こうした解釈と比較すれば，「現象学が反科学である」という理解は，その記述のごく一部だけを取り上げた一般的な「誤解」であることが理解されるであろう。つまり，フッサールの根本動機は，実証主義，事実学，科学に対する批判にあったという解釈では，フッサールの主張の根幹を掴み損ねてしまうといえよう。フッサールの根本動機は，客観主義と懐疑主義（相対主義）という両極の間で揺さぶられる「生」の問題を哲学的に解明しなければならないというものであった。

> 哲学の危機は，哲学的普遍性の構成分と見られる近代の全学問の危機であり，その文化生活の全体的な意義という見地から見た，すなわちその全「実存」にかかわるヨーロッパ的人間性の危機であり，さしあたっては潜在的なものであったが，しかし次第にあらわになってきた危機なのである。
>
> (Husserl, 1954 ; p. 31)

　そして上述したように，主客問題といった哲学の危機は，哲学だけの問題ではなく，全学問の危機であり，ヨーロッパ的人間性の危機であり，すべての人々の「生」に直結する問題だったのである。なお，主客問題がわれわれの生にどのように直結してくるかは，信念対立の問題にも関わる重要なポイントとなるため次章で

詳述することにする。

2. 竹田青嗣現象学

次に、『危機』書に加えて、竹田青嗣現象学に焦点化して議論を進める。ここでは特に竹田（2004）の『現象学は＜思考の原理＞である』（以下本文中では、『思考の原理』と略記）を直接的に引用しつつ論を進める。その理由は次の三点からなる。

第一に、この著書において、現象学の根本動機が「信念対立の超克」にあることが最も明確に打ち出されているためである。これは「時代閉塞を乗り越える原理──現象学の射程」という章の最初の節で、「『信念対立』を克服するために」という題名をつけていることに端的に表われている。構造構成主義は、人間科学における信念対立を基軸とした「呪」の解明を根本動機の1つとしている。その意味でも、この著書には、本書の目的に照らし合わせて非常に有益な議論が展開されているように思われたため、参照しながら議論を進める。

第二の理由として、竹田自らが「あとがき」にて「1989年に『現象学入門』を出して以来、わたしはこの領域において、ようやくつぎの一歩を踏み出せたように思う」と述べているように、「言語論」「欲望論」といった現代社会における自己了解に深く関わるテーマを取り上げて、現象学的思考の原理の「使用例」を示している点が挙げられる。

また、竹田はそれまでも「欲望論」について、ニーチェ等を引きながら断片的に持論を展開してきたが、『思考の原理』の中で初めて「欲望相関性」という概念を現象学的思考に組み込み、明示的な形で信念対立超克の原理として現象学を編み変えたように思われる。こうした点も『思考の原理』を本書で取り上げる理由の1つとなる。

3. フッサール現象学と竹田青嗣現象学の異同

なお、竹田の現象学理解は、フッサール現象学をベースとしているのは確かだが、すでに彼オリジナルの「竹田青嗣現象学」といってよいほど深化していることを指摘しておく必要がある。竹田の現象学理解は、フッサール現象学の核心を捉えているように思うが、その射程は、すでにフッサール現象学を超えて拡張されていると考えられるからだ。この点を確認するためにまず、竹田の言明を取り上げつつ、フッサール現象学と竹田青嗣現象学の異同を検討していくことにしよう。

先に取り上げたように、竹田ははなはだしい誤解に基づく現象学理解が流布している現状を憂い、それを解消すべく繰り返し説明しているが、同時にそのこともやむを得ないほどの記述がフッサールの著作に含まれているということを時折指摘している（たとえば、竹田、1989；p. 156）。そして、現象学の核心ともいえる、「還

元」(内容は3章で後述)については,『思考の原理』において,次のように問題点を指摘している。

> ところが,この作業(現象学的還元)がなにゆえに必要なのか,については,フッサールは『イデーンⅠ』で明確な解説をほとんど行っていない。その続き『イデーンⅡ』でも言っていない。『デカルト的省察』や『危機』で少しずつ,しかしきわめてまずい仕方でしか言っていない。全体としてフッサールは,現象学的方法の核心的意味について,きわめてミスリーディングな仕方でしかこれを言いえていない。それがフッサール現象学がこれほどまでにひどい誤解を受けてきた第一の理由です。 (竹田,2004;p.35)

そして次のように続く。

> むしろわたしは,こんな言い方をするのは止めて,自分の哲学的観点からフッサールを読むとその意義をこういう仕方で解釈できる,という具合に言ったほうがいいかもしれないのですが,あえてこんな言い方をしたくなる理由があるのです。
> ここ数年わたしは仕事上の機会があって『イデーンⅠ』を何度か精読し,その完全解読の試みをしてきました。……(略)……これをやってみると,『イデーンⅠ』をいくら細かく読んでも,なぜ現象学的還元をやるのか,その意味は何なのか,また世界を意識に還元してそこから本質を取り出すということが何を意味するのか,フッサール自身が明快な言葉で述べていないことがよく分かるのです。
> 逆にいうと,「現象学的還元」の方法についてフッサールの言うところを『イデーン』の論述からそれなりになぞることはできますが,その本質的な意味については,フッサールの言葉をいくらほじくり返しても,なんとでも言えるような記述にしかなっていない,ということです。
> (竹田,2004;pp.35-36)

これらは妥当な指摘のように思われる。すでに現象学的思考の「意味」について理解している人や,もとより同じ問題意識を共有している人ならば,現象学的還元の意味を見出すことは可能であろう。しかし,そうした問題点を共有していない人にとって,「還元」がなぜ必要なのか,それにどのような実際的な意義があるのかといったように,その「意味」を受け取ることは相当に困難となる。

ただし,この言明を学的に公正な立場から取り上げるならば,フッサールは『危

機』書において，『イデーン』に関して次のような反省的記述を行なっている点も指摘しておく必要があるだろう。

> ここでついでに注意しておこう。わたしの『純粋現象学および現象学的哲学の構想（イデーン）』で述べた超越論的判断中止への，ここで述べたよりもはるかに手短かな道――それを「デカルトの道」と呼ぼう（この判断中止は，デカルトの『省察』における判断中止に単に反省的に沈潜するだけで，またデカルトの先入見や混乱からそれを批判的に純化するだけで得られると考えられているわけである）――は，次のような大きな欠陥をもっている。すなわち，その道はなるほど一躍にしてすぐ超越論的われ（エゴ）へ達しはするが，それに先立つ説明がすべて欠けているために，この超越論的われを，一見したところ無内容なままに明るみに出すことになる。そこで，さしあたってそれによっていったいなにが得られることになるのか皆目見当がつかないし，それだけでなく，そこからどうして哲学にとって決定的な意味をもつ，完全に新たな種類の基礎学が得られることになるのか，まったくわからないのである。わたしの『構想（イデーン）』の受けとられ方が示したように，人びとが容易に，しかもそもそもの最初から，そうではなくてさえきわめておちいりやすい素材で自然的な態度への逆的に屈することになったのも，そのゆえである。
>
> (Husserl, 1954 ; pp. 280-281)

このように，フッサールは『イデーン』の問題点について十分自覚していた。そして，その欠陥のために「自然的態度」（判断中止以前の「世界の本当を問う一般的な態度」）に屈し，『イデーン』の本質は捉えられずに多くの誤解を招いたと自己反省していたのである。

こうしたフッサールの優れた自己反省的態度には自らの思想を伝えようとする者として学ぶべき点は多い。少なくとも，『危機』書がそうした反省の上に書かれたということは，汲んでおくべきであろう。

しかしながら，その『危機』書を読んでもやはり，本文中には信念対立解消に関する直接的記述を特に認めることができない。したがってやはりフッサール現象学から「信念対立の超克」というモチーフを読み取ることは無理があるように思う。

竹田はフッサールの『イデーン』の全文解読を試みる中で明らかになったこととして「どこを読んでもこれ以上理解がすすむようなことを言っていない」（p. 43）とフッサールの記述の悪さを指摘しており，その理由として「フッサールが現象学的還元の意味を，いわば七割しか自覚していないと言える点がある」と論じている。ここで言わんとしていることの意味は理解できるが，この「七割」と

いうのは，竹田が『イデーン』から受け取ったメッセージを自分なりに発展させ，還元が信念対立の超克に有効であるという確信をもった後に，その確信を基準として初めて言い得る事後的な評価としての達成度（自覚度）と捉えた方がよいように思う。

やはり，先に検討してきたように，少なくともフッサールの著作を読み解く限り，フッサールの根本動機は主客問題の超克にあり，認識問題にも関わるその問題を解明する必要があったのは，それが近代ヨーロッパにおいて，人間の生きる意味に直結する切実な哲学的問題であったからと考えるのが妥当な解釈ではないだろうか。

そして，竹田は，フッサール現象学のエッセンスを明示的に取り出し，誰もが「使える形」に再定式化し，現代社会の諸問題の源泉ともいえる信念対立の超克を根本モチーフとする現象学へとその射程を拡張したと考えた方が良いだろう。したがって，それはもはや竹田のフッサール現象学「解釈」などというものではなく，フッサール現象学を竹田の観点から編み変えた「竹田青嗣現象学」として捉えた方が適切といえる。

信念対立の超克というモチーフから，現象学を編み変え，誰もが活用できるように提示している竹田青嗣現象学は優れているが，それと同時に，現象学の創始者であるフッサールも依然としてその輝きは失っていないようにも思う。以上の理由から，私は現象学としては，最後期の「フッサール現象学」と，それを継承発展させた「竹田青嗣現象学」という2つの現象学を継承することにする。

8節
その他の方法概念

伏線として今後の展開に少しだけ触れておくと，次の3章では，基礎ツールとなる「判断中止」と「還元」という2つの「現象学的思考」のエッセンスを示す。4章では，還元によって構造構成主義の中心概念となる「関心相関性」を体系化し，基礎づけていく。

そして，5章では，ソシュールの一般言語学における「恣意性」という原理を経由し，丸山圭三郎の「記号論的還元」という考え方を紹介する。またそれを「科学」という用語に援用した「科学論的還元」を実践する。ここまでは，現象学的思考を中心とした哲学的原理となる。

さて，本書が哲学書であれば，哲学的議論に終止し，その内部で完結して何ら問題ないが，人間科学のメタ理論の定立という本書の意図からすれば，「哲学的原理」だけでは目的を達成するための「方法」として十分ではない。現在の人間科学の営みを，より妥当に機能するものにするためには，哲学的解明によって構築され

た認識論的な基盤を「科学的営み」に直結させていく必要があるからだ。

　そして，その哲学と科学の接続を担うのが「科学論」といえる。科学論にもさまざまなタイプのものがあるが，本書の目的に照らし合わせれば，科学の営みに接続可能であり，かつ多パラダイム・多学範が集まる人間科学の性質を活かした形でその機能を高める「人間科学の科学論」が求められるといえよう。そしてその際に哲学と科学の連動を可能とするものが，「構造」概念なのである。

　その接続を担う理論として，本書では，現象学的思考を部分的に継承しつつ，ソシュールの言語の恣意性を基軸に創設した池田清彦の「構造主義科学論」を採用する。また，構造概念を精緻化させるために，現象学の系譜に位置づけられるロムバッハの「構造存在論」の議論を活用する。

　以上，本章では，人間科学の呪を解くための「方向性」と「方法」について整理・概説してきた。次章以降では，基礎ツールとして現象学的思考を出発点とし，構造構成主義の体系化の作業に移る。

3章 哲学的解明の基礎ツールとしての現象学的思考法——判断中止と還元

> 全的な現象学的態度とそれに所属している判断中止には，本質的に完全な人格の変化を惹き起こすような力さえあり，その変化はさしあたり宗教的回心とも比べられるようなものであるが，しかしそれを超えて，人類そのものに課せられている最も偉大な実存の変化という意味をさえも秘めているようなものだ，ということである。
> (Husserl, 1954；p. 245)

●◆● 1節 ●◆●
本章の構成

　先の2章では，人間科学の難問を解明するために有効と考えられる「方法」について整理，概説してきた。本章以降では，2章で議論した方法を中心として，人間科学にかけられた呪（難問）を解明するためのメタ理論となる構造構成主義を体系化してゆく。

　本章では，人間科学を巡る難問を解明するための基礎ツールとして「現象学的思考法」の説明を行なう。ここではそうした観点から，「現象学的思考法とは何か」という問いに答える作業になるであろう。

　結論からいえば，ここでの現象学的思考法のエッセンスは，「判断中止（エポケー）」と「還元」という2つの中核的方法に集約することができる。この2つだけ

理解すれば現象学は誰にでも使える思考法となるのである。ただし，これは「思考方法」であることから，この「方法」の「意味」は，それを使用する文脈や目的と切り離してしまうと受け取ることができない。つまり，何のためにそのような思考法が必要になるのかを理解することなしに，突然「判断中止」と「還元」を定義的に説明しても，その意義を受け取ることはほとんど不可能なのである。そのため迂遠に思われるかもしれないが，まずは問題の特質を理解する必要がある。

したがってここでは，以下の順に判断中止と還元の説明をしていく。第一に，フッサールの考察に基づき人間科学における信念対立の呪の源泉となる哲学的難問が，どのような歴史的経緯の中から生まれたものなのかを把握する。第二に，竹田青嗣の考察を出発点として，認識問題といった哲学的難問がどのような経緯を経て信念対立へと至るかを考察する。第三に，多様な領域が集まる人間科学内においては，ナイーブな自然的態度でいるだけで信念対立が生まれうることを，そのプロセスを示すことにより指摘する。第四に，そうした信念対立を解消するための基礎ツールとして現象学的思考法がどのように機能するか具体的に示す。第五に，フッサール現象学に遡って判断中止と還元の内実を再確認する。最後に，「還元」によって得られた「原理」について概説していく。

2節 主客問題・認識問題の歴史的起源

結論からいえば，人間科学の呪の起源となっている哲学的難問は認識問題・主客問題ということができる。フッサールは『危機』書の「近代における物理的客観主義と超越論的主観主義との対立起源の解明」という題名がつけられた第二部において，認識問題，主客問題がどのような歴史的な経緯を経て生まれてきたのかを，自然科学の祖と位置づけられるガリレイまで遡り，デカルトを中軸としつつ，ロック，バークリ，ヒュームと概観しながら解明している。したがって，まずはこのフッサールの説明を基盤とし，また適時，補助線として「竹田青嗣現象学」によって問題を整理しつつ，これら難問の構造を把握してゆく。

フッサールによれば二元論の起源は，自然科学の祖であるガリレイまで遡る。

> ガリレイは，幾何学と，感性的な現われ方をし，かつ数学化されうるものから出発して世界へ眼を向けることによって，人格的生活を営む人格としての主体を，またあらゆる意味での精神的なものを，さらに人間の実践によって事物に生じてくる文化的な諸性質を，すべて捨象する。このような捨象の結果，純粋な物体的事物が残り，それが具体的実在として受けとられ，その全体が一つ

> の世界として主題化される。ガリレイの手ではじめて，それ自体において実在的に完結した物体界としての自然という理念が現われてくる，ということができるであろう。これが，あまりに早く自明化した数学化と一体になって，いっさいの出来事を一義的に，また前もって決定しているそれ自体完結した自然因果性という考え方を，その帰結として生み出すことになる。明らかにそれとともに，二元論もまた準備されたのであるが，それがまもなく，デカルトのもとで姿を現わしてくる。
> (Husserl, 1954；p. 108)

　ガリレイは，「数学化されうるもの」から出発することによって，「数学化されえない」精神的，文化的な諸性質をすべて切り捨ててしまった。その結果，客観的にアプローチしうる物的事物が，「実体」として受け取られ，実在的に完結した「客観的物体世界」としての「自然」という理念が生まれてくることになった。
　要するに，ガリレイによって「物体的事物」「自然それ自体」「モノそれ自体」という完結した『物体世界』が構成されたのである。その結果，『客観事象としての物体世界』と『それ以外の主観的な世界』に引き裂かれてしまった。それにより「世界は，自然と心的世界という，いわば二つの世界に分裂」(p. 109) したのである。
　ただし，フッサールにいわせれば，「このように世界が分裂し，その意味が変わったのは，自然科学的方法を模範にしたこと—それは近代のはじめにおいては事実上不可避的なことだったのであるが—，換言すれば，自然科学的合理性を模範にしたことの当然の結果」(p. 109) であった。そして，「少し前にガリレイが新たな自然科学の創建をなしとげたあとを承けて，普遍的哲学の新たな理念を構想し，それをただちに体系化の道にもたらしたのは，デカルト」(p. 133) なのであった。
　なお，ガリレイは数学化により「客観的な自然物理世界」を確立し，二元論を準備したが，デカルトは方法論的懐疑により「我（心）」という「主観的な領域」を確立した。このように，双方とも直接確立した領域は異なっていたことに触れておく。ただし，デカルトの考えは，客観的に「心」を探求しようとするという意味で，ガリレイの幾何学的な特徴を引き継いでいたのである。
　このようにガリレイ・デカルトによって主観世界と客観世界という2つの世界への分裂がもたらされた。ここからそれ以前には存在しなかった「主観—客観問題」といった謎が立ち現われることになった。このようにして「以前には予想もされなかった様式の世界の謎が登場し，それが『認識論的』とか『理性論的』と言われる哲学的思索のまったく新たな様式を生み出し，やがてはまったく新たな性質の目標設定と方法をもった多くの体系的哲学をも生み出す」(p. 123) ことになったのである。

3節
認識問題がなぜ信念対立へとつながるのか？

以上，主客問題，認識問題といったアポリア（難問）の歴史的経緯について概観してきた。しかし，そうした難問を「近代二元論を土台とした虚妄な問題だと主張する哲学者も多く」（竹田，2004；p. 58）いるのが現状のようだ。哲学者が自分たちのおもちゃとして勝手に作り出している「哲学者の閉塞的なパズル」とみなされているのである。

しかし，それは短見というものである。主客問題が人々の現実にどれほど密接に関連しうるのかを理解してもらうために説明を続けていこう。

竹田（2004）は，現象学が提唱された近代ヨーロッパにおいて「認識問題」が「信念対立」という具体的問題の起源となっていたことを鋭く指摘し，以下のように述べている。

> 近代の「認識問題」は，ふつうデカルトの発議による「主観」と「客観」は一致するのか，という問題として理解されている。主観と客観が一致する確実な方法を見出すなら，人間は正しい認識（＝真理）をもつことができる，というわけです。しかし，この問題の根にある決定的なリアリティは，この時期に多様な世界像が登場し，それが「正しさ」について解きえない矛盾，つまり「信念対立」（カトリック対プロテスタント，キリスト教対自然科学など）という解決不能な問題をつくり出したことにあるのです。
>
> （竹田，2004；p. 57）

この説明を読んだだけでは，哲学的難問（アポリア）といった抽象的な話が，実際の信念対立につながることは了解しにくいかもしれない。したがって，認識問題といった抽象的な難問が，どのような経緯を経て信念対立といった現実的問題となるのか確認していく。

竹田（2004）が，この疑問に明瞭な回答を与えているので，参照しつつ議論を進めよう。この主客問題は「ふつうは，いま自分が眼にしているリンゴ（主観としてのリンゴ）と，「リンゴそれ自体」（客観としてのリンゴ）が一致しているかどうかを問うという図式で説明され」るが，「リンゴだとなぜこんなことが問題となるのか一般的には理解しにくい」というわけである。そして竹田は，次のように説明を続ける。

> しかし，問題なのはじつはリンゴではなくて，「世界」あるいは「世界像」なのです……（略）。正しい「世界像」というものはあるのか，それともそういうものは全然ないのか。そうだとすれば，人間にとっての「正しさ」とはどのように考えられるのか，これが認識問題の核心です。そう考えれば，これがまさしくきわめて現代的な問題であることが理解されるはずです。なぜ世の中に多様な世界像や世界観が生じ，すなわち「正しさ」についての信念対立が生じるのか。またこの信念対立は，克服されたり，調停されたりする原理を持つのか。この問題を解明する原理を取り出すことができれば，「認識問題」は解かれたと言えるわけです。 (竹田，2004；p. 59)

 それでは，認識問題を解決できないことが，現実世界にどのような問題を引き起こすというのであろうか？　それが解決できなければ，哲学者以外も不利益を被るようなことがあるのだろうか？　この疑問を解消しておくことは，現象学のみならず，構造構成主義の意義を受け取るためにも決定的に重要となるため，さらなる説明を重ねることにしよう。
 竹田は，認識が思考パターンを規定するとして，次のように説明する。

> Aの人（あるいは共同体）は，世界観Aを正しいものとしてもち，B,Cはそれぞれ世界観B，世界観Cを「正しい世界観」だとする信念をもっています。この場合，ABCは「正当性をめぐるたたかい」を引き起こす可能性があります（近代ヨーロッパの宗教戦争，十九世紀以後では，二つの大戦，冷戦下の地域戦争等）。 (竹田，2004；p. 60)

 これを，最近の時事問題にあてはめるなら，「A」にはブッシュ大統領主導のもとで，「無限の正義」を唱え，イラクに攻め入ったアメリカを代入し，「B」にはフセイン独裁政権下で「聖戦（ジハード）」を唱えて応戦したイラクを代入することができよう。
 竹田（2004）は，「このような場合，どのような思考が可能」かと問いを立て，3つのパターンを提示している。
 第一に，「どれかが『正しい』とする思考パターン」である。これは先に私が挙げた例でいえば，アメリカとイラクの双方が，自らの絶対的正当性を主張した点で，この図式に該当すると理解できよう。私の考えでは，このパターンを押し進めれば，おそらく次のようになる。「どこかに正しい世界像が1つ存在する」→「自分は絶対に正しいと確信する」→「自分が正しい世界像をもっているからこそ，そのように確信している」→「正しい世界像は1つであり，それを自分がもっているのだか

ら，それに反する相手は間違っている」という思考パターンになるであろう。このような抽象的な認識形式を契機として対立は生まれるのである。認識論的前提が，いかに人間の思考を規定するものなのか理解できるであろう。

　第二に，「どれも間違っていて『正しい』考えはどこか他にあるとする思考」が挙げられる。信念対立の成立という意味では，これは第一のパターンと同じことになるだろう。それは「どれも間違っていて正しい考えはどこか他にある」→「自分は絶対に正しいと確信する」→「そのように確信するのは，自分が正しい世界像に近いからこそ，そう確信できているのである」→「正しい世界像は1つであり，それに自分が近いのだから，それに反する相手は間違っている」という思考パターンになると考えられる。その結果やはり信念対立へと陥るのである。

　第三に「『正しい』世界観など存在しない，『強力な世界観』があるだけ」とする思考（信念）がある。竹田（2004）は，「この思考には大きな弱点がある」として，「この言い方では『普遍性』の概念が成立せず壊れてしまう」点を挙げている。それではこうした考え方からも信念対立は生じるのであろうか？　私の考えでは，「最初から正しい世界観など存在しない」ということは，煎じ詰めれば「何でもアリ」という態度につながるように思われる。相対的な正しさすらない（より妥当と思われる方向性すらない）とするならば，自分の考えや行為が正しいかどうかなど考える必要もない。自分がやりたいことを欲望のままにやればよいことになる。その結果正当性は「強さ」によって保証されることになる。それゆえ「勝てば官軍」という強者の論理がまかり通ることになり，政治的・軍事的暴力が横行することになるだろう。

　このように「『正しい』世界観など存在しない，『強力な世界観』があるだけ」という信念に依拠する場合は，議論の際にも，どちらが妥当な考えを提出するかといった主張の「質」（内容）が問題とならなくなるため，多数決を悪用する政治のパワーゲームが展開されることになるのだ。「正しさ」（質）より「力」（量）が物を言うパワーゲームに陥ることにより，双方が考えをすり合わせたり，自らの考えをより妥当な方向へ洗練するのではなく，相手を打ち倒すべくより強い「力」を求めることに固執し始める。あるいは，自分の思考の質を高めるのではなく，相手の力を削減する政治に力を注ぐようになるかもしれない。その結果，より妥当な意見が広がるのではなく，より力をもつ人の意見が通ることになる。以上のように「正しい世界観はどこにもない」ことを前提としても，やはり不毛な対立の構図に終始することになるのである。

　なお，竹田（2004）は，「現代の我々の思考は，図式としては第三の」思考パターンに近づきつつあると主張している。この考え方は，「思考の類型としては，『真理』など存在しないという懐疑主義，相対主義」ということになる。現実に，ポス

トモダン的思想に侵され，相対主義的な思考パターンに陥っている研究者には，何らかの不可能性を掲げて，他人の足りない点を批判する批評ゲームに没頭している人が少なくないように思われる。そうした行動パターンは，ニヒリズム的信念からなかば必然的に引き起こされるものである。これも認識が行動を規定する好例といえよう。

ひとまずここまで述べてきたことをまとめてみる。主観‐客観の二元論は，自然科学の祖ガリレイを端緒とし，デカルトにより確立された。自然科学の対象となる「客観的事物」と「それ以外の主観的世界」の世界に二分された結果，「主観と客観世界は一致するのか？」「一致するとすればいかにして可能になるのか」といった主客問題が立ち現われることになった。

そして，この認識論的難問がなぜ問題にされるかといえば，それは「われわれは正しい世界像に辿りつけるのか」「われわれの考えと正しい世界像を一致させることができるのか」「われわれは真理に辿りつくことができるのか」という人間の生に関わる問題に結びついていたからである。さらにいえば，これらの問いは，われわれの世界に信念対立をもたらし，対人関係の悪化，紛争といったリアルで切実な問題に直結する難問であったのだ。そして，先に見てきたように，従来のいずれの世界認識の思考パターンによっても，信念対立を回避することはできないのである。

以上の議論によって，認識問題といった抽象的な問題が，いかに信念対立といった具体的な問題へとつながっていくか理解していただけたのではないだろうか。人間科学の「呪」の起源は，このような哲学的難問にあり，ここから人間科学内部の信念対立が生まれ，当初掲げられた「総合」の理念は，内側から崩壊するのである。

●◆● 4節 ●◆●
自然的態度から生まれる信念対立

前節では主客の一致といった認識問題がいかに信念対立につながってくるかを竹田（2004）の3つの類型に基づき概観してきた。

しかし，私の考えでは，竹田の指摘する認識問題まで遡らずとも，信念対立は，無自覚に自然的態度に依拠した時点で発生すると考えることができるように思う。したがって，ここでは自然的態度に基づくことによって，どのように信念対立が生じ，「呪」としての効力を発揮するようになるのかをみてゆく。

「自然的態度」とは，＜リンゴがあるからリンゴがみえる＞と思う通常の態度を指す。構造化して示すと＜リンゴがある＞→＜リンゴがみえる＞というのが「自然的態度」に基づく「認識構造」である。そして，リンゴを認識する時には，このような自然の態度に基づくことに，便宜的・機能的に何ら問題はない。

それでは，このような自然的態度に基づくと，なぜ人間科学内部で信念対立が起こるのであろうか。ここは重要なポイントとなることから，上記の「認識構造」を応用して考察を進めていきたいと思う。たとえば，「Aこそ正しい学問だ」「Bこそ正しい学問だ」といった相反する信念を持つ2人の研究者がいたとする（この場合，その記号部「A/B」には「基礎／臨床」「理論／実践」「哲学／科学」「数量的研究／質的研究」等々さまざまな二項対立を代入可能である）。

　先のリンゴに対する自然的態度に基づく対象認識法を，AとBの確信構造にそのままあてはめるならば＜正しいAという学問がある＞→＜Aを正しいと感じる＞ということになる。少し嚙み砕いて言えば「正しいAという学問があるから，わたしはAを正しいと感じる」というわけである。つまりその人にとって「Aが正しいと感じる」ことが同時に「Aは正しいものである」という結論を導いているのである（その2つに隙間がないのである）。したがって，その後の議論は暗黙裡に「Aは正しい」ことを前提として進めることになる。

　逆にいえば，「Bが間違っている」という私の確信は，「間違っているBという学問があるから，わたしはBが間違っていると思う」ということになる。この場合，その人にとって「Bが間違っていると感じること」と「Bは間違っているものである」という結論は同時に生起しているのである。本来「Bが間違っているように感じること」と「Bが間違っていると結論付けること」は別の営みであるはずだが，その後の議論は暗黙裡に「Bは間違っている」という前提のもとに進めることになる。

　お互いが「相手が間違っている」という前提のもとに議論が行われれば，建設的な展開にはならないことがわかるであろう。このように自然的態度に基づくと，極めて素朴な形で信念対立が立ち現われることになるのである。

5節 信念対立超克のための現象学的思考法

　次に，人間科学内の学問間の信念対立を例として，「判断中止」や「還元」の使い方を示す。現象学的思考法は通常と逆の思考を辿るため，目的と切り離して理解しようとしても，「なぜわざわざそのような回りくどいことをしなければならないのか」と，その方法の「意味」を受け取ることができない。したがって，信念対立の超克という目的に沿った形で実践例を提示することにより，現象学的思考が信念対立の超克に有効な基礎ツールとなることを示したい。

　それではこのような信念対立をもたらす「呪」を解くにはどうすればよいだろうか？

第一に，一度自らの「Aこそ正しい学問だ」「Bこそ正しい学問だ」といった確信については「括弧に入れて」，戦略的に「判断中止」する必要がある。「A（B）こそ正しい学問だと思っているけど，それはまあいったん置いておこう」というわけである。これが現象学で「括弧入れ」「判断中止」「エポケー」と呼ばれる「思考方法」である。

　第二に，「判断中止」をした上で，「Aこそ正しい学問だ」という確信がなぜ，どのような経験により生じてきたのかを問う。これを「還元」という。言い換えれば，「還元」とは「確信の成立条件を解き明かしていく」ことであり，通常の自然的態度とは，逆方向の思考を辿る「思考方法」のことを指す。先に挙げた例に沿うならば，「相手の人は自分が『Aこそ正しい学問だ』と思っているのと同じぐらいの確信をもって『Bこそ正しい学問だ』と思っているようだが，どうしてそのような異なる確信が生じたのであろうか？」と問いを立てることになるであろう。

　この問いは直接相手に問いただす（突きつける）ためのものではない。こうした問いを自分の中で立てた上で，相手との対話を続けるのである。そうすることにより，確信の異同をもたらす構造や信念対立の「意味」がしだいに明らかになることが期待できる。この点についてはフッサールが『危機』書にて「この判断中止が主題設定の仕方全体を変更し，さらに進んで認識目標の存在意味全体をつくりかえることによって，大きな違いを生み出すのである」（p. 322）と述べていることに該当すると思われる。

　つまり，判断中止によって，「主題設定の仕方全体を変更すること」（これが還元である）につながり，さらに「認識目標の存在意味全体をつくりかえる」ことになるのだが，これは上記のAとBの対立の例の場合でいえば，対話相手の存在意味全体が，還元によって根本的に再構成されることを指す。具体的には，自然的態度であれば自分が違和感をもった相手は間違った世界像（考え）をもっている存在になるが，還元することによって相手の評価は括弧に入れられ，「どうしてそのような異なる確信が生じたのであろうか？」といったように，確信成立構造という新たな探求対象として存在意味が変更されるのである。

　このように「現象学的思考法」は信念対立を超克するための基礎ツールとなるのだが，これは「この通りにやれば絶対に相互理解に達する」といったマニュアル的な公式ではない（10章で論じるが，構造構成主義は最終的にニヒリズムに陥ることを回避するために，戦略的にこのような「絶対的解決」を志向しない）。議論を営む主体が現象学的思考法を「身につける」ことで，信念対立を内側から解消（回避）しやすくなると考えられる。「判断中止」や「還元」は，自然的態度のまま不毛な信念対立を強化し続けるよりは，建設的な議論へと発展することを可能にする「思考方法」なのである。

6節
フッサール現象学における判断中止と還元

1．判断中止とは何か？

　以上，信念対立の超克という文脈に沿って「判断中止」と「還元」といった現象学的思考のエッセンスを示してきた。次に現象学の創始者であるフッサールの著作（『危機』書）に当たりつつ，「判断中止」と「還元」の内実を詳しくみていくことにする。現象学的思考のエッセンスを受け取った後ならば，難解にみえるフッサールの論述もすんなりと理解できるであろう。というのは，哲学が「意味不明」なものに感じられる「要因」の1つは，その目的とエッセンスをつかめないことにあるからである。

　さて，次の文章は，「第三十九節　自然的な生活態度の全面的変更としての超越論的判断中止の特性」からの引用である

> 　われわれがもはや，いままでのように自然的に現存する人間として，あらかじめ与えられている世界の恒常的な妥当を遂行することのうちを生きるのをやめ，むしろこの妥当の遂行をたえずさし控えるといった変更である。……（略）……自然的な世界生活は世界を妥当させているが，そのような能作をしている生活は，自然的な世界生活の態度では研究されえない。それゆえにこそ，全面的な態度変更が，すなわちまったく他に類のない普遍的な判断中止が必要となるのである。
> (Husserl, 1954 ; pp. 266-267)

　先述したように，「判断中止」以前の「自然的な世界生活の態度」とは，＜リンゴがあるからリンゴが見える＞といった態度のことを指す。それではなぜ，判断中止による根本的な態度変更が必要となるのであろうか？

　先の引用では，そのような自然的態度に基づく生活が確信を構成している基盤となっているのは確かだが，そうであるがゆえに，「自然的な世界生活」の態度では，確信を成立させている条件や構造は「研究されえない」と述べられている。自然的態度とは，確信を絶対的なものとしてしまう態度のことであるから，必然的にそのような反省的研究を行なうことはできないことになる。それゆえ，そうした自然的態度をさし控える「判断中止」への根本的な態度変更が必要なのである。

　なお，ここでいう「まったく他に類のない普遍的な判断中止」とはどういう意味であろうか？　これを「すべての関心を判断停止すること」と受け取ってしまうの

は誤解である。フッサールは次のように述べている。

> すべての自然的人間的生活の関心にかかわる判断中止は，その関心に完全に背を向けることであるようにみえる（いずれにせよ，それが超越論的判断中止についての普通の誤解である）。……（略）……だが，もしそのように考えられるならば，いかなる超越論的研究も存在しないことになるであろう。
> (Husserl, 1954 ; p. 322)

ここで述べられていることは次のことである。判断中止はあらゆるものへの関心を中止させることではない。なぜなら，もしすべての関心を停止させてしまったならば，それは同時に「確信の条件と構造」を探求する当の「確信」の対象が消失してしまうことを意味し，それゆえいかなる現象学的な思考や探求も存在しないことになるからだ。

それではこの「他に類をみない普遍的判断中止」とは何を意味しているかといえば，これはデカルトとの比較において述べられているのである。6章で詳述するが，デカルトは「我思う」の「我」を身体（客観）以外の「心」（主観）に限定してしまったゆえに，主客二元論の創始者になってしまった。しかし，「徹底的で普遍的な判断中止」を行なうならば，「我思う」という判断中止の対象となる「我」とは「私に立ち現われているすべての現象」でなければならなかったのである。つまり，デカルトは「我」を「心」に限定したという意味で中途半端な判断中止であり，フッサールはそれと自らの判断中止を比較して，「まったく他に類のない普遍的な判断中止」と自分の立場を主張したのである。

2．還元とは何か？

次に「還元」について『危機』書に基づき確認していく。第三十八節の題名では，自然的態度と対比させる形で，「還元」の態度が簡潔に提示されているので，取り上げてみよう。

> 第三十八節　生活世界を主題化する，ありうべき二つの根本様式。すなわち，その世界へまっすぐに向かう素朴で自然的な態度と，生活世界と生活世界的対象が主観にどのように与えられているかというその与えられ方へ首尾一貫した反省を加える態度の理念
> (Husserl, 1954 ; p. 257)

まず用語の説明からしていくが，「生活世界」とはいわゆる「生活」のことではない。ここではこの「生活世界」という言葉は，「現象」，つまり「私に立ち現われ

ている経験のすべて」と考えておけばよいだろう．したがって，ここでの生活世界はかならずしも「実在するモノ」（と自然的態度において考えられているもの）だけでなく，「夢」や「幻想」なども含まれる．こうした用語理解に基づけば，「還元」とは「私」に立ち現われる「生活世界」が，「どのように与えられているか」という「その与えられ方」へ反省を加える態度ということになる．

さらに，還元とはどのような点へ関心を向ける態度なのか微妙に角度をずらしながら説明している文章があるので，少し長くなるが取り上げてみる．

> 一般に，つまりわれわれすべてにとって，この世界ないし対象がその諸性質の基体として，単にあらかじめ与えられてあり，ただ所有されているというだけではなく，それらの対象（ならびにすべての存在者と思われているもの）が，さまざまな主観的な現われ方，与えられ方においてわれわれに意識されている，その点へ眼を向けてみよう．本来，われわれはその点へ注意を向けることもないし，大部分の者は，およそそのようなことを思いつきもしない．われわれはこのことを新たな普遍的関心の方向へと形成し，与えられ方のいかにということに対する首尾一貫した普遍的関心を打ち立ててみよう．われわれは存在者自身へも関心を向けるが，まっすぐにではなく，その与えられ方のいかにという点から見られた対象としての存在者へ関心を向けるのである．詳しくいえば，相対的妥当性や主観的現象や思念の変化のうちで，世界という統一的普遍的妥当性，すなわちこの世界がわれわれにとっていかに成立してくるのか，という点へもっぱら恒常的な関心の方向を向けてみるわけである．さらにまた実在的対象，すなわち現実に存在する対象……（略）……の普遍的な現存，普遍的地平についての恒常的な意識が，どのようにしてわれわれにとって成立してくるかという点へ関心を向けてみよう．　　　　（Husserl, 1954 ; pp. 258-259）

ここでは「自然的態度」と「与えられ方のいかに」という還元の問いの立て方を対比的に繰り返し論じている．還元のエッセンスは極めてシンプルであり，それは「与えられ方のいかに」を問うという，その問い方にある．自然的態度では「リンゴがあるからリンゴが見える」と「まっすぐに」考えるが，そうではなく「この現象（リンゴ）がわれわれにとってどのように成立してくるのか」といった「確信成立の条件と構造」を問うのが，「還元」という「方法」の内実である．

なお，次章で取り上げるニーチェ（Nietzsche）にも還元的思考法をみてとることができることを付言しておこう．

> 初めに「真なりと思いこむこと」ありき！ それゆえ，どうして「真なりと思いこむこと」が発生したのかを説明すべし！「真」の背後にはいかなる感覚がひそんでいるのか？
> 　　　　　　　　　　　　　　　　　　（『権力への意志（下）』p. 44）

　さて，ここまで確認してきたように「現象学的思考法」のエッセンスは，この「判断中止」と「還元」といった2つの思考ツールに集約されており，これを理解し，実践できるようになれば，それで現象学的思考は身についたといえる。
　さらにいえば，「還元」だけできるようになれば，現象学的思考は身についたといってもよいだろう。なぜなら，「還元」ができるということは，その前に「判断中止」ができているということに他ならないからである。そして信念対立解消のツールとしての「現象学的思考法」を身につけるという目的に照らせば，現象学の「判断中止」や「還元」以外の諸概念はとりあえず無視してしまってまったく問題ない。そして，この「判断中止」と「還元」からなる「現象学的思考法」は，本書における重要な「思考方法」であることを繰り返し強調しておこう。

3．現象学は観念論か？

　さて，現象学に対しては多くの批判がなされてきたので，ここで一部を取り上げてみよう。こうした批判に答える作業は，「地」（誤解）を描くことにより，「図」（概念・原理）をいわば背景から浮き彫りにする意味があると考えられる。本書では適時，誤解を解消することにより理論的輪郭（概念の内実）を裏側から浮き彫りにする試みを行なう。
　一般的に，現象学に対して，「観念論にすぎない」という批判は多くみられる（竹田，2004）。つまり，批判としての「観念論」とは現実を無視した机上の空論，夢想の類いといった意味で用いられることが多い。
　確かに，フッサールの以下のような記述をひきあいに出して，現象学は観念論であるという批判することは可能である。

> この判断中止においては，これらの諸規定すべても，世界それ自体も，わたしのidea［観念］に変わってしまったのであり，それらはまさしくその思考対象としてわたしの思考作用から切り離すことのできないその構成分なのである。
> 　　　　　　　　　　　　　　　　　　（Husserl, 1954；p. 141）

　そして結論をいってしまえば「現象学は観念論である」との指摘は正しい。ただし，それを「批判」的言明として用いられる「観念論」，すなわち「意味のない机上の空論」といった意味の「観念論」と混同しないように注意する必要がある。現

象学は，主客問題（認識問題）の解明という「目的」を達成するために，戦略的に採用された「方法論的観念論」なのである。「方法」は「方法」である以上それ自体で妥当性を判断することはできず，その目的と照らし合わせてその妥当性を判断しなければならない。

　そして，「現象学的思考法」の目的，つまり主客問題の解明による信念対立の克服とセットで考えれば，方法論的観念論は１つの有効な方法ということができよう。先に自然的態度では，信念対立に陥ってしまうことをみてきた。通常の思考を逆転させるためには，われわれの意識において「確信」がどのように成立しているのか，その条件や構造を取り出す「還元」という思考法が有効な方法となる。

　ここで確認のために，現象学の根本モチーフについてまとめている竹田の文章を引用してみよう。

> 何より重要なのは，深刻な世界観の対立，信念の対立が生じたとき，これを克服する本質的な原理として現象学は構想されたということです。ここに現象学の根本動機があります。ここから「確信成立の条件と構造」を解明するという根本的プランが現われ，それに対応するものとして「現象学的還元」という方法が打ち立てられたのでした。　　　　　　　　　　　　（竹田，2004；p. 87）

　ここに書かれているように根本プランである「確信成立の条件と構造解明」とそれを実現する方法となる「現象学的還元」は，信念対立の超克という目的を達成するために構築されたものであることを忘れてはならない（４章で後述する「関心相関性」という概念を用いるのならば，根本動機（目的）と照らし合わせて関心相関的に選択された「根本プラン」であり，「方法」ということになる）。

●●● 7節 ●●●
多様性の相互承認に向けた「原理」の創出

1．多様性の相互承認に向けて

　次に，竹田が「還元」によって得た「確信成立の条件と構造」の中で，信念対立の超克に有効な構造としてどのようなものがあるのか，彼の議論を追いながら確認してみよう。

> こうして，どこかに「正しい」世界像が存在するという想定をいったん廃棄し（それがまさしく「エポケー」や「括弧入れ」の意味です），すべての「世

> 界像」を，徹底的に，形成条件によって成立する確信＝信念であるとする発想を推し進めてゆくと，われわれはさらにつぎのことを理解せざるをえなくなります。すなわちそれは，各人の世界像は，必然的に，共通了解が成立している領域Xと，共通了解が成立しない領域V1〜V3に区分されるということです。そして世界像のこの構造は必然的な「共通構造」（本質構造）なのです……。
>
> （竹田，2004；p. 64）

　ここではまず，還元によって，各人の世界像は「共通了解が成立している客観的領域（確実な現象領域）」と「共通了解が成立しない主観的領域（曖昧な現象領域）」の2つに区分可能であることが述べられている。そして，われわれに立ち現われている「現象」にはこれら双方の領域が同居していることが，その「共通構造」であることが説明されている。

> 現代に近づくほど，Xの領域は拡大してくることが明らかですが，それを代表するのは，自然科学的な世界説明の領域，数学，シンプルな論理学的原則の領域などです。これに対して，Vの領域がどのような領域かもすぐに理解できます。それを代表するのは，宗教的世界像，それぞれの美意識，倫理感覚，価値観などの領域です（主体を共同体と考えても同じです）。
>
> （竹田，2004；p. 65）

　そして竹田は，宗教や思想の対立の源泉は，共通了解が得られにくい曖昧な現象領域における「原理的な一致不可能性に由来する」とし，「この認識領域の基本構造が意識され，自覚されるなら，そういった宗教，思想（イデオロギー）対立を克服する可能性の原理が現われる」と論じている。
　そして，その原理とは「多様な世界観，価値観を不可欠かつ必然的なものとして『相互承認』すること」と主張を展開する。そしてその「価値観の多様性の相互承認」は「自由の相互承認」を前提としており，かつそれを確保するために独自の「ルール」設定が必要であると述べている。

> 「認識問題」の本質は，世界観や価値観が必然的に多数性をもつことを理解すること，またそのことによって，そこから生じる確執，相剋は，「真理」つまり絶対的な「正しさ」の発見ではなく，多様な世界観の「相互承認」と「ルール設定」という原理によってはじめて克服されることを理解すること，に帰着するのです。
>
> （竹田，2004；p. 70）

このように，現象学的思考を推し進めることにより，認識一般を「確信構造」として捉え直し，認識問題の本質を根本的に書き換えることができるというのである。

以上の竹田の議論は，認識問題を本質から解き明かすための端緒を開いているように思われる。ここで私は，上述の竹田の主張に2点補足することにより，さらに問題を先へと進めてみる。

第一は，記述の問題でもあるのだが，「共通了解が可能な領域と不可能な領域を先取りしている点」に関して議論を補足する。第二に，そうした問題点を踏まえた上で，行為者の内側へと視点を移すことにより，結果として相互承認の成立に有効な機能を有する「視点」の定式化が必要であることを論じる。

2．共通了解の境界設定不可能性

第一の点から論じていこう。竹田（2004）は「共通了解が得られる領域」と「共通了解が得られない領域」の典型例を挙げている。「共通了解の得られる領域」としては「自然科学的な世界説明の領域」「数学」「シンプルな論理学的原則の領域」を挙げている。他方「共通了解が得られない領域」としては「宗教的世界観」「美意識」「倫理感覚」「価値観」などの領域を挙げている。

ただし，この区分は（おそらくは読者に了解を得るために）外的視点から便宜的に分類されたものであることに注意しなければならない。原理的な観点からすれば，それらを先験的に明示化し尽くしておくことはできないのだ。

たとえば，人間科学は，「科学」と名がつくことから，一般に共通了解が得られやすいと思われるかもしれない。しかし，ここまで述べてきたように，その中には多様なルールに基づく学範（学問領域）が存在しており，また多様な関心に基づく研究者が集まっている。それゆえ「研究の価値」といったものに関しては，多様な見解が成立することは頻繁にみられる。

具体的に，私が専門とする心理学を取り上げてみよう。心理学は非厳密科学とはいえ「科学的」とされる学問領域でもある。したがって，その評価は客観的になされるように思われるかもしれない。しかし，たとえば専門誌に論文を掲載するためには，複数の審査者による査読を受けるのが通例なのだが，その論文審査でも，同じ論文に対して，一方の査読者は高く評価（採択）したのにもかかわらず，他の査読者はまったく評価せず掲載拒否の判定を下すといった正反対の評価が成立することもめずらしくないのである。私の考えでは，むしろこのような一般に共通了解が得られやすいと考えられている領域で共通了解が得られにくい事態が生じた時に事態が紛糾することになる。

この点について養老（2003）が「キリスト教，ユダヤ教，イスラム教といった一神教は，現実というものは極めてあやふやである，という前提の下で成立したもの

だ」(p. 20) というように，現実が曖昧だからこそ，人類は絶対的な拠り所として「神」という概念を生み出したのであろう。人間は曖昧な状態に耐性がなく，何らかの意味を求める動物といえよう。したがって本質的に曖昧な価値や倫理の領域にも，絶対的な何かを求めるため「神」という信憑が取り憑くのである。そして，なぜ宗教を契機として紛争が起きるかといえば，本来それは倫理や価値の領域であるため，本質的に「共通了解が成立しにくい曖昧な領域」であるはずなのだが，「神」という「絶対性」が付与されることにより「共通了解が成立する確実な領域」と誤解されてしまうことに由来すると考えられる。本来多様な価値観が並立する領域において，絶対性を主張するために，宗教的対立（信念対立）へと陥り，ひいては宗教戦争へと発展するのである。

　他方，芸術といった領域は共通了解が得られないかといえば，一概にそうともいえない。芸術作品にしても，多くの人が共通して高く評価する作品もあるし，誰がみても評価しない作品もあるだろう。またいかなる領域であっても，共通了解が得られやすい場合と，得られにくい場合がある。たとえば，芸術か科学かを問わず，技術・技法的なレベルでは，比較的共通了解が得られやすいであろうが，作品や考え方自体の価値評価については，共通了解が得られにくいという分類も可能なのである。

　このようにさまざまな観点から，「この観点からみれば，ここは多様で共通了解が得られにくい領域で，そこは一様で共通領域が得られやすい領域である」などと典型例を示すことによって，外部から区分してみせることはできる。しかし，こうした試みは，原理的には無限のケースに対して行なわなくてはならず，原理的解明には至らないことがわかるだろう。これを『共通了解の境界設定不可能性』という「原理」として定式化しておこう。

3. 共通了解の動的関係規定性

　次に，この「共通了解の境界設定不可能性」という原理を踏まえた上で，それを超克するために，次のような「原理」を定式化しておく。それは「共通了解の得られやすさ，得られにくさというものは，そのつど，相手との動的な関係から規定される」という原理である。

　この原理を『共通了解の動的関係規定性』と名づけておこう。

　こうした原理を「視点」とすることによって，外的視点による「領域設定」や「領域の細分化」によって，この問題に原理的な解明を与えることはできないことがより明示的になる。原理的に，共通了解とは二者以上によってそのつど探索される営為に他ならないからだ。

　では，なぜ2人なのか？　それについては，内田樹が，モーリス・ブランショの

いう「中間的なもの」(le neuter) を取り上げる中で，翻訳・引用している次の文章を挙げておこう。

> 同じ一つのことを言うためには二人の人間が必要なのだ。それは同じ一つのことを言う人間はつねに他者だからだ。
> （内田，2004b；p. 67）

　他者なくして共通了解はなし得ない。「同じ１つのこと言う」ため，つまりここでいう「共通了解を成し遂げるため」には２人の人間が必要なのである。したがって，この『共通了解の動的関係規定性』という原理のもとに「共通了解」に関する次なる原理が提起されることになる。

　なお，本書でいう，「視点」とは，比喩的にいえば「無感触・無重量・無色透明の眼鏡」と考えてもらえばよいだろう。つまり行為者がその「視点」を身につけることにより，身につける以前には見えなかった（知覚できなかった）ことが認識可能となるという意味での「認識装置」なのである。

8節
「内的視点」としての新たな「原理」の定式化へ向けて

　次に『共通了解の動的関係規定性』という原理を踏まえて，「多様な世界観を相互承認」するために有効な視点となる「原理」を提起する作業に移ろう。

　その際には，竹田（2004）がいうように「世界観や価値観が必然的に多数性を持つことを理解すること」(p. 70) は極めて重要なポイントである。しかし，世界観や価値観が多様であることだけを強調してしまっては，何でもアリの相対主義に陥ることは先ほど確認した通りである。

　そして多様な世界観を相互承認することを困難にしている最大のポイントは，世界がある時は多様である時は一様な姿を現わすといったように，多様性と一様性が表裏一体のものとして立ち現われており，どちらの側面が知覚されるかは，立ち位置や観点や時間の経過とともに変化し，さまざまな姿を現わすことにあるのである。

　そのため世界がある時は多様で，ある時は一様な姿を現わすという矛盾を含み動的に変容する在り様を言い当てるような「原理」が必要となるのである。そうした「原理」を提起できた時に，初めて多様な世界観を相互承認することが，結果として達成しうるような「理路」が開かれるのである。

　さらに，その「原理」は先に述べた『共通了解の動的関係規定性』を前提として構築しなければならない。つまり超越した「外的視点」から，境界設定や分類を行なうのではなく，その「原理」はそれを行為者が身につけた結果として，世界観や

価値観が必然的に多様性と一様性という矛盾した姿を現わすことを了解しうるような「内的視点」として機能するものでなくてはならない。
　したがって，次章では，「関心（志向）相関性」という構造構成主義の中核概念としてそうした「視点」の体系化を試みる。

4章　中核原理の定式化——関心相関性

　　　さしあたっては個々人や少数の仲間内に浸透していったこの古代の模範に従って，ふたたび理論的哲学が生まれねばならない。しかもそれは，伝統を無批判に承け継ぐのではなく，自己自身の研究と批判とから新たに生じてこなければならないのである　　　　　　　　　　　　(Husserl, 1994 ; pp. 23-24)．

●●● 1節 ●●●
信念対立の解消へ向けて

　「振り返ってみれば意味のない非建設的な批判をしてしまった」という経験をもつ人は多いのではないだろうか。人格的にも能力的にも秀でた専門家であるにもかかわらず，自分の関心と異なる研究に対しては，妥当な評価ができずに的外れな批判をしてしまう人は散見される。

　厳密な実験と数量的分析を行なう基礎研究者の中には，現場で事例研究を行なう臨床家（研究者）に対して「条件統制ができていない」「そんなのは科学じゃない」「いい加減な研究をするな」と批判する（思っている）人が多い（もちろんそうじゃない人もいる）。反対に臨床家（研究者）は，基礎研究者に対して「いくら厳密に研究しようとも，そんな何の役にも立たない『研究のための研究』をやっても意味がない」と批判する（思っている）人が多くいる（やはり例外もいる）。

このような批判は，たとえるならば，従来フランス料理があまり作られてこなかった地域の状況を踏まえ，その普及を目的としてフランス料理を作った人に対して，日本料理の専門家が「箸がないし，醤油がないから味がしない」と非難するのと同じような事態に陥っているといえよう。

そしてそうした無理解に基づく批判をきっかけとして，信念対立図式が生じてしまうのである。人間科学内の対立構造は，個々の関係性から生じるため，本質的には多様なのだが，陥りがちな対立構図という意味では，一定のパターン（型）は想定可能である。代表的なものとして，＜基礎 VS. 臨床＞＜実験的研究 VS. 現場的研究＞＜理論 VS. 実践＞＜数量的アプローチ VS. 質的アプローチ＞といった対立図式が挙げられる。

多パラダイム並列科学である人間科学の内部において，ナイーブな自然的態度に基づきお互いの研究を評価すると，前提となる関心や目的，パラダイム，学範が異なることから，なかば必然的に的外れな批判（非難）の応酬に陥ってしまう。そうしたことを契機として，人間科学内の不毛な信念対立構造が立ち現われ，強化されてしまうのである。

一般の人からみれば，合理的，論理的とされている科学的研究領域において，このようなナイーブな評価がまかり通っていることは意外に思われるかもしれない。しかし，論理的，知性的な学者だからこうした事態を避けられるのではなく，逆に専門家であるがゆえに関心が狭くなってしまい，結果自らの立場を絶対化し，ナイーブな批判をしてしまうのだ。

しかしながら，このように妥当な評価をできない人を批判したり，そうした状況を嘆いているだけでは，こうした事態を改善することはできない。それどころか私も含め，自分自身もナイーブな批判者になってしまう危険性と常に背中合わせの状態にあると考えた方がいいだろう。現状では，こうした事態を回避するための方法論的な「理路」（原理）が提出されていないため，誰もがこのような批判をしてしまう可能性は排除できないのだ。

したがって，自他ともにそうした批判を意識的に回避し，信念対立に陥らないようにするためには，それを身につけることによって，結果としてそのような批判が起こらないような状況に至るための認識装置を整備することが求められているといえよう。

2節
中核原理としての身体・欲望・関心相関性

その認識装置（視点）となるのが，構造構成主義の中核概念である。その内実は，

竹田青嗣の定式化した「欲望相関性」という概念によっている。竹田（1994）は，ニーチェの「力の思想」から根本仮説的性質を除去し，またハイデガーの議論を踏まえ，「欲望相関性」という原理を定式化した。

この概念は，詳しくいえば「身体・欲望・関心相関性」（竹田，1995）といわれるものである。それは，たとえば，死にそうなほど喉が渇いていたら「水たまり」も「飲料水」という存在（価値）として立ち現われることになるように，＜存在・意味・価値は主体の身体・欲望・関心と相関的に規定される＞という原理である。したがって，それは正確には「身体・欲望・関心相関性」というものになり，使用される文脈（目的）によって，まさに関心相関的に，その相関基軸を「身体」「欲望」「関心」のいずれかに変えることが可能である。

構造構成主義では人間科学における信念対立を解消し，より建設的なコラボレーションや創造的な研究を可能とするため，この原理を中核原理とする。

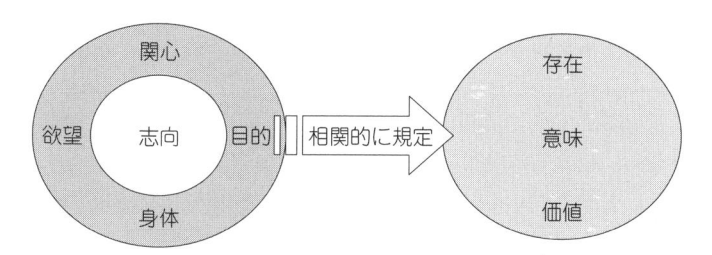

存在・意味・価値は，
身体・欲望・目的・関心に
相関的に規定されるという原理

●図4-1　関心相関性

科学的営みは，研究者の「関心」を出発点とし，より合理的で論理的な判断の積み重ねにより進められるとされていることから，ここでは特に理由がなければ，「関心相関性」と呼ぶことにする。

3節
関心相関性の機能

構造構成主義の中核原理となる関心相関性は，多様なレベルで活用できる原理である（そもそも多様なレベルに妥当しなければ，「原理」の名に値しないので，当然の言明だが）。ここでは関心相関性の機能を詳しくみていく中で，その内実を明らかにしていこう。なお，この原理を「視点」（認識装置）として用いる文脈においては，「関心相関的観点」と呼ぶこととする。

1．自他の関心を対象化する認識装置

　通常，価値の主観的な側面は隠蔽されている。たとえば，何かを食べて「絶対的なおいしさ」を感じた場合に，自然的態度では「わたしがおいしいと感じるのはその食べ物がおいしいからだ」と考える。この時，自分が感じた「おいしさ」に主観的な好みが関わっていること（身体─欲望─関心と相関的であること）は忘れ去られている。通常の自然的態度においては，価値は，当人の関心（認識）と活動（行為）に隙間がないため，その価値の主観的側面に気づくことは困難なのである。

　しかし，ここで一度自然的態度を「判断停止」すれば，その時はお腹が空いており（身体），食欲が旺盛で（欲望），食べ物に強い関心のある時であったから「とてつもなくおいしく」感じられたかもしれないし，また逆にお腹いっぱいで食べ物を見るのも嫌な状態であれば，その「おいしい」という価値がその人に立ち現われにくいことは容易に想像できるであろう。

　こうした簡単な「判断中止」によっても明らかになるように，価値や意味が，われわれの身体や欲望，関心と相関的であることは，自然的態度においては，隠蔽されていることが多い。研究活動においても，ナイーブな自然的態度では，「それに価値がないため，私は価値がないように感じる」と自分の実感をその対象がもつ実在的な価値として受け取っているため，結果として価値や意味が自分の関心と相関的に規定されている側面を認識する概念装置が必要となるのである。

　関心相関的観点によって，関心相関的に立ち現われている価値の側面を意識化（対象化）することができ，より妥当な価値判断をすることが可能になるのである。

2．研究評価機能

　具体例を挙げてみよう。子どもの育ちを援助するという実践活動に強い関心をもつ研究者がいたとする。その研究者は，自然的態度では，子どもの育ちを援助することは絶対的に重要なことだと確信している。その結果，おのずと「子どもの育ちの支援に」直接役立つ知見Aは価値の高いモノとなり，それに直接役に立たない理論Bは価値の低いモノとなるだろう。

　しかし，関心相関的観点を身につければ，「私が知見Aを高い価値のあるものだと思うのは，自分の関心が子どもの育ちを支援することにあるためであり，逆に理論Bがまったく価値がないように思えるのは，その関心に沿っていないからなのだろう」と思い至る可能性が開けてくる。

　すなわち，関心相関性によって，自らが感じる「価値」は「対象に実在するモノ」ではなく，「欲望や関心に応じて時々刻々立ち現われるコト」として受け取ることが可能になり，それによって異なる関心や領域の仕事に対してより妥当な評価

をすることが可能になるのである。
　その結果,「より妥当な評価をするためには,その評価に自分の関心が強く影響していることを十分認識した上で,その理論が提起されている領域の状況や目的といった文脈を踏まえ,理論Bを評価するよう心がけよう」といった,いわば「他人の土俵で相撲をとる」建設的態度へとつながる可能性が出てくる。
　私たちが「この研究には高い価値がある／価値がない」と素朴に評価する際には,程度の差こそあれ私たちの関心が影響を与えていることを意識化できるようになる。自分がもともと関心のあるテーマであれば,「この研究はおもしろい」と感じるであろうし,まったく関心のないテーマであれば,「こんな研究,何がおもしろいのか」とその価値を汲み取ることはむずかしくなるであろう。これをあえて公式化すれば,次のようになるであろう。

「自分が素朴に感じている価値」＝「当該領域におけるその研究の意義」×「関心」

　だからといって「妥当な評価なんかすることはできないのだから,どんな研究でも等しく価値があるのであって,したがって何でもアリなのである」などといった暴論を唱えるつもりは毛頭ない。研究の内的一貫性,論理的整合性といった「質」は重要である。ここでは,そうした研究の「質」に焦点化して妥当な評価をするためにも関心相関的観点を身につける必要があると主張しているのだ。
　つまり,関心相関性によって＜自分が素朴に感じている価値＝当該領域におけるその研究の意義×関心＞であるというように,自らの関心を通して立ち現われた価値であることを認識することによって,逆算的により妥当な価値評価が可能になるということなのである。その事態を公式として表わせば,次のように表現できるだろう。

「自分が素朴に感じている価値」÷「関心」＝「当該領域におけるその研究の意義」

　関心相関性を視点とすることにより,当該領域のどのような状況を踏まえて,どのような関心,目的に基づいて,どのような方法に基づき,どのような成果を出したのかという観点から,当該の研究をいわば「内側」から評価することができるようになるのである。
　つまり自らの研究関心を,関心相関性という認識装置を用いて対象化(可視化)し,括弧に入れる(判断中止する)ことによって相手の枠組み(学範,関心,認識論,パラダイム)の内側から,より妥当な評価をすることが可能になる。このことから,関心相関性は人間科学の「呪」を解くための有効の認識装置となることがわ

かるだろう。

3. 信念対立解消機能

上述してきたように，関心相関性は自他の関心を対象化する機能をもつことから，異領域の研究をより妥当に評価することが可能となる。これにより，たとえば本章1節で挙げたような信念対立に陥った基礎研究者と臨床研究者との間で次のような相互理解に達する可能性が開かれる。

基礎研究者は，「なるほど自分は基礎研究ばかり行なっており，その対象は測定可能であったから，数量化しなければならないと思っていたが，相手の方は，現場に身を置いて目の前の個人を治療することに関心があり，それは必ずしも測定・数量化できない一回起性の出来事なのだから，質的記述に価値を見出すのも当然のことといえるかもしれない」という理解に達するかもしれない。

そして現場研究者は「なるほど自分は臨床現場に入り，目の前の個人を治療することに関心があるから，研究は直接現場に役立つものでなければならないと思っていたが，基礎研究者である相手の方の関心は，科学的な法則の検証とその繰り返しによる法則定立にあるわけだから，厳密な実験による検証に価値を見出すのも当然のことといえるかもしれない」というように，相互理解に達する可能性がある。

これにより次のことが洞察される。第一に，単一の場所（実験室／現場）に身を置き，単一の関心に基づき専門特化した研究に従事し，ある程度の成果を積み重ねてきた人であればあるほど，自らの領域，学範，研究法を絶対視しがちになる，ということである。

第二に，単一の関心に基づいていたとしてもその観点を徹底して突き進む中で，自らの確信を相対化するに至るパターンが指摘できる。単一の関心に基づいていたとしても，関心が常に一定であることは極めて稀な事態であり，おそらくは立ち現われる現象と同時に微妙に変化していくと考えられるからだ（菅村，2002）。たとえば同じ目標を達成する上で，自分の当面の課題の性質は変化していくことは十分ありうる。そうした場合，現象の異時観察による比較作業によって自分の「関心」を対象化できる可能性があるだろう。

第三に，実験室と現場の双方に身を置いたり，あるいは関心の通時的移り変わりによって双方に身を置いたことのある研究者は，双方の確信を相対化することが自然とできるようになるということが考えられる。

いずれにしても，関心相関的観点によれば，それぞれの確信がどのように構成されていくのかを可視化し，信念対立を回避することが可能となる。そしてこのように自分の信念（確信）を一度括弧に入れて，その確信の構造を解き明かしているという意味では，関心相関性は「現象学的還元」の一種ということもできる。

4．目的の相互了解・関心の相互構成機能

　また，関心相関性は関心や目的を可視化する認識装置であることから，各人の関心や目的を「共有」するためのツールとしても活用できる。議論全体の目的を共有していなければ，そもそも何を目的に議論しているのか，そのための適切な方法とは何か，そして実際に議論はそれに向かって前進できているのかという点を判断することはできなくなってしまい，ボタンを掛け違えたまま不毛な議論に終止しかねない。

　しかし，各人が関心相関的観点をもつことにより，相互の関心を可視化した上で，議論全体の目的を明確な形で共有し，常にそれを基準として妥当な方法などを選択しつつ，議論を押し進めていくことができる。

　また，関心相関的観点により，相互の関心を可視化できるということは，たとえば「人間のため」といったメタレベルの目的を共有した上で，その目的に照らし合わせて関心それ自体の妥当性を検討し，すり合わせてゆくことも可能となる。そうして相互構成された関心を他者と共有することにより，新たな目的を共有した学問領域や特定課題プロジェクトを進めることもできよう。

　なお，目的を設定・共有する上でそれをいくつかの段階に分けて捉えることは有効だろう。たとえば「志」といわれるような向かうべき方向性を示すようなレベルのものもあろう。それは，必ずしも達成しなければ意味がないというものではなく，それを共有しているだけで，不毛な信念対立に陥らず，建設的な協力体制を築くことができるだろう。

　また，具体的，個別的なレベルでの「目標」は，次になすべきことを明確化する機能があり，新たな目標へと至るためのステップとして活用することにより，「進展している」という実感や自信を深めるために有用に機能するだろう。

5．世界観の相互承認機能

　さて，3章では「世界観の相互承認」に至るためには，共通了解が二者間以上のやりとりの中で構築されるという前提を踏まえ，そのつど多様な世界観を相互承認しうるような認識装置を身につける必要があると主張したことを思い出してもらいたい。

　「関心相関性」はまさに，「共通了解の動的関係規定性」を前提としており，世界がある時は多様な，ある時は一様な姿を現わすという矛盾を含み動的に変容する在り様を，言い当てる原理なのである。関心相関性によって多様な世界観を相互承認することが，結果として達成しうる理路が開かれるといえよう。この関心相関性を眼鏡（認識装置）として身につけ，やりとりすることによって，自他の関心や目的

を括弧に入れた状態でコミュニケーションすることが可能となることから，異領域の研究者間のより建設的な議論やコラボレーションが期待できるだろう。

6．方法の自己目的化回避機能

人間には程度の差こそあれ，当たり前のことを見失い，本末転倒の事態に陥る性質がある。たとえば，「お金」。本来お金は，幸せに生きるための「手段」にすぎない。しかし，お金を稼ぐために病気になってしまったり，過労死したり，借金を苦にして自殺してしまうことはめずらしくない。幸せに生きる手段であるお金を追求しているうちに，それ自体が目的となってしまい，それを失ったことで死んでしまったりするという意味では，本末転倒現象の1つといえよう。

さて，こうした本末転倒現象は，科学者，研究者にとっても例外なく発生している。人間科学においては，目的と無関係に方法の妥当性が決められる「方法の自己目的化」ということが起こる。たとえば心理学においては，統計を使わないと心理学的研究として認められないという現象がみられる。

尾見と川野（1994）は，心理学関係の学術雑誌掲載論文の中で用いられているデータ処理法を，統計手法を中心にその種類や割合を調査した結果，統計学的な「検定を利用していない研究論文はきわめて少ない」（p. 65）ことを実証的に示した。その中ではたとえば，日本の心理学の代表的な雑誌である『心理学研究』に1992年の4月から翌年の4月までに掲載された68編の論文のうち，検定を用いていない論文は3編（4.4%）であることが明らかになった。そして，検定をはじめとする統計手法の有効性を認めた上で，その短所として「"統計処理をしさえすればよいことになってしまう" があったように，検定をはじめとする統計手法を使いさえすれば科学的，あるいは客観的だという論理が成り立たないことについては改めて強調したい」（p. 65）としている。

なぜ，このようないわば当たり前のことを「改めて強調」しなければならなかったのであろうか？　心理学は本来，心理的事象の理解を目的とし，検定はそのための有効な手段の1つにすぎなかったはずである。しかし，いつの間にか「検定」を用いること自体が「自己目的化」し，「検定」を用いていなければ心理学系の専門誌に掲載されなくなっていた。これは「方法の自己目的化」の典型例といえよう。

ここで，「方法の自己目的化などに陥るなど科学者としては失格である」といった正論を声高に主張することは可能であるが，現実的には「方法の自己目的化に陥る方が普通」と考えた方がよいように思われる（少なくとも私にはそれを回避することは困難な作業であった）。本来「当たり前」であることが，人間の営みにおいては見失われ，当たり前ではなくなる現象が起きているということを真摯に受けとめて，そのことを出発点としなければなるまい。「できて当たり前」という理想論

は，「できない」というリアルな現実の前ではあまり意味はない。

　本来の目的を見失い，本末転倒に陥る人間の特性を理解し，「方法の自己目的化」を回避するためには，それに特化した認識装置が必要となる。「関心相関性」はそのための認識装置として機能する。というのは，関心相関性は，常に研究者の関心や目的を意識化する認識装置であるため，研究目的と照らし合わせて適切な方法を選択するという「忘れられがちな正規の手順」をしっかりと踏むことになるからである。

　このため関心相関性は教育的側面にも重要な示唆を与える。たとえば大学院等の研究法に関する教育は，通常「基本的な方法」から教えることが多い。心理学であれば，実験を行ない，数量化し，検定にかけるといった一連の「方法」を「心理学の正しい科学的方法」かのように教えられる。こうした教育を受けた人は「倣い覚えた方法」を「絶対的な方法」として受けとめてしまう。そのような学習者には，まったく新たなタイプの問題に直面した時に，既存の方法に固執し，問題解決に適した新たな方法を探求開発できないという弊害がおきる可能性がある。従来の常識に反するようだが，「基本的な方法」を正しいものとして教えることは必ずしも妥当な教育法ではないのだ。

　関心相関的観点から研究法を教える際には，それ自体が絶対的に正しい方法ではなく，方法はあくまでも目的に照らし合わせて選択（開発）する1つの「手段」であることを強調しながら，教育していかなければならないといえよう。

　「方法」は文字通り目的を実現するための「方法」（手段）であるため，その妥当性は目的と相関的に（応じて）判断されねばならない。単独ですべての目的を達成し，問題を解決できる「絶対的な方法」などというものは原理的にあり得ない。このように，言われてみれば当然のことだが，多くの研究者が失念しがちなことを，あらためて認識可能にするのが関心相関性なのである。

　以上のような特徴を備えていることから，関心相関性は，研究レベルにおいても中核をなす方法論的概念となり，より妥当な研究を実施，教育するための基礎ツールとしても機能するのである。それらの詳しい内容や，実際の活用法は，8章と11章にて説明する。

7．「バカの壁」解消機能

　次に，関心相関性と類似した概念を取り上げ，その異同を議論することを通して，関心相関性の内実（機能）と意義を確認してみよう。ここでは，関心相関性と類似した概念として，養老孟司の論じている「バカの壁」を取り上げる。

　養老（2003）は「話してもわからない」ということを大学で痛感した例を挙げて「バカの壁」について説明をしているので，以下概説していこう（pp. 14-16）。

養老は「ある夫婦の妊娠から出産までを詳細に追ったドキュメンタリー番組」を学生にみせた結果,「同じビデオを一緒にみても,男子は『全部知っている』と言い,女子はディテールまで見て『新しい発見をした』と言う」といったように「同じものを見ても正反対といってもよいくらいの違いが出てきた」と指摘している。
　そしてこの違いをもたらすのは,「与えられた情報に対する姿勢の問題」だとして,「男というものは,『出産』ということについて実感を持ちたくない。だから同じビデオを見ても,女子のような発見ができなかった,むしろ積極的に発見をしようとしなかった」と述べている。そしてこのように「自分が知りたくないことについては自主的に情報を遮断してしまっている」ことを指して,一種の「バカの壁」であると主張する。
　さらに,次のように論を展開する。

> 女の子はいずれ自分たちが出産することもあると思っているから,真剣に細部までビデオを見る。自分の身に置き換えてみれば,そこで登場する妊婦の痛みや喜びといった感情も伝わってくるでしょう。従って,様々なディテールにも興味が湧きます。一方で男たちは「そんなの知らんよ」という態度です。彼らにとっては,目の前の映像は,これまでの知識をなぞったものに過ぎない。本当は,色々と知らない場面,情報が詰まっているはずなのに,それを見ずに「わかっている」と言う。
> 　　　　　　　　　　　　　　　　　　　　　　　　（養老,2003 ; pp. 15-16)

　そして養老はこうした実態を指し「本当は何もわかっていないのに『わかっている』と思い込んで言うあたりが,怖い」と指摘する。ここで養老が強調していることは「知識と常識は違う」ということである。「常識」とは「知識がある」ということではなく,「当たり前」のことを指すのだが,「その前提となる常識,当たり前のことについてのスタンスがずれているのに,『自分たちは知っている』と思ってしまうのが,そもそもの間違い」であると主張している。
　このことから,養老のいう「バカの壁」は関心相関性に通じるところがあることがわかるだろう。ここでの男女の差は,身体・欲望・関心相関的にもたらされるものということになる。つまり,それぞれの身体,欲望,関心に応じて,同じビデオから異なる「意味」や「価値」を取り込んでいるのである。
　ただし,関心相関的観点からいえば,男子学生は意図的に「むしろ積極的に発見しようとしなかった」り,「自分が知りたくないことについては自主的に情報を遮断」したとは必ずしもいえないだろう。男子が「わかっている」と思い込んだという事態は,男子の子どもを産めない身体や関心からは,そのドキュメンタリーに積極的な「意味」や「価値」を見出すことができなかった,と考えることができる。

その結果，教育者の立場からは「そんなの知らんよ」といったような無関心な態度にみえた人もいた，ということなのであろう。このように関心相関的観点によれば，養老が指摘する男子の態度は，「意図せずしておのずとそうせざるを得なかった人がいる」という事態として受け取ることができるだろう。

ただしここでは，意図的にしたわけではないからといって，何も問題がないといっているわけではない。ここでの問題は，自分が見出した「価値」や「意味」が関心相関的に見出されたものにすぎないにもかかわらず，そのことを自覚できないため，自分の実感を絶対化し，「全部知っている」とその情報に価値がないと思い込んだ点にあるといえよう。

また養老は，バカの壁について次のように述べている。

> 知りたくないことに耳をかさない人間に話が通じないということは，日常でよく目にすることです。これをそのまま広げていった先に，戦争，テロ，民族間・宗教間の紛争があります。例えばイスラム原理主義者とアメリカの対立というのも，規模こそ大きいものの，まったく同じ延長線上にあると考えていい。
>
> （養老，2003；p. 30）

そして，養老はこれを $y=ax$ という数式を用いて，脳への出力，入力という側面から説明している。つまり，'a'が'0'であれば，いくら脳への刺激，つまり入力（x）が大きくとも，行動，つまり出力'y'は'0'になってしまうということである。

構造構成主義的には，'a'は「関心」に置き換えることができる。つまり出力（価値や意味の認識やそれに基づく行動）は，関心（a）と相関的に立ち現われることになる。したがって $y=ax$ は「関心相関性」を構造化したもの（構造的に示したもの）ということもできよう。逆にいえば，関心相関性は，「バカの壁」（$y=ax$）を，哲学的・原理的に厳密な形で基礎づけたものといえる。

それでは，「バカの壁」と「関心相関性」の違いはどこにあるのだろうか？ 養老は『バカの壁』に続く『死の壁』（養老，2004）において，『バカの壁』について多くみられた「じゃあ，結局どうすればいいんでしょうか？」という質問を挙げ，それに対しては「身体を使う」ことや「自分で考えること」等を挙げているが，その際に有効な「視点」となる方法概念を提示してはいない。「バカの壁」は，その名からもわかるように問題の解決法ではなく，上記のような「前提」や「常識」のズレを知覚することなく自分の実感を盲信するという「問題」を定式化（概念化）したものといえる。

ただし，繰り返し述べてきたように，一般的に論理的，知性的とされる学者でさ

え（あるいはだからこそ），自らの実感を絶対化してしまうことにより，異領域の営みを断罪することが多い現状で，学生に問題を解決する道具（方法）を与えることなく，問題点を指摘しても，学生自身がバカの壁を解消するのは極めて困難であろう。

それに対して関心相関性は，そうした「問題」を認識するツールであると同時に，その問題の「解決法」となるものである。つまり，自分の実感を絶対視する「バカの壁」を解消可能とする認識装置が「関心相関的観点」なのである。先に述べてきたように，関心相関性とは，自らの「常識や当たり前のことに対するスタンス」を可視化するための原理であることから，関心相関性を認識装置として身につけることは，研究者以外の人々にとっても，自らが暗黙裡に依拠している「常識」や「前提」を自覚するための有効な視点となる。

8．関心相関性の機能のまとめ

以上をまとめれば，関心相関性は，ユーザーの関心に応じて，次のような多様な機能をあらわすといえよう。

(1) 自他の関心を対象化する機能
(2) 研究をより妥当に評価する機能
(3) 信念対立解消機能
(4) 世界観の相互承認機能
(5) 目的の相互了解・関心の相互構成機能
(6) 「方法の自己目的化」回避機能
(7) 「バカの壁」解消機能

構造構成主義自体が，複数の原理から構成される複合原理であるが，関心相関性は，構造構成主義において，哲学的営為から科学的営為までを貫く中核概念となっている。この哲学から科学までを通底する「中核原理」の存在は，構造構成主義の大きな特色の1つといえるだろう。

4節
関心相関性のもつ普遍洞察性

関心相関性がこのような汎用性を備えているのは，それが「普遍的原理」であるからに他ならない。ここでいう「普遍的原理」とは，「普遍妥当性」あるいは「普遍洞察性」を備えているという意味においてである。「普遍妥当性」とは，谷（2002；p. 11）によれば「各人各様のものであったり，そのつど別様のものであったりするのではなく，そうした相対性を超え」て妥当するものだが，ここでは，

よりその内実をうまく言い表わしていると思われる「普遍洞察性」という西研の造語を採用する。

　西（2001）は『哲学的思考』において，普通は「普遍妥当性」というところだが，哲学の特質を表わすためにあえて普遍洞察性という言葉をつくった，として，その説明を行なっている。ここでいう「普遍洞察性」とは「誰もが洞察し納得しうる」というような意味である。すなわち，関心相関性が普遍洞察性を備えているということは，理念として論理的に考えれば，誰もが「なるほど確かにそうだ」と思える原理であることを意味する。

　したがって，ここでいう「普遍的原理」とは「真実」や「真理」ということを意味しない。カントがいうように，何らかの真理性は，いかなる人間も自らの身体から出ることができない限りにおいて，保証できず，これは関心相関性といえども例外ではない。

　さて，この意味において，以下の言明から伺えるように，フッサールはこの概念が備える「普遍洞察性」を十分に自覚していた。

> ここで問題になっているのは偶然的な事実の問題ではなく，むしろ考えうるかぎりのいかなる人間も，またわれわれが人間をいかに変えて考えてみたところで，以上とは違った与えられ方をする世界を経験することはできない，という洞察である。つまり，われわれによって一般的なかたちで記述されたような，たえずゆれ動く相対性において与えられ，その意識生活のうちにあり，同胞との共同体のうちにある人間にあらかじめ与えられている世界以外の世界を，われわれは経験することはできないのである。　　（Husserl, 1954 ; p. 300）

　上記のように，フッサールは，世界が「関心」と相関するということは，すべての存在者に妥当することであり，普遍的に妥当する「普遍洞察性」を備えていることを強調している。こうした言明に対して，「すべての存在，意味，価値に妥当する普遍的洞察性や普遍的原理などありはしない」と考える人も少なくないだろう。それでは，関心相関性が妥当しない，存在，意味，価値などの世界を生きるなどということが原理的に可能か，考えてみよう。

　たとえば，「いや，お金は絶対的な価値として実在する」と思うかもしれない。しかし，これは3章で論じた「判断中止」を実践すればすぐに了解が得られるように，人間がいない世界にお金があってもそれには何の価値もないことがわかる。また，砂漠の真ん中で喉が渇いて死にそうになっている時には，大金よりも一杯の水の方が，価値があるかもしれない。お金の価値が絶対的のように感じるのは幻想なのである。

それではなぜお金の万能観がわれわれに取り憑くのだろうか？（この問い方が「還元」の実践例に他ならない）。それはわれわれを囲むコミュニティにおいては，お金がさまざまな物やサービスと交換可能な媒体である（とされている）からである。お金の万能観や絶対性という信憑は，さまざまなサービスや商品との交換経験を通じて人々に取り憑くのである。

お金があれば，いろいろなものを買うことができるし，電車に乗ったり，レストランで食事することもできる。駅に近くて広い部屋に住むこともできる。逆にまったくお金がなければ，何も買うことができず，何のサービスも受けることもできず，電気や水道すら止められてしまう。このようにポジティブなものであれ，ネガティブなものであれ，そうした経験の積み重ねによって，お金に対する「万能観」「絶対観」というものが強い信憑として多くの人々に取り憑くのだ。こうしたことから，「われわれと独立に絶対的な価値が実在する」という「素朴価値実在論」を信じるのは，個人の自由だが，原理的には破綻しているのは明らかであろう。

以上の議論から，原理的にすべての存在は関心と相関的であり，関心相関性は普遍洞察性を備えた原理といえることが了解していただけたであろうか。ともあれ，これまでで「関心相関性」を「使う」ための必要最低限の議論は終えたといえる。次に関心相関性の系譜を辿りつつ，根本仮説と原理の相違点を明らかにし，関心相関性を学的に保証する。こうした系譜を理解することで，関心相関性の意味をより深く受け取ることができるだろう。

●●● 5節 ●●●
ニーチェの欲望論

本節では，「関心相関性」を欲望論的に基礎づけるために，竹田が「欲望相関性」の端緒を開いた哲学者として挙げているニーチェの議論を辿ってゆく。

竹田（1994）が「『力』の思想は，十九世紀後半から二〇世紀のはじめにかけて思想の諸領域で生じた近代的世界像に対する根本的な"視線変更"の一環をなすものであり，しかもそれをまっさきに先駆けたものなのだ」(p. 200) と述べているように，価値論的観点からみればニーチェの思想はいまだ輝きを失ってはいない。

そこでまずは，ニーチェの基本姿勢とそれを支える彼の根本動機を確認する。その後，ニヒリズムを回避するために打ち立てられた「力への意志」の要諦を把握する。その上で，それが根本仮説であるゆえの原理的な限界を指摘したいと思う。なお本書では原佑訳の『権力への意志（上・下）』から引用した。なお，これはさまざまな年代に書かれたニーチェのテクストを集めたものでもあり，訳本は上・下巻に分かれているため，引用に際し，年号は記さずに著書名で記すこととする。また，

「権力への意志」とは，"Der welle zur Macht"の訳だが，「力への意志」の方がその内実をよく表わしていると判断したため，本文中では「力への意志」とした。ただし，本書の直接引用箇所では，原文のまま「権力への意志」とした。

1．ニーチェの根本動機と戦略的ニヒリズム

まず，ニーチェの本質や真理に対する態度が現われている典型的な箇所をみてみよう。

> 多種多様の眼がある。スフィンクスもまた眼をもっている―，したがって多種多様の「真理」があり，したがっていかなる真理もない。
>
> （『権力への意志（下）』p. 75）

ここでは，いわゆる「唯一絶対的な真理」などはなく，個々にとっての「真理と思われること」があるのみということが述べられている。

それではなぜこのような主張を展開する必要があったのであろうか。次の文章にニーチェの根本動機が端的に現われているといえよう。

> 真の世界を除去することが，決定的に重要である。真の世界があればこそ，私たち自身がそれである世界が大いに疑問視され，その価値を減ぜられる。すなわち，真の世界はこれまで私たちにとって生の最も危険な謀殺であったのである。
>
> （『権力への意志（下）』p. 118）

「真の世界」は美しく，すばらしい理想の世界である。というよりも，そういう世界を「真の世界」と呼んでいた，ということなのだろう。しかし，その甘美な響きとは裏腹に「真の世界」の実在性を仮定し（信じ），それと現実を比較するという思考パターンは，現実の世界で生きるわれわれの生を常に不十分なものにする。

『権力への意志（上）』で詳しく述べられているように，こうした背景には，隣人愛を説くキリスト教などの「真理」が達成不可能なものだと悟った時に，その反動形態としてのニヒリズムに陥るということを，ニーチェが深く理解していた，ということがある。なお，ここでいう「ニヒリズム」とは「何をやっても無駄だ」といった「無気力的諦観」とでもいうべき態度と理解しておいてよい。

竹田（1992）は，現代思想（ポストモダン）の根本的なペシミズム，ニヒリズム，懐疑論等はニーチェに即せば「それは，探求者が，＜社会＞は人間の類的本質を完全に実現しうるような状態へゆきつくべきであるという『意味』を『探しもとめ』，しかし逆にその道すじの不可能性を見出したところから現われたものに他ならな

い」(p. 161) と論じている。これは「努力すれば報われるべきである」という信念に基づいていたが、逆にその不可能性を見出したことにより、「努力しても報われない」と無気力になってしまうことと構造的に類似していることがわかるだろう。

　ニーチェは、最終的にニヒリズムに回収されないために、戦略的に「真の世界」を廃棄することから出発したのである。しかし、それだけではやはり何でもアリの相対主義にしかならないことをニーチェも知っていたのだろう。相対主義へ陥らないようにするために、ニーチェはある根本仮説を立てた。それが「力への意志」「超人」といった中心概念により構成される「力の思想」といえよう。

2.「力への意志」とは何か——欲望論の原型

　次の一連の引用を踏まえて、「力への意志」の要諦を示す。

> 私の理論はほぼつぎのごとくである。——権力への意志は原始的な欲情形式であり、その他すべての欲情はこの意志によって形成されたものにすぎないということ。……（略）……すべての駆り立てる力は権力への意志であり、これ以外には、いかなる物理的、力学的、心理的力もないということ。
> 　　　　　　　　　　　　　　　　　　　　　　（『権力への意志（下）』p. 214）
>
> 　世界を解釈するもの、それは私たちの欲求である、私たちの衝動とこのものの賛否である。いずれの衝動も一種の支配欲であり、いずれもがその遠近法をもっており、このおのれの遠近法を規範としてその他すべての衝動に強制したがっているのである。　　　　　　（『権力への意志（下）』p. 27）

　以上の引用を総合的にまとめれば、「力への意志」（自己拡張の意志）が欲望の基底をなしており、その他の欲望はその派生形態にすぎず、それらの欲望に従って世界は解釈され、価値評価されることになる、というものになる。これが「力への意志」の要諦である。竹田（1994）は、「わたしの考えでは、このニーチェによる認識論的原理を理解するために最も適切な言葉を選ぶとすれば、それは『欲望相関性』という言葉になる」（p. 195）と述べているように、これは竹田のいう「欲望相関性」のエッセンスでもあり、それは同時に「関心相関性」の欲望論的側面を言い得ていることを、ここで明記しておく必要があろう。

　ニーチェが「真理とは、それなくしては特定種の生物が生きることができないかもしれないような種類の誤謬である。生にとっての価値が結局は決定的である」（『権力への意志（下）』p. 37）と述べているように、どこかに「真理」なるものが実在するのではなく、その主体の生を根本から支えていると信じざるを得ないものが、最高の価値となり、「真理」と呼ばれるようになるのだ。

しかし，欲望の対象（方向性）が完全なるカオスであったならば，その数だけいわば無作為に本質，真理，価値が現われることになり，ニヒリズムへ逆戻りしてしまいかねない。そこでニーチェは，その欲望の方向性を設定する必要があると考えたのだろう。その方向性を「力への意志」によって打ち立て，最終目標を「超人」に置くことにより，向かうべき価値の方向性を定めることにより相対主義を回避しようと考えたのである。

　しかし，この点においてまさにニーチェの議論は「原理」としての徹底性に欠けていたといえるのだが，結論を急がずにもう少し議論を進めてみよう。

3．「力への意志」の根本仮説的性質

　竹田（2004）は，ニーチェ自身が，力への思想を「根本原理」として捉えていたことを鋭く指摘した。また木田元も，ニーチェにおいては，この「力への意志」を基軸に「認識も芸術も，真理も美も，徹底して『生（レーベン）』の圏域内で，生の機能として捉えられる」（木田，2002，p. 244）として，それがニーチェ思想の根本原理としての位置を占めていることを暗に指摘している。これらの内容は，ニーチェ自身の以下の言明にも読み取ることができる。

> この世界は権力への意志である―そしてそれ以外の何ものでもない！　しかもまた君たち自身がこの権力への意志であり―そしてそれ以外の何ものでもないのである！
> 　　　　　　　　　　　　　　　　　　　（『権力への意志（下）』p. 542）

　そして，ニーチェは，先験的に真理を措定することなく，同時に相対主義やニヒリズムへの傾倒を回避するために，ルサンチマンを引きずる弱者から強者への育成を視野に入れ，「超人」という最終目標を掲げた。

> 真理の標識は権力感情の上昇のうちにある
> 　　　　　　　　　　　　　　　　　　　（『権力への意志（下）』p. 73）

> 「人類」ではなく，超人こそ目標である！
> 　　　　　　　　　　　　　　　　　　　（『権力への意志（下）』p. 487）

> 超人を創造する当のものとしての，人間の力の意識の最大の高揚
> 　　　　　　　　　　　　　　　　　　　（『権力への意志（下）』p. 534）

　こうした「超人」というプランは「ルサンチマンをもたない『強者』，高貴な人

間における『生への欲望』のありようを，人間一般の『価値』のモデルとする」という思考プロセスから導かれたものなのである（竹田，2004）。そして，「力の思想」には，明らかにダーウィンの進化論の影響がある（木田，2002）ことも指摘しておかねばなるまい。

> 「これこれのものはこうであると私は信ずる」という価値評価が，「真理」の本質にほかならない。価値評価のうちには保存・生長の諸条件が表現されている。すべての私たちの認識機関や感官は，保存・生長の諸条件に関してのみ発達している。……（略）……何ものかが真なりと思いこまれざるをえないということが，必然性なのであって，―何ものかが真であるということではない。
> 『権力への意志（下）』p. 45

ただし，ニーチェが『権力への意志（下）』の中で「ダーウィン主義に反対して」(p. 173) と述べているように，ニーチェはダーウィンの進化論には一部反対意見を表明していることを付言しておこう。厳密にいえば，彼が影響を受けたのは，「ダーウィニズムそのものではなく，環境決定論や徹底して機械論的な自然淘汰説を取り去り，ほとんど＜創造的進化＞といってよいようなものに昇華された進化論」（木田，2002）ということである。

とはいえ，「力への意志」において，より低レベルの「人類」に対して，より高次の存在としての「超人」を位置づけていることは，「進化論」が，より低レベルの「動物」に対し，「人類」をより高次の万物の霊長として位置づけていることをちょうど平行移動させたものであることがわかるだろう。「進化論」と「力への意志」は，明確に階層的優劣をつけている点において同構造なのである。

それではこれが根本仮説とどのように関連するのであろうか。進化論において，ヒトを進化の頂点に置くという点は，フィクション（根本仮説）である。なぜなら，ヒトが万物の霊長であるというのは人間至上主義を前提としなければ成立しない仮説にすぎないからである。実際，多くの生物を根絶やしにし，核兵器などで自らをも絶滅させる力をもった現在最も危険な生物がヒトであり，その意味ではヒトは最も下等な生物であるということすら可能なのである。それと同様に，「力の思想」も，超人をその進化の頂点に置いている点においてフィクションであり，根本仮説といわねばならない。

なお，竹田（1994）もこの点については「『高次の肉体の形成』こそ根源現象でありかつ歴史の真の目標であると言うやいなや，それはたとえば，『神による審判』こそあるいは『絶対精神の現実化』こそ歴史の目標であるといった『フィクション』と，論理上区別がつかなくなる」(p. 211) と，力への意志が根本仮説（フ

ィクション）としての性質を多分に含んでいることを的確に指摘している。

それに対して，竹田の提起した「欲望相関性」は，存在や意味や価値は，「欲望」と「相関する」ということしか言っておらず，その欲望の「方向性」や「最終目標」を定めてはいない。したがって，「欲望相関性」は相対的に根本仮説的性質を帯びていないという意味で，懐疑に耐える原理性を備えており，より純度の高い「原理」として抽出されているといえる。

以上から，ニーチェは「力への意志」を根本原理として位置づけていたわけだが，「超人」という最終目的を措定し，「力への意志」といったように意志（育成）の向かう方向性を措定した時点で，根本仮説としての性質を帯びてしまったことがわかるだろう。

●●● 6節 ●●●
根本仮説の問題点

ここまで，ニーチェの「力の思想」における欲望論の原型を確認しつつ，それが根本仮説的な性質を帯びていたことを確認してきた。

それではなぜ，その必要があったのであろうか？

それは理論構築をする上で，「原理」と「根本仮説」の違いは想像以上に大きな意味をもっており，この点について理解を深めておく必要があると考えたからである。

まず「根本仮説」と「原理」の違いを明らかにしていこう。「根本仮説」は，それを先験的に正しい前提として（盲信されたまま），それに立脚して議論が展開されたり，知見が生み出されたりするものである。

他方，「原理」とは，それを暗黙裡に正しいものとして無自覚に立脚するものではなく，各人が論理的に検証し，確かにそうだと納得した上で「使う」ものである。そのため，方法論的懐疑を用いて，それでも疑いきれない明証性から議論を開始したりすることにより，その検証に耐える原理性を担保するといった手続きを経ることが意味を持つのだ。

それでは，根本仮説であることによって，どのようなデメリットが発生するのだろうか？　その理由はいくつか指摘できる。第一に，最も懐疑的な人にも了解が得られないということである。根本仮説であれば，それはいわば1つの物語にすぎず，それは疑おうと思えば疑うことが可能であるからだ。しかし，これは本質的理由ではない。なぜなら，それだけであれば，最も懐疑的な人間は想定上の人間であり，また実在したとしてもそのような輩はそもそも相手にしなければ済む，という議論も成立するからである。

第二に，根本仮説を前提とする枠組みの中では，その枠組みそのものを検証することができないという根本的問題がある。「1＋1＝2」という式が成立するルールの中で，そのルールの妥当性（なぜ「1＋1＝2」という式が正しいといえるのか）を検討することはできない。そのルール（根本仮説）が正しいという前提のもとで，当該のルール（根本仮説）の妥当性を問うことは背理だからだ。
　第三に，根本仮説に依拠することによって，信念対立の渦中に巻き込まれてしまうことになるからだ。根本仮説は原理的にはいくらでも立てることが可能である。そして，根本仮説はそれを前提として，知見や言説が積み上げられていくことにより自律的に権威づけされていくことになる。
　たとえば，池田清彦はクーンのいう「通常科学」を例に挙げながら，「通常科学は己の信奉する科学理論をより強固により正当化しようとして自己運動を起こすと思われる」として，その具体的過程を次のように論じている。

> ある科学理論の正統性が社会的に認知されると，後続の科学者のほとんどは，この科学理論の正しさをア・プリオリに信じ，この理論によって説明可能なデータだけを選択的に発表する傾向が強くなる。なぜならば，この科学理論を信じている科学者集団の内部では，理論により説明可能なデータの記述は高く評価され，理論に適合しないデータの記述は評価されないからである
>
> （池田，1988；p. 254）

　このように特定の根本仮説（理論，パラダイム，学範等々）がそれ相応の説得力を備えていれば，その根本仮説（ルール）を前提として，多くの知見が生み出されてゆき，その根本仮説は強化され，権威づけされてゆくことになる。
　そして，矛盾する仮説どうしは，その仮説を根本に据えている限りにおいて，相容れることはない。そうして権威づけられた根本仮説間の対立が生まれて，それが信念対立へとつながっていく。したがって，どれだけ科学的な知見に支えられていようと，あるいは多くの人に了解されるものであっても，それが前提の妥当性を問われない「根本仮説」である限り，それらは，信念対立の渦中に巻き込まれる可能性を原理的に排除できない。したがって，根本仮説性の高い「前提」（理路）を理論の中核原理に位置づけることは，少なくとも人間科学内の信念対立を超克するという本書の目的に照らして，不適切といえよう。
　徹底した哲学的思考により，諸信念の乱立による不毛な対立図式に陥らないための理路を開いていかなければならない。そして暗黙裡に依拠している前提（根本仮説）から問い直す時には，いかなる「根本仮説」にも依拠してはならない。さもなければ，さらにその依拠した根本仮説の前提を問い直さねばならず，循環論に陥る

ことは避けられないからだ。

　そして暗黙裡に依拠している前提から問い直すためには，最大限に疑っても疑えない絶対的明証性を出発点としなければならない。そうでなければ，その哲学がいかに荘厳な修飾語や科学的知見により武装されていようと，それはさらなる信念対立の強化に寄与するだけで終わってしまうであろう。そのため，信念対立を解消するための原理としては，根本仮説的性質を極力排除した純度の高い原理性が必要となるのだ。

●◆● 7節 ●◆●
身体・欲望・関心相関性に通底する「原理の中の原理」

　次に，フッサール現象学を紐解くことにより，身体・欲望・関心に通底する「原理の中の原理」を抽出する作業に移ろう。

1．欲望相関性

　竹田は「現象学」理解においては一貫してフッサールをその中核に据えて議論を展開しているが，「欲望相関性」に関しては，フッサールをそれほどは重視していないようである。たとえば，「それはニーチェが『力』の概念によって直観的な創始の地点をおき，ハイデガーが『気遣い』の概念によって原理論のはじめの一歩を踏み出した」（竹田，2004；p. 190）と論じていることから，竹田はこの概念に関しては＜ニーチェ＞→＜ハイデガー＞とその系譜を辿っていることがわかる。

　その理由は，ニーチェとフッサールのこの原理論に対する相違点について述べている以下の言及から探ることができる。

> ニーチェはこれを「力」とおき，フッサールは「意識」（の諸条件）とおいたのである。両者を比較すると，ニーチェの「力」の概念に対して，フッサールの構想は「エロス論的」，「欲望論的」な視点が抜け落ちており，認識論的な概念で押し通されていると言える。……（略）……。要するに，このように言える。ニーチェははじめて，「客観」や「真理」という概念の中で生きていた伝統的な「存在」概念を書き換えた。それはいわば既成の認識論のコードを欲望論的なコードに変更することを意味した。フッサールはニーチェによる「存在」概念の書き換えを，認識論的に厳密化したが，ニーチェの文脈から欲望論的な要素は取り払ってしまったのである。　　　（竹田，1995；pp. 67-68）

　上に挙げた箇所から，竹田がフッサールを中軸に議論を展開しなかった理由は，

フッサールがニーチェの議論から欲望論的な要素を取り払った点にあることがわかる。

そして，竹田（2004）は，ニーチェの基本的な考えを概説しつつ「世界の正しい『意味』ではなく，人間の生を支援するような新しい『価値』の規準を作り出すことが問題」（p. 187）であると主張している。このように「人間の生を支援する」価値の根本原理を構築しようとする際には，「生」の基底をなすと考えられる欲望論的な観点が不可欠であるため，竹田は，欲望論的な観点を踏まえて議論を組立てたニーチェ—ハイデガーの議論を継承しつつ，「欲望相関性」として定立したのであろう。竹田の「生」を支援するような哲学の創造という関心と照らし合わせれば，「欲望」というより根源的次元から議論を組み立てることは妥当な戦略といえよう。

しかし，私はここであらためてフッサールの『危機』書から，この原理の基底をなす「原理の中の原理」を取り出してみようと思う。なぜなら先の竹田の議論には，欲望／認識の区分が先験的に忍び込んでいるということもでき，そうした観点からすれば，フッサールの議論は，この両者の基底となる原理としてより純度の高い「原理の中の原理」を抽出したと読むことができると考えるからだ。まずはフッサールの議論から，その原理の原型を取り出す作業を進めてゆこう。

2．世界と世界意識に関する相関構造の抽出

フッサールは『危機』書の「原注」において，還元により取り出された「世界と世界意識に関する相関関係の構造」について，次のように明言している。

> この経験対象と与えられ方との相関関係という普遍的なアプリオリを最初に思いついたとき（それはわたしの『論理学研究』を推敲しているあいだの，ほぼ一八九八年頃のことであるが），それは深くわたしの心を動かしたので，それ以来わたしの全生涯の労作は，このアプリオリとしての相関関係を体系的に仕上げるという課題によって支配されてきた。本書の省察が進むにつれて，明らかになることであるが，人間の主観性を相関関係の問題圏に引き入れることは，必然的に，この問題全体の意味を根本的に変更させることになるし，結局は絶対的な超越論的主観性への現象学的還元へゆきつかずにはいかなかったのである。
> (Husserl, 1954 ; p. 303)

ここでいう「この経験対象と与えられ方との相関関係という普遍的なアプリオリ」とは，後で説明してゆく「世界と世界意識に関する相関関係の構造」のことである。これは一言でいうならば，原理的に「世界」は「世界を意識する主体」と相関的に立ち現われるということであり，逆にいえば「世界」は「世界を意識する主

体」と無関係に成立することはない、という原理である。

上記の言明からもわかるように、これはフッサールの最大の発見の１つであることを彼自身明確に認識しており、「世界と世界意識に関する相関関係の構造」を共通了解可能な形にまとめていくことを、自らの最大の課題として位置づけていたことがわかる。

フッサールが、『危機』書の「第四十一節 真の超越論的判断中止は『超越論的還元』を可能にする—世界と世界意識との超越論的相関関係の発見と探求」において、「判断中止」「還元」「世界と世界意識の相関関係」の関係を概説している箇所を取り上げてみる。

> 特に、またなによりもまず指摘しておく必要があるのは、哲学研究者にとっては、判断中止によって新たな種類の経験、思考、理論化の道が開かれるということである。……（略）……世界は、判断中止が首尾一貫して遂行されているあいだは、単にその存在意味を与える主観性—その主観性が妥当させることによってこそ、世界は一般に「存在する」のであるが—の相関者として、眼にとめられることになるのである。　　　　　　(Husserl, 1954 ; pp. 274-275)

ここで書かれている「判断中止」によって開かれる「新たな種類の経験、思考、理論化の道」とは「還元」のことである。判断中止と還元によって「世界は、その存在意味を与える主観性の相関者として、眼にとめられることになる」のである。そして、これが「世界と世界意識との相関関係」のことを意味している。

次に、この原理の体系的提示を試みている箇所があるので、原理の提示に至るまでの＜知覚経験の還元＞→＜志向性の抽出＞→＜世界と世界意識の相関関係の抽出＞といった一連の流れを、フッサールの記述を追って確認していこう。

まず、「知覚経験の還元」から「志向性の抽出」に至る箇所をみてみる。フッサールは「還元」について、「まず最初にしなければならないのは、われわれの主題の空虚な一般性に内容的充実を与えることであろう」(p. 285) として、知覚を例に還元の考察を進めている（しかしこの例は伏線でしかないことに注意する必要がある）。そこでは以下にあるように、「すべての側面は、そのように見えている物のなにものかをわたしに与えているのである」(p. 286) と論じる。

> 形体ならびにその色彩の展望はさまざまであるが、そのいずれもがこの形体のこの色彩のというように、新しい仕方でのなにかの呈示なのである。似たようなことが、同じ物の（触れるとか、聞くとかの）感性的知覚のあらゆる様相においても研究されうるはずである。この変移のなかで、これらの知覚の様相は

> すべて，あるいは消えたりあるいは現われたりしながら，しかも同じものの呈示として，その役割を演じている。　　　　　　(Husserl, 1954 ; pp. 287-288)

　どういうことか解説しよう。われわれが何かを探索的に知覚する時を想定してみよう。目の前のペンを詳しく調べてみてほしい。それは触れる，見るなど多様な関わり方ができると同時に，触れることに限定してみても，触れるたびに異なる知覚を達成しているはずである（それぞれの「感じ」はまったく同じではないはずだ）。しかし，そうであっても同時に，それはすべて違うペンなどと思うわけではない。つまりそこで達成されている多様な知覚は，「そのペン」の情報として受け取られているということなのである。
　続いて「第四十六節　普遍的なアプリオリとしての相関関係」においては次のように述べられる。

> われわれは普通は，事物「の」呈示様式がもつ主観的性格についてはなにも気づいていないが，しかし反省をしてみると，ここに，はるかに広範で普遍的なアプリオリの構成要素であるところの本質的相関関係が存していることを知って驚く。しかも，どんなに注目すべきさまざまの「含蓄」がそこに示されていることであろうか。しかもそれらは，まったく直接に，記述的に指示されうるものなのである。　　　　　　　　　　　　　　　　(Husserl, 1954 ; p. 289)

　ここでは「事物『の』提示様式がもつ主観的性格」の意味することが，いかに深遠なものなのかを力説している。そして次のように続く。

> すでに先ほど，次のことを簡単に指摘しておいた。すなわち，直接には私は現存する事物を意識しているのだが，やはり他方では，瞬間から瞬間へと移りながら，「…の呈示」という体験をしている。しかしその体験は，反省においてはじめて，その注目すべき「…の」ということをともなってあらわになる。
> 　　　　　　　　　　　　　　　　　　　　　　　　　　　　　　(Husserl, 1954 ; p. 289)

　そうした「…の」ということは，何かを志向する時に初めて現われるものなのである。フッサールはそれを「志向性」と呼んだ。それが意味することは，次のところから読み取ることができる。

> 志向性なしには，対象と世界は，われわれにとって現存しないことになるであろうし，むしろ対象と世界とは，それがたえずこの主観的な能作から生じ，ま

た生じてきたような意味と存在様相をもってのみわれわれにとって存在する，ということである。
(Husserl, 1954 ; p. 292)

　原理的には，われわれが世界に関わろうとする働きから独立したものとして世界や対象はありえないのであり，世界はわれわれの「志向性」や「主観的な能作（働きかけ）」を通じて立ち現われた存在であることが述べられている。「志向性とは，それのみが現実的で真なる説明と理解とを可能にするものを指す名称」（p. 306）なのである。そして次のように定式化される。

われわれはどこから手をつけてみても，次のように言わねばならない。わたしにとっても，またおよそ考えられうるいかなる主観にとっても，現実に存在するものとして妥当しているすべての存在者は，主観と相関的であり，本質必然性において主観の体系的多様性の指標である。
(Husserl, 1954 ; p. 302)

　ここでは，「すべての存在は主体の志向性と相関的に立ち現われる」という原理を提起していることがわかるだろう。これをフッサールの用いている「志向性」と「相関」という言葉を組み合わせれば「志向相関性」というものになる。

3．原理の中の原理としての志向相関性
　さて，ここで竹田の定式化した欲望相関性と関連づけてさらなる議論を進める。私の考えでは，志向相関性が「原理の中の原理」足りうる最大のポイントは，「対象（事物）は志向と相関して現われる」という点に凝縮される。この観点から欲望相関性を言い換えれば，「＜欲望＞という志向性に応じて事物は立ち現われる」ということになる。このように，＜　＞の中には「身体」「欲望」「関心」といった異なる相関軸を代入することができることから，それらは志向相関性の１つの変奏（ヴァージョン）ということができるのである。
　竹田（2004）は「現象学的には『身体』もまた構成されるものなので，オリジナルには『欲望相関性』」（p. 197）であると論じているが，それを原理論としてさらに徹底するならば，「欲望」や「関心」ですら「志向相関性」の表現型といいうるのである。
　もちろん，人間の生を支援するという目的からすれば，欲望を基底とすることは妥当な戦略といえよう。しかし，原理論としては，極論すれば生物以外にも妥当する原理であってよいはずだ。それによって，機械やコンピュータといった客観的な装置においても，何かに向かおうとする「志向」と相関的に妥当な方法を選択する

という「動き」を基礎づけることができる。たとえば，カーナビには，「目的地」（志向）に応じて「適切なルート」（方法）を選択するプログラムが組み込まれているように，「志向相関性」は「欲望」をもたないコンピュータの営みにも妥当するのである。

このことは，「人間科学のメタ理論の体系化」という目的と照らして重要な意味がある。なぜならそれは研究者間の信念対立を解消すると同時に，研究法レベルにも通底する意味や価値の原理を取り出すことになるからである。

しかしながら，これは「身体・欲望・関心相関性」という原理を否定するものではまったくない。そうではなく，ここでは，人間科学の認識論的原理の定立といった本書の関心から，「ニーチェによる『存在』概念の書き換えを，認識論的に厳密化」（竹田，1995；p. 68）したフッサールの議論を経由して，「身体・欲望・関心相関性」のさらに基底をなす「原理中の原理」として志向相関性を位置づけたということなのである。つまり，ここでは，「志向相関性」により「関心相関性」をさらに基礎づける作業を行なったが，関心相関性の基本的な内実は，竹田の定式化した「身体・欲望・関心相関性」と同じと考えてよい。以上の議論によって，中核原理の原理的基礎づけを終えたといえよう。

4．中核原理の呼び方

本章の2節で「身体・欲望・関心相関性」は「関心相関性」と呼ぶと述べたが，志向相関性による基礎づけを終えたところで，あらためて，構造構成主義の中核原理をどのように呼ぶべきか考えていこう。研究という営みを文脈とした際には「志向」という言葉は何を意味するか不明確であることから，「志向」より「関心」の方がツールとして扱いやすいと考えた。それゆえ構造構成主義では「志向相関性」を基底に据えつつ，それらの表現型としての「身体・欲望・関心相関性」を簡略化し，「関心相関性」と表記することにする。

●◆● 8節 ●◆●
関心相関性に関する批判とそれへの回答

次に関心相関性について想定される批判を挙げ，それに返答するという形で，関心相関性の説明を重ねていこう。これも「地」（誤解）を描くことにより，「図」（概念・理論）をより明確にする試みとなる。関心相関性は，その性質上，さまざまな誤解にさらされやすく，また内容の無理解によってその意義を根底から '無きもの' にされる可能性が高い。また，関心相関性は，構造構成主義の中心原理であるため，これに対する誤解や無理解は構造構成主義に対する的はずれな批判に直結

する可能性がある。したがって，これまでに実際に提起された意見に基づき，想定される誤解（批判）をあらかじめ解消しておくこととする。

1．価値相対論？

「確かに関心に応じて価値が変わるというのはその通りだが，それではすべての価値は主観的に規定されるという価値相対主義に陥ってしまうのではないか」という疑問をもつ人もいるであろう。確認しておくと，関心相関性は，「価値や意味が，主体の身体，欲望，関心といったものと相関的に規定される」というものであり，すべての価値が完全に主観的に構成されるという意味ではない。さらにいえば，身体，欲望，関心などは，自分の好きなように，恣意的にコントロールできるものでもない。

もしそうした意味であったら「相関性」などといわず，「関心依存性」「関心規定性」「関心決定性」といった因果関係を前面に出した名称とされたであろう。関心相関性とは，あくまでも価値や意味が，身体や欲望，関心といったものと相関的に規定される側面があることを，可視化する認識装置なのである。

2．客観性を損なう？

次に「関心相関性とは，研究の評価を主観に差し戻すものであり，客観性を損なう原理である」という批判を考えてみよう。科学者であればほとんどの人が，また一般の人の多くも「科学とは客観的であるべきであり，主観性は極力排除しなければならない」と信じている。

客観性を完全に否定するつもりは毛頭ないが，原理的に考えるならば，科学といえども人間の営みである限りは，主観の介入は逃れ得ない。関心相関性は，失念してしまいがちな，そのことを思い出すための概念装置なのである。

しかし，だからといって，研究は完全に主観的でよいのであるという開き直りを支持するものではない。関心相関性は客観性を損なうどころか，むしろ研究は主観的なものであるという大前提を謙虚に受けとめることによって，より客観的な（妥当な）研究を可能とするものなのである。

たとえば，研究評価の側面からいえば，先述したように，＜自分のナイーブな評価＝当該領域におけるその研究の意義×自分の関心＞であるというように，その評価は自らの関心と相関的に立ち現れた側面があることを認識することによって，逆算的により妥当な評価が可能になる。つまり，関心相関的観点から，＜ナイーブな評価÷自分の関心＝研究のより妥当な評価＞というように，より客観的な評価が可能になるのである。

また，そもそもこうした批判は，「主観か客観か」といった二者択一的思考を暗

黙裡に前提としていることも指摘しておこう。

3．トートロジー？

次に，「あらゆる研究が関心に基づいて行なわれるのであるから，関心相関性がすべての研究営為に妥当するというのはトートロジー（同義反復）である」といった批判を取り上げてみよう。たいていこの手の批判には，「したがって，そのような概念をわざわざ提起する意味がない」との付け加えがある。

確かに多くの場合，その出発点において何らかの関心に基づいて研究は開始される。そして従来のすべての人間科学的研究が関心相関性を基軸に構成され，また評価されているのであれば，確かに「関心相関性がすべての研究に該当する」という言明は，トートロジーとなるかもしれない。

しかし，「多くの研究が何らかの関心に基づいて行なわれる」ことは，「すべての研究が関心相関性を基軸に構成，評価されている」ことを意味しない。そもそもそれらはまったく異なる言明なのである。また，関心相関性の射程は，出発点のみならず，関心相関性を基軸に認識論や方法論を選択したり，研究を構成し，また評価することまで含まれる。したがって，関心相関性は無意味なトートロジーとはいえないだろう。

4．生成される関心を完全に認識できるのか？

次に「関心自体生成され移りゆくものなのだから，完全に関心を認識することは不可能ではないか」という指摘に答えておこう。まず，関心の生成的側面に関していえば，それはその通りである。たとえば，探索的な研究の場合は特に，それが進行している最中には自らの関心は必ずしも明示的に認識されていないこともあろう。実験的な研究の場合は，研究者の関心は明示的であることは多いが，現場に入って探索的に研究を進めていく時はそのプロセスの中でしだいに関心が構成されていくことは珍しくないからだ。しかし，まさにそうであるからこそ「関心相関性」が有効性を発揮するのである。関心が動的に移ろい，また対象化されにくいものだからこそ，反省的に振り返ることにより，それを自覚的に認識するための概念装置が必要となるといえよう。

また，関心相関性は，「完全に関心を認識する」ための認識装置ではない。構造構成主義は，ニーチェに倣い「戦略的ニヒリズム」の立場をとることから，「完全性」を志向しないためである（10章で詳述）。重要なことは関心相関的観点が欠如している状態と比較して，関心をより明示的に認識できる点にあることを忘れてはならない。

5．すべてを説明するものは何も説明しない？

　科学者の世界では「すべてを説明する理論は何も説明しないのと同じだ」という台詞は一定の説得力をもつ。そして関心相関性は，あらゆる存在，意味，価値といったものは身体，欲望，関心と相関的に立ち現われるとする原理である。したがって，こうした批判が関心相関性に提起されることも十分考えられる。

　しかし，こうした批判はそもそも「科学的な説明概念」と「哲学的原理」の混同に由来するといわねばならない。たしかに上記の批判は科学的な説明概念に対しては妥当する。たとえば人間の諸活動について，「すべては本能の働きである」「すべては脳の働きである」「すべては無意識の働きである」とあらゆる現象を何かの一要素に「還元」することは，「すべては神の働き」であるというのと構造上等しくなる。その結果，反証可能性がないものとなるため，何も説明していないことと同義となるのである（この点については，6章で詳述する）。

　しかし，この批判は関心相関性という「原理」には妥当しない。なぜなら哲学的な原理は，現象を「説明」する概念ではないからである。そうではなく，「原理」とは，世界の在り様を理念レベルで言い当てるものと考えてよいだろう。「原理」とは，各人が論理的に突き詰めて考えることにより，その検証を通した結果，「なるほど確かにそう考えざるを得ない」と納得するような「理路」のことなのだ。

6．当たり前？

　「関心相関性などというが，そんなことは当たり前のことに過ぎない」という批判もあるかもしれない。こうした型の批判を「当たり前論」と呼ぶことにする。なお，この「当たり前論」は批判者が論理的・内的欠陥を見い出せなかった時に，最終兵器（リーサルウェポン）として，あるいは苦し紛れに使うことが多い典型的な「批判」の1つといえるものである。

　確かに，関心相関性とは，考えてみれば当然のことであることから，関心相関性を「当たり前」のように感じる人もいることだろう。そうした人は，筆者が書いてきた信念対立と類似した状況を目の当たりにする中で，関心相関的な態度を自然と身につけてきた人なのかもしれない。そのような人々にとっては，関心相関性の内実自体は，目新しいものではなく，当然のことに感じられるかもしれない。

　もっとも「言われてみて思い当たること」と，それを「身につけ」「実践している」ことはまったく異なる。関心相関的観点を徹底して実践することは誰にとっても容易ではないように思われる。なぜなら，人間というのは当たり前のことを，当たり前だからこそ，当たり前のように忘れてしまう性質をもっているからである（少なくとも私はそうである）。したがって，当たり前のことを忘れないようにする

にはそれを思い出すための概念（認識装置）が必要なのである。

そして「原理」というのは，さまざまな事象に通底するものであるために，それが提起された後には「当たり前」と言うことはたやすい（アリストテレスやデカルト，ソシュール等々の提起した「原理」に対して「そんなの当たり前である」ということは誰でもできる）。しかし，そうした事後的言及が，文脈上意味があるか否かをあらためて考えてみる必要があろう。それでは，関心相関性といういわば「当たり前」の概念を，なぜあらためて提起せねばならなかったのかをもう一度確認してみる。

関心相関性は自然的態度によって引き起こされる信念対立を解消するための原理である。人間科学内で，信念対立が起きるのは，いわば自然的態度に基づく当然の結果であることは繰り返し述べてきた。自然的態度では「ある研究が役に立たなくみえるのは，その研究が役に立たないモノであるからだ」と即座に思うことになるのである。自然的態度によれば，たとえば，現場における実践活動に従事する人からみると，基礎的研究は直接的に役立つ知見を提示しないことから，「そんなの何の役にも立たない」というナイーブな批判を誘発してしまうことになるのである。

そのような認識態度を「自然的態度」と呼ぶ理由は，それが素朴に生活している状況においては文字通り「自然な態度」であるからだ。つまり，関心相関性が導入されていない状態が，自然な状態なのである。もちろんここでは自然だから 'よい' といっているのではなく，ここでいう「自然な態度」とは，人間科学者としては十分な成熟を遂げていない態度を指している。したがって，関心相関性が導入されている状態は，自然的態度を括弧に入れているという意味においていわば「不自然な状態」なのであり，当たり前の状態ではないのである。

また手段が「自己目的化」し，本来の目的が見失われる「方法の自己目的化」についてはすでに述べたが，この現象は，何かに熱心に活動すればするほど，そして生まじめな人ほど，いつの間にか陥ってしまう傾向が強くなるタイプの「呪」なのである。この本末転倒の呪を解消するために，あるいは，その呪にかからないようにするために，いわば「お守り」となる認識装置が必要なのである。

関心相関性は，この本末転倒の呪を解く機能をもっている。そのため関心相関性がうまくその力を発揮したならば，本来あるべき姿へと戻ることになる。関心相関的観点を身につけることにより，研究者の関心・研究の目的に応じて，意識的に適切な方法を選択することができ，また「他人の土俵」に乗って知見を評価することができるようになる。

したがって，「当たり前」との指摘は正当なものであり，私もできることなら，それが当たり前になることを目指したいとは思っているが，少なくとも今の私にとってはとてもむずかしいことと言わざるを得ない。ただし，それでもやはり，もし

「関心相関性など当たり前であるからまったく意味はなく，あらためて主張すべきではない」と強弁する人がいたならば，逆説的なことに，そうした人こそ，人間科学における関心相関性の存在意義や必要性を裏側から立証しているといえるかもしれない。なぜなら，たとえ，その人にとって「当然」のことのように思えたとしても，当該のコミュニティ全体で「不毛な信念対立」や「方法の自己目的化」といったことが起こっているのであれば，そのこと自体を問題としなければならないはずだからである。したがって，そうしたナイーブな批判者がいるうちは，関心相関性の有効性は保証され続けるといえよう。

　前の3章では，構造構成主義における基礎的な思考ツールとして「判断中止」と「還元」といった現象学的思考を説明し，それを受けて本章では中核原理として関心相関性を位置づけ，その機能と意味について論じてきた。しかし，2章で述べたように，人間科学を主題として理論構築する際には，さらなる議論が必要となる。人間科学を十全に機能させるメタ理論構築のためには，ここまでの哲学的議論を人間科学といった科学的知の生産へつなげることが求められるのだ。したがって，次の章ではそのための新たな科学論構築の道筋を開くべく，「科学」を巡る信念対立を解消するためにソシュールの思想と，丸山圭三郎の記号論的還元をみてゆこう。

5章 「言葉」を相対化する思考法
——ソシュール言語学と記号論的還元

> 我々には一つの語が単独に存在し得るという幻想があるが，ある語の価値は，いかなる瞬間においても，他の同じような単位との関係によってしか生じない。語や辞項から出発して体系を抽き出してはならない。そうすることは，諸辞項が前以て絶対的価値を持ち，体系を得るためには，それらをただ組立てさえすればよいという考えに立つことになってしまうだろう。その反対に，出発すべきは体系からであり，互いに固く結ばれた全体からである。
>
> （丸山，1983；pp. 55-56）

●●● 1節 ●●●
「科学」という言葉の相対化へ向けて

1章で詳述したように，人間科学の信念対立構造は「科学」という「語」を契機として生まれる側面もある。ある研究者は「科学とは，現場に入り虚心に観察し，記述を積み重ねて共通性を導き出すことである」と断じ，またある研究者は「科学とは条件統制を重ねた精緻な実験によって反証可能性を残しつつ法則を発見することである」と主張する。このように「科学」という人間科学の基底をなすコトバ（同一性）に対する認識が根底からズレている限り，信念対立を回避することは極めて困難になる。

5章 「言葉」を相対化する思考法——ソシュール言語学と記号論的還元　83

　本章では，人間科学内の「科学」というコトバを巡る信念対立を解消するための端緒として，ソシュールの言語学とそれを踏まえた丸山圭三郎の記号論的還元に焦点化し，議論する。なお，本書では基本的にその言葉が指し示す内実（同一性・シニフィエ）を表わす時は「コトバ」と表記することとする。まずは，ソシュール言語学の議論をみていくこととする。

2節
ソシュールの一般言語学のエッセンス

1．ソシュールのテクスト

　ここではソシュールが構築した一般言語学（一般記号学）のエッセンスを概観していく。なお，この「一般記号学」(semiologie generale) の'generale'の部分には，「一般的」という意味の他に「原理的」という意味が含まれている（丸山，1983）ことにも現われているように，これは「言語とは何か」という問いを原理的に解き明かしたものといえよう。

　ここではソシュールの著書について，いくつかの問題を指摘しておく必要がある。ソシュール自身が生前著作を残さなかったことは有名である。日本でソシュール著として公刊されている『一般言語学講義』は，弟子ではあるが一度もソシュールの講義を受けていないバイイとセシュエといった言語学者たちが，残されていた講義ノートをつなぎ合わせて再構成したものであった。彼等はソシュールの思想をコンテクストから切り離して再構築したため，丸山圭三郎が厳しく糾弾したように，そのテクストは多くの本質的誤解を孕んだものとなった（詳しくは丸山著『ソシュールの思想』『ソシュールを読む』を参照）。また，その翻訳の問題点も指摘されている。

　幸い，ごく最近になって直接ソシュールの授業を受けた1人であるコンスタンタンによる第三回の講義記録が，相原奈津江と秋津怜によって忠実に翻訳され，『一般言語学第三回講義—コンスタンタンによる講義記録』として出版された（以下『第三回講義』と略記する）。したがって，本書ではソシュールの著作としてこの『第三回講義』(Saussure, 1910-1911) を参照した。

　ただし，丸山圭三郎の著書である『ソシュールの思想』（丸山，1981），『ソシュールを読む』（丸山，1983）は，参照可能な多くの資料を踏まえ，ソシュールの根本動機をしっかりと押さえた上で，ソシュールの思想を再構築した労作であり，ソシュール思想の全体像を確認するのに極めて有益な資料となるといえよう。したがってここでは丸山の著作をガイドラインとしつつ，ソシュールの原著にあたる際に

は『第三回講義』に戻る形で進めていく。また，その際に池田清彦の『構造主義生物学とは何か』（池田，1988），『構造主義科学論の冒険』（池田，1990）におけるソシュール論も適時参照した。なお，後者の掲載頁については，本書では講談社現代新書版を用いることにした。

2．ソシュールの基本スタンス

まずは『第三回講義』から，ソシュールの言語学に対する基本スタンスを確認してみよう。

> 言語(ラング)以上に，空想的で不条理な考えを引き起こした領域はありません。言葉という対象は，ありとある蜃気楼を生み出しました。言葉(ランガージュ)によってなされた間違いは，ことさら面白く，心理学的にも興味深いものです。言葉(ランガージュ)の中で生み出される数々の現象の，その真実からほど遠い観念(イデ)を，今まで手を付けずにいた誰もが心に抱いてしまっているのです。
> というわけですから，この点で，言語学(ラングィスティック)とは，当然，自分が多くの観念(イデ)を訂正するような立場，多くの研究者が間違いを犯しやすく，また最も重大な過ちを犯してしまう場所に光明を与える立場なのだ，と信じることが出来ます。
> 　　　　　　　　　　　　　　　　　　　　(Saussure, 1910-1911 ; p. 20)

このようにソシュールは，それまでの言語学を「空想的で不条理な考え」であり「真実からほど遠い観念」であり，「最も重大な過ち」を犯しているという確信をもっていた。また，ソシュールの考えは，言葉を対象とする学問は，「いずれも＜記号＞signe の本質を見極めるところから出発しなければならないというもの」（丸山，1983 ; p. 117）であった。そしてソシュール思想のエッセンスは，この記号（signe：シーニュ）の本質を「実体概念から関係概念への転回」（丸山，1983 ; p. 72）として原理的に変換したことにあることを，伏線として挙げておこう。

言語を関係概念へと転回するというソシュール思想のエッセンスを理解するためのキーワードとして，ここでは「恣意性（社会性）」「差異性」「蔽盲性(へいもうせい)」の3つの言葉を挙げる。これら3つは密接に関連しており，これらの概念群とその関係性を理解すればソシュール思想のエッセンスは掴むことができる，と私は考えている。

なお，「蔽盲性」は「隠蔽性」といっても良いものだが，「隠蔽」という意味には，誰かが意図して隠すというニュアンスが生じることから，そのようなニュアンスを排除した「蔽盲性」という造語を用いることにした。これは「恣意性」や「差異性」と異なり，ソシュール自身は，必ずしもそれを中心概念として明示的に挙げているわけではないようだが，ソシュール思想の意義を理解するためには欠かせない

5章 「言葉」を相対化する思考法——ソシュール言語学と記号論的還元

と考えたので，ここではキーワードとして用いる。

まずは，それぞれの細かい定義は置いておき，言葉の原型へと立ち返り，各概念をおおまかに理解していただくために「子どものコトバの獲得過程」を具体例として挙げる。子どもはどのような過程を経てシーニュ（記号）を獲得していくのであろうか。

[事例1：シーニュの獲得過程]
　公園に言葉を覚え始めた子どもとそのお母さんがいる。

> 子どもが，近くにいた何かを指差して，お母さんに「あれは？」と聞く。お母さんは「あれはワンワン」という。子どもが「ワンワン？」と聞き返す。母親は「そう，ワンワン」と答える。子どもは「ワンワン」といいながら犬をなでている。しばらくした後，何かが子どもの近くに寄ってきた。子どもはその何かを指して「ワンワン」という。母親は「あれはワンワンじゃなくて，ニャンニャン」と訂正する。子どもはそれを聞いて「ニャンニャン？」と聞く。母親は「そう，ニャンニャン」と答える。子どもは「ニャンニャン」といいながら猫をなでようとするが，猫はどこかにいってしまった。

どこででもみられるありふれた場面を描いたものであるが，この事例には，ソシュール言語学のポイントとなる，①「恣意性」，②「差異性」，③「蔽盲性」といった各概念が凝縮されている。

①子どもは「ワンワン」というコトバを，母親とのやりとりの中で倣い覚えているのであり，その意味でコトバは本来的に「恣意的」（社会的）なものである。②その際に母親は「ワンワンとはこれこれこういうものである」などと正面から実定的（ポジティブ）に教えるのではなく，「ワンワンではないニャンニャン」との「差異性」を基軸に否定的（ネガティブ）な形で教えていく。③コトバを母親から倣い覚えるということは，裏返せば子どもに選択の自由はなく，子どもにとってはコトバと対象との結びつきは必然的なものであるため，コトバの「恣意性」は結果として遮蔽され，子どもはそれを知覚することはできない。

上記の事例によって各概念のニュアンスを把握したところで，次にそれぞれの概念とそれらの概念間の関係を「恣意性」を中心として詳しくみてゆく。

3節
恣意性

1.「恣意性」に対する誤解

丸山（1983；p. 125）によればソシュール思想における「恣意性」とは,「必然性のアンチテーゼではなく, 自然性のアンチ」であり「arbitraire『恣意的』というのは, historico-social『歴史・社会的』もしくは culturel『文化的』という概念と同義」と言わねばならない。「恣意性」という響きに違和感のある方は, そのように読み替えていけばよいだろう。すなわち, ソシュール思想における「恣意性」とは単に「身勝手に, でたらめに」といった意味ではなく,「我々の主体とは独立自存する実体により根拠づけられないということ」（池田, 1990）に他ならないのである。

2. 対応恣意性

ソシュールが述べた「恣意性」には, 第一の恣意性である「対応恣意性」と第二の恣意性である「分節恣意性」という2つがある（池田, 1988）。

まずは第一の恣意性である「対応恣意性」についてみてみよう。

> シニフィアンは〈〈聴覚的〉〉, シニフィエは〈（コンセプチュエル 概念的）〉なもので, 記号を構成している二つの要素です。ですから, 私たちは, こう言います。〈（1）〉言語（ラング）の中で, シニフィエとシニフィアンを結び付ける関係は, まったく恣意的な関係（アルビトレール）である, と。
> 　　　　　　　　　　　　　　　　　　　　　　（Saussure, 1910-1911；p. 188）

コトバ, つまりソシュールのいう「シーニュ」（記号）は,「inu」というシニフィアン（表記・発音）と「犬」というシニフィエ（同一性・それが指し示す意味内容）という2つから構成される。しかし, この時にシニフィエとシニフィアンの結びつきには何ら必然性はなく, まったく恣意的な関係なのである。

シニフィエとシニフィアンの対応が恣意的であることについては, 池田（1988）が指摘したように,「犬」と「dog」といったように異なる言語体系において, 同様の同一性を指し示す時のシニフィアン（表記・発音）がまったく異なることからすぐに了解されよう。もしも, シニフィエ（同一性）とシニフィアン（発音・表記）に対応恣意性がないのであれば, つまりそれらの対応に必然性があるならば, あらゆる言語体系におけるシーニュ（記号）のシニフィエとシニフィアンの関係には何らかの共通構造を見出すことができるはずだからだ。

3．分節恣意性

次に，第二の恣意性である「分節恣意性」を取り上げよう。丸山は，先に述べた「第一の恣意性は，第二の恣意性のコロラリー，そのインプリケーションにすぎないことも忘れてはならない」と強調しているように，重要なのはこの「分節恣意性」の方となる。「分節恣意性」を一言でいえば，「コトバによる世界の分節の仕方が恣意的である」（池田, 1988）ということである。

先の事例でみたように，子どもは大人よりも粗いカテゴリー（分節）世界の中で生きている。「ニャンニャン」というコトバを習う前は，「犬」も「猫」もすべて「ワンワン」として受け取られることになる。これは，子どもは発達途上で未完成であり，大人になれば完全になるということではない。大人であってもポメラニアンもチワワもセッターもポインターも秋田犬も特に分類せず「犬」という1つのカテゴリーで呼ぶ人もいる。また素人は，カミキリ虫っぽい虫はすべて「カミキリ虫」と一括して呼ぶが，池田清彦のような専門家（カミキリ屋：カミキリ虫の収集家の通称）にとっては，カミキリ虫は何百種類にも分類されるだろう。

だからといって，専門家の分類がわれわれとは独立して自存する外部世界の客観的反映ということではない。専門家といえども純粋な「客観的分節」などはできない。池田（1992）は『分類の思想』において，生物分類を具体的に検証しつつ，「分類はいずれにせよ，人間が行う営為の1つ」であり「すべての分類は本来的に恣意的なものである」ことを論証しているので，興味のある方は一読をお勧めする。

ここで「恣意的」といっていることも，分類が勝手気ままになされているといっているのではない。それは池田（1992；p. 94）が，「分類することは重要な基準を選ぶこと自体」なのであり，「ア・プリオリに重要な基準などない」ことから，「分類することは世界観の表明であり，思想の構築なのである」といっていることからもわかる。これは「コトバによる世界の分節の仕方が恣意的である」というソシュールの「恣意性の原理」を拡張することによる，必然的帰結なのである。

4．言語の恣意性の関心相関的基礎づけ

ただし，コトバの恣意性の議論を「コトバは社会的か自然的か」といった単純な二項対立図式で捉えてはならない。「分節恣意性」とは，原理的にコトバの分節は社会・文化的な産物であるが，それは自然的なものがまったく反映されないと主張するものではない。たとえば，池田（1992）も「我々の使うコトバは，我々の心身機能という自然の何らかの反映である」（p. 214）と述べている。また，竹田青嗣（2001）は「言語は人間の『世界分節』の根拠ですが，この世界分節性を『欲望相関性』の原理として捉えることで，はじめて人間の世界像の多様性と共通性という

両義性の本質を解明することができ」ると指摘している。

　これらの指摘を私なりにまとめれば，「世界は身体—欲望—関心相関的にコトバにより分節される」ということになろう。たとえば，身体相関的にいえば，日常生活を送る上で，子どもが直接的に知覚できないような微生物のシーニュ（名）を獲得してゆくことはない。欲望相関的にいえば，ヒトの生にとって不可欠な食物には必ず名前がつけられるであろう。関心相関的にいえば，子どもは関心がないものについては尋ねないため，その名を獲得する機会は生じにくいだろう。そしてこのようなことは，われわれが異なる文化圏に旅行に行ったことを想定すればわかるように，子どもに限ったことではない。

　それはコミュニティレベルにおいて顕著な形で確認できる。たとえば，エスキモーまたはイヌイットと呼ばれるある民族集団では雪を指し示す言葉の数が多くあるという。それは関心相関的観点からいえば，その人々が生きる上で，欲望論的に質の異なるさまざまな雪を分節する必要があったからなのである。この意味では，「名づけ」（分節）は完全に「現象」と独立して自由勝手に行なわれるのではなく（外部実在とは独立しているが），身体—欲望—関心相関的に行なわれるといった方が適切であろう。と同時に，その名づけは原理的には「恣意性」と「差異性」を基軸として行なわれるのである。

　もっとも，こうした主張に対する反論の根拠の1つとしては，虹の色は文化によって2色，3色・・・6色，7色と分節の仕方が異なるといった有名な事実を挙げることができるだろう。それゆえ，言葉による世界分節は，われわれに立ち現われてくる「現象」（外部実在ではないことに注意）とも無関係であり，世界は完全に勝手に（無根拠に）人間が分節したのだというわけである。しかし，「虹」といった現象が立ち現われるにもかかわらず，それに特定の呼び名がつけられていない文化はおそらくないだろう。いわゆる「虹」に呼び名がつくのは，それが人間の目に飛び込んでくる（知覚できる）からだと考えられる。その意味で言語の恣意性は関心相関性と矛盾するものではなく，相互に言語世界の在り様を基礎づけているといえよう。

5．伝達法の恣意性

　ついでにいえば，われわれが口頭で話すということすら多分に恣意的なものである。ソシュールは，アメリカの言語学者ホイットニーの「結局，人間が話すのに，喉頭，唇，舌を使うのは，偶然にすぎない。そっちの方が便利だとわかったのだ。しかし，仮に目で見える記号や手なんかを使ったとしても，言語の本質は，まったく同様に残っただろう。何も変わりはしない」という台詞を挙げて，「その通りです」と肯定している。

確かに，たとえば，声を出すのは不吉とされ，手話や表記が通常のコミュニケーション媒体である文化があったとして，われわれがそこに生まれついたならば，一般的なコミュニケーション手段として手話を使っているに違いない。手話が特殊なコミュニケーション媒体であり，口頭を中心としたコミュニケーションが「自然」なことだと思ってしまうのは，単に物心ついた時にはそのような方法を，周囲の多くの人たちが行なっていたからというだけのことにすぎない。数が多い方が「正しいコミュニケーション法」である理論的な根拠などないのである。丸山（1983）も「人間の自然言語はたまたま聴覚的与件を利用しているだけのことであって，それが，視覚であれ，触覚であれ，味覚であれ，何でもよろしい，味覚言語があってもよろしいのです」と正しく指摘している。

4節 差異性

さて，議論をソシュールの思想へと戻して，次に「差異性」の説明に入りたいと思う。先の事例にもあったように，記号（シーニュ）は「ワンワンとはこれこれこういうものである」などと実定的(ポジティブ)に教えられることはない。そうではなく「ワンワン」という同一性は，「ニャンニャン」というワンワンではないものとの否定的(ネガティブ)な「差異」としての「関係」から同定されていくのである。

この点に関して，ソシュールは次のように述べている。

> シニフィアンの側もシニフィエの側も，それぞれ「…ではない」という否定的(ネガティヴ)にしか規定できない関係的存在であり，差異でしかないからです。しかし，これが一体化すると，あたかも即自的価値を有しているかの如き実定性(ポジティヴィテ)の様相を帯びて，他のシーニュと対立するのです。
>
> （丸山，1983；p. 237）

丸山によれば，これはソシュールの「関係の世界において意味をもつものは差異だけである」（p. 71）という根本認識からくるものである。

このような記号の特質の好例として，カラー（1976）は外国人に英語の色の名（ブラウン）について教えることを挙げて説明している。そこではまず「brown色の事物をいくつも示して，これらはbrownだと教える」という方略をとることによっては，ブラウン色の事物を100集めても，さらにその事物を500に増やしても，被験者は「ブラウン」という同一性を獲得できないと述べている。そして次のように論じる。

> brownとred＜赤＞，brownとtan＜黄褐色＞，brownとgrey＜灰色＞，brownとyellow＜黄色＞，brownとblack＜黒＞のあいだに区別をすることを教えるまでは，brownの意味を知るに至らない……（略）……brownとその他の色とのあいだの関係を把握したときにはじめて，brownとはなにかを理解しはじめるであろう。このことの理由は，brownはなんらかの本質的な性質によって画定される独立の概念ではなくて，色名語の体系中の一辞項であり，これを画定する他の諸辞項との関係によって画定される，ということである。
> (Culler, 1976；p. 31)

カラーはこのように色名語を例に説明することによって，「記号は恣意的であり，それはそれが属する言語に特有な仕方で連続体を分割した結果であるから，われわれは記号を自律的な存在体として取扱うことはできないのであって，これを体系の部分として見なければならない」ということを説得的に論じている。

なおこの議論は，差異性を基軸に世界を分節するという意味で，構成主義（constructivism）の「二分法コード」と異なるものではない（構成主義については，9章で概説する）。菅村（2003）は，構成主義の基本的主題として，「行為者は自らの経験を能動的に秩序づけることによって世界を組織化するという見方があるが，この時重要な位置を占めるのがコントラスト（対照性）による秩序の生成である」と説明している。人間の意識はその大部分において何らかの形での分類的なコントラスト（対照性）に基づいており，それは脳神経系分野の研究成果や人間の知覚や思考に関する多くの研究によって支持されている（Mahoney, 1985；菅村，2003）というのである。

この構成主義の観点から，先に挙げた子どもと母親の例を整理すれば，ここでのポイントは，「A—非A」といったコントラストを基軸として世界を秩序化（認識・分化）しながらコトバは獲得されてゆくということにある。「ワンワン」と「非ワンワン」（ワンワンと似ているが平たい顔をしている）である「ニャンニャン」というコントラスト（対照性）を基軸に，世界の分節が繰り返され，秩序化されてゆくのである。

5節
恣意性と差異性の関係

次に，「恣意性」と「差異性」の関係についてみてゆこう。丸山はソシュールの「最後に到達する原理は，シーニュの恣意性という基本原理である。シーニュに1

つの機能，1つの価値を与えることができるのは，シーニュ間の差異だけである」といった言明を挙げながら，「まことに，差異という概念は，ソシュール思想において恣意性の原理と切り離すことはでき」ないと，それらの「相関的特性」を指摘した。

> そして，恣意性を非自然性と正しく解することによって，ラング(ユニチ)がはじめから即自的に定義され限定される単位をもっていないことも，その単位というものが実は辞項そのものではなく，辞項と辞項の間の差異の対立化という現象であることも，そしてその対立現象を樹立するのは語る主体の意識であることもはっきりと理解されるでしょう。　　　　　　　　　　　（丸山，1983；p. 238）

コトバ（ラング）の「恣意性」とは，コトバが自然的な「実体概念」ではないということを意味している。コトバとは他のコトバとの「差異」から実体として浮かび上がる影絵のような「関係概念」に他ならないのである。これによって，記号の本質を「実体概念から関係概念への転回」（丸山，1983；p. 72）したことが，ソシュール思想のエッセンスであることが了解していただけるであろう。

6節
蔽盲性

次に，前節の「恣意性の原理」と「差異性」の関係を踏まえた上で，それらの「蔽盲性(へいもうせい)」について論じる。なぜ言葉が関係概念（影絵）であることが隠され，あたかも実体のように捉えられてしまうのであろうか。まずソシュールの言明を取り上げながら説明を加えていこう。

> 社会的な力は時間に応じて働いていて，言語(ラング)がなぜ自由でないかを私たちに見せてくれます。……（略）
> 　時間の力は，その瞬間ごとに，恣意的な(アビトレール)〈自由な選択〉と呼べるような力を骨抜きにします。私たちはなぜ，ヒト homme とかイヌ chien とか言うのでしょう。私たちよりも前に，ヒト homme とかイヌ chien とか言っていたからです。
> 　　　　　　　　　　　　　　　　　　　　　（Saussure, 1910-1911；p. 195）

記号（シーニュ）が社会的なやりとりを通して伝達されていくのであり，先人が「犬」のことを「inu」というからこそ，われわれも「inu」というのである。丸山の的確な表現を借りれば，「シニフィアンとシニフィエの絆が必然的なのは，それ

が恣意的（＝非自然的）である限りにおいて必然的」なのである。

シニフィアン（発音・表記）とシニフィエ（同一性）の結合が必然的なのは，それがすでに当該の社会においてそのように使われているからに他ならない。先の事例でみたように，われわれは先人が使っている記号（シーニュ）を，やりとりの中で倣い覚えるしかないのであり，その意味でシーニュを自由に選択することはできない。すなわち，経験的には，言葉は選択の余地がない点において，言葉とそれが指し示す対象には必然性があることになる。このようにして，コトバが原理的に恣意的であることは結果として遮蔽され，盲点となる。この「蔽盲構造」があるからこそ，コトバの「恣意性」と「差異性」とそれらの関係について論じる必要があり，それがソシュール思想の現代的意義につながってくるのである。

以上，ソシュール思想のエッセンスを「恣意性」「差異性」「蔽盲性」という3つのキーワードとそれらの関係を説明することによって説明してきた。これにより，①コトバが他のコトバとの「差異」から浮かび上がる「関係概念」であり，②原理的にコトバは「恣意的」（社会的）なものであること，そしてそれは，③コトバが恣意的であるゆえに，結果として遮蔽され盲点となることが，理解されたであろう。次にこれを踏まえた上で，丸山圭三郎の「記号論的還元」の議論へと進んでいこう。

●●● 7節 ●●●
記号論的還元

繰り返しになるが，ソシュールがなぜコトバの「恣意性」や「差異性」といったことを論じる必要があったかといえば，コトバが原理的には社会的（恣意的）な関係概念であるがゆえに，「恣意性」や「差異性」は必然的に遮蔽され，盲点化するためであった。それでは，このことは言語学から離れた現実にどのような問題をもたらすと考えられるのであろうか？

丸山（1983；p. 14）は，ソシュール思想の現代的意義として，「大衆社会の虚偽性，幻想性」の問題である「＜文化のフェティシズム＞の解明と乗り越えに，ソシュールの提起した記号学という装置が有効に働くと考えるからにほかな」らないと述べ，「私にとってソシュール研究がもっている最大の意義は，実は彼の思想が有するこうした現代性」であるとしている。このことに関して，丸山の次の引用を中心にみていこう。

> ここにいたって，私たちが何故言語の中に自然的なものを見てしまう錯覚をもつかということ，どうして記号の形相性が見えにくいかということが納得されるでしょう。つまり言語記号は，（＋）となってはじめて私たちの意識に達し

> ているのです。抽象的に切り離されたシニフィエとシニフィエだとか，同じように抽象的に切り離されたシニフィアンとシニフィアンの差異などというものは実は意識に達していない。意識に達しているのは，相互的に条件づけあう差異のおかげで生れる，一見ポジティブな対立だけなのです。
> 　ここに，実体である（＋）と見誤る恐れも生じ，関係に過ぎない存在が物神化される恐れも出てくることは想像に難くないでしょう。もし私たちの意識にこの（−）が達していれば，シーニュがコトであることは非常に見分けやすいのですが，シーニュが全体としては（＋）を呈しているだけに，物とコトが混同され，フェティッシュとなりやすい。つまり関係が実体として，非自然が自然として，恣意的価値が即自的価値として，一言でいえばコトが物として，私たちには意識されるのです。
> 　　　　　　　　　　　　　　　　　　　　　　　（丸山，1983；pp. 237-238）

　この言及を私なりに言い直してみよう。通常，コトバ（記号・シーニュ）は何かを指し示す時に使われる。広場で私が「inu」と大きな声で言えば，周囲にいる人は近くに「犬」がいるのかもしれないと思ってまわりを見渡すであろう。このようにコトバは何かを指し示す時に使われるがゆえに，われわれは通常コトバは何かに必然性を帯びて付随するモノだと思っている。われわれは「自然的態度」（3章参照）で暮らしている限り，「コトバ」とは即時的に「外部世界」に対応するモノと思わざるを得ないような経験を積み重ねているのである。

　その結果，原理的には関係概念（コト）であるコトバが，実体概念（モノ）であるかのように誤解され，さらにはそれが「物神化」して絶対性を帯びることになるのである（なお，上記の引用にある「フェティッシュ」（fetish）とは「迷信の対象」「盲目的崇拝物」という意味で使われている）。さまざまなコトバの差異の関係性から浮かび上がる「影絵」（関係概念）が，「実体」であるかのように振る舞い始め，それは絶対性を帯びた「物神」へと姿を変えていくのである。

　丸山はこうした錯誤を解き明かすための「装置」として，ソシュールの記号学が有効であると考えたのであり，それは「記号学的還元」という形で提起された。

> 　私たち人間は，文化現実を「客体的真の自然，絶対的実体」と信じこみ，自らが作り出した記号の世界の恣意性，共同幻想性，相対性に気づいていないからこそ，この解明と乗り越えのための記号学が提唱されたのです。だからこそ記号学的還元の目指すところは「記号的・数学的理念の衣」を一旦カッコに入れて，その本質である形相性，恣意性（非自然性）を暴き出し，価値の相対性という認識に達することにほかならないのです。
> 　　　　　　　　　　　　　　　　　　　　　　　（丸山，1983；pp. 52-53）

ここまで順に読まれてきた読者ならば，この提言は，3章で信念対立解消のための基礎ツールとして詳説した「現象学的思考法」の変奏(ヴァリエーション)であることがわかっていただけるであろう。「記号論的還元」を現象学の言葉で言い直してみよう。人間は「自然的態度」においては，言葉や文化，常識といったものが「実体物」や「自然物」であるという信憑が取り憑く（思い込む）ことになる。したがって，その確信を一旦「括弧入れ」（判断中止：エポケー）し，「ソシュール記号学」という装置によって「還元」し，言語のもつ恣意性（社会性）を明るみに出すことによって，各人の獲得した記号を「相対化」することが「記号論的還元」に他ならない。

平たくいえば，丸山は，ソシュール思想を援用することによって，絶対的なものとして考えられがちな「言葉」（記号）の幻想性を打ち破り，それが原理的には「相対的」なものでしかないことを解き明かす思考法として，「記号論的還元」を提起したのである。繰り返せば，記号論的還元とは，いわば影絵の舞台裏を明るみに出すことにより，実定化した「物神」が「影絵」（関係概念）にしかすぎないことを白日のもとにさらす認識装置といえよう。

●◆● 8節 ●◆●
記号論的還元の応用としての「科学論的還元」

前節において論じた丸山の記号論的還元の論点は，「科学」というコトバが「絶対化」することによってもたらされる人間科学内の信念対立の超克と重なる。後で詳しく論じるように，帰納主義を前提とすれば，虚心に（客観的に）観察を積み重ねることが科学であると信じることになり，反証主義を前提とすれば，反証可能性を担保するために条件統制による検証を重ねることが科学だと思いこむことになり，双方は信念対立に陥る。

それゆえ，科学を巡る信念対立の超克のためには，シニフィエとシニフィアンの恣意性とそれが隠蔽されていることに気づくことが重要になる。すなわち，記号論的還元によって，同じ「kagaku」というシニフィアン（発音・表記）が異なるシニフィエ（同一性）を指し示しうること，そして通常そのズレはユーザーには隠されており，気づくことができないことを理解することが重要なのである。したがって，「科学」という言葉（記号）がもたらすこの難問を解明するには，「記号論的還元」が有効な概念装置になると考えられる。

以下の作業は「科学」に関する確信の構造を解明するという意味で，「記号論的還元」の一例となる。したがって，ここではそれを「科学論的還元」と呼ぶことにする。なお，これは人間科学において「科学」という同一性（コトバ）のズレが信念対立を引き起こすために，「科学」というコトバに焦点化して記号論的還元を行

なうが，本質的に還元する「記号」には何をあてはめてもよい。

　記号論的還元を適用する際のポイントを挙げるならば，当該領域や掲げられたテーマに直接含まれている同一性（コトバ）はボタンの掛け違いを生みやすいため，そうした言葉を還元するのがよいだろう。具体的にいえば，発達をテーマとする領域（研究）であれば，「発達」という同一性（コトバ）のズレが，質的研究領域であれば「質的」という同一性（コトバ）のズレが，心理学であれば「心」という同一性（コトバ）のズレが，信念対立をもたらす契機となることが多いことから，そうした中心概念が記号論的還元の対象としてふさわしいといえよう。

　さて，ここでは［事例1］で示したコトバの学習過程が，「科学」というコトバの獲得にもあてはまることを示していく。つまり，誰もが「科学」というコトバを使っているが，その獲得過程は，幼い子どもが「ワンワン」という記号の同一性（意味）を獲得する過程と原理的には同じであることを示す。

　具体例として，心理学者と学生とのやりとりを描いた2つの事例を見てみよう。なお，ここで心理学者を取り上げるのは私の主たる活動領域が心理学であり，具体的にイメージしやすいという便宜的な理由に加え，心理学ほど科学的なフリをすることにこだわっているにもかかわらず，ナイーブかつ多様な科学観に基づいている領域はあまりないように思われるからだ。ここでは，基本的に「科学とは何か」を深く考えたことのないという意味で典型的なフツウの心理学者を取り上げる。そのため，次の事例にて取り上げられる科学についての説明はかなりナイーブなものとなっていることを先に断っておこう。

　ここでは帰納主義と反証主義を信奉する2人の心理学者を想定する。帰納とは，一回起性の出来事の観察を重ねて，そこから共通の事実を見出すことといえる。そして，この「共通の事実」は通常「法則」と呼ばれることから，「帰納主義」とは「帰納によりその法則を導き出すことこそ科学者の取るべき態度であると主張する思想的立場」（池田，1990）ということになる。

　他方，「反証主義」とは，とりあえず「科学は反証可能でなければならない」とする思想的立場と考えてもらえればよいだろう。池田（1990）が「『科学は客観的真理を追究するものだ』という帰納主義的な考えの持ち主（絶対数は圧倒的にこちらが多い）以外は，ほぼ反証主義の信奉者だと考えてさしつかえない」（p. 36）と述べているように，ここで取り上げる2つの事例は，科学論における二大宗派（信奉）ということができよう。

　まずは，帰納主義を科学の条件だと信じている心理学者の教授Aに登場していただく。帰納主義こそ科学の条件と思っているこの心理学者は，自然場面こそが客観的な場面であり，そこで思い込み（理論も含む）を捨てて「あるがままの現実」を虚心に見ることこそが，科学的心理学の基本であると考える傾向がある。以下は，

その教授Aと学生aとのやりとりである。まず教授Aの説明から始まる。

[事例2]　帰納主義的心理学者の場合

　　教授A　科学の基本とは観察である。科学が客観的であるためには主観的な思い込みを排除しなければならない。そして，理論もまた人間の作ったものだから客観的に観察することを妨げるものでもある。また，実験場面は一見客観的のようにみえるかもしれないが，人間が実際に生活している状況と乖離しているという意味で不自然であり，歪んだ客観性である。したがって，実際に生活が営まれている現場に入り，虚心に記述を重ねていき，共通点を抽出してゆくことこそ真に客観的な科学なのである。
　　学生a　それでは，この研究αは科学的といえますか？
　　教授A　ふむ……，これは現場に入って純粋に事例的な記述を積み重ねているから科学的研究といえるね。
　　学生a　それでは，この研究βは科学的研究ではないのでしょうか？
　　教授A　ふむふむ……，これは一見科学的にみえるが，最初から特定の理論を通してみているため純粋な記述ができていないし，実験とは実際の生活場面，つまり客観的な生活世界とかけ離れているから科学的研究とはいえないね。
　　学生a　なるほど，それでは現場における記述を行なっている研究αは科学的で，実験と統計を用いている研究βは非科学的なんですね。
　　教授A　そう，その通り。

　このような「現場／実験」，「科学／非科学」というコントラストを基軸としたやりとりを重ねて，学生a君は，「科学」という概念（記号）の同一性（意味内容）を倣い覚えてゆくのである。なお，このやりとりが授業の中で行なわれたとしたら，それを見ていた他の学生もまた同じような同一性を倣い覚えてゆくことになるのは言うまでもない。
　次に，反証主義を科学の条件だと信じている心理学者の教授Bに登場してもらおう。先にも述べたように「反証主義」とは「科学と非科学を分けるものは反証可能性が残されているかどうかであるとする思想的立場」であるため，反証主義に依拠する研究者は，再現性，反証可能性を明確に残し，追試が可能な「実験」を行なうことこそが，科学的研究の基本となると考える傾向がある。以下は，その教授Bと学生bとのやりとりである。まず教授Bの説明から始まる。

[事例3]　反証主義的心理学者の場合

　　教授B　科学は反証可能である必要があるから，命題は反証可能である必要

があるし，その命題は仮説として実験的に確かめる必要がある。そうすれば他の人が追試することもできるし，その仮説の真偽を確かめて反証することができる。また，真偽を確かめる際には，統計を用いることによって誰でも客観的に確認することができる。したがって，反証可能な命題を仮説として，それを確かめるために実験と統計を用いている研究が科学的研究といえる。

学生 b　じゃあ，この研究 β は科学的といえますか？

教授 B　どれどれ……，これは実験を行ない，統計学的に検証しているから客観的な科学的研究といえるじゃろうな。

学生 b　じゃあ，この研究 α は科学的研究ではないのでしょうか？

教授 B　どれどれ……，この研究 α は現場での事例的な記述によっていて，条件統制や実験，統計学的検証も行なっていないから科学的研究とはいえないじゃろう。

学生 b　なるほど，じゃあ実験と統計を用いている研究 β は科学的で，現場における記述を行なっている研究 α は非科学的なんですね。

教授 B　うむ，その通りじゃ。

　このようなやりとりの結果，「科学的心理学」とは「数量化」と「実験」することであるといったように，「科学」というシーニュ（記号）の内実（同一性）を獲得してゆくことになる。

　以上によって，程度の差こそあれ，「科学」という言葉の同一性（意味）は，「科学とは何か」といった問いに基づき実体的に定義されるのではなく，他者とのやりとりの中でコントラストを基軸に倣い覚える（ポジティブ）という点で，子どもが「ワンワン」という言葉を倣い覚えるのと原理的には同じであることを理解していただけたであろう。

●●● 9節 ●●●
実体的概念と非実体的概念の違い

　「ワンワン」と「科学」の相違点は「ワンワン」は「犬」としての「実在物」を指し示す「実体的概念」であるが，「科学」とは実体のない「非実体的概念」であるということにある。「犬」は実際に見て触ることができる。そのため，たとえば「猫」のことを「犬」と呼ぶ子どもと出会ったとしたら，「この子は猫のことを犬と呼んでいるんだな」と，自分の獲得している「同一性」（コトバが指し示す内実）とのズレにすぐに気づくことができる。

　しかし，「科学」という概念そのものは，見ることも触ることもできない。つま

り「科学」は,「意味」としてしか立ち現われないのである。池田の表現によれば,こうした実体のない概念は「内部世界の構造」と呼ばれる。「非実体的概念」であり,「内部世界の構造」であるゆえに,他者とのやりとりを通して「kagaku」という同じ「シニフィアン（音,表記）」による,まったく異なる「シニフィエ（同一性・意味）」を獲得することになる。

　その結果,「科学」というシニフィアン（表記,音）は同じであるにもかかわらず,それが指し示すシニフィエ（内容）がまったく異なるということが起こる。「科学」が「内部世界の構造」（心的構造）であるために,科学という言葉は異なる同一性として獲得されやすいのである。そして先にみたように科学という言葉の内実は,他者とのやりとりを通して倣い覚える点で,学習者は「そういうもの」として覚えるしかないため,「科学」というコトバの恣意性は遮蔽され,盲点化することから,「絶対化」するのである。

　そして池田（1988）が「内部世界の構造は自身と背反する他の構造の具現化を阻止する傾向が強いため,信念構造が変換するのは容易ではなく,特に免疫化が容易な非厳密科学においては,極めて難しいのである」（p. 265）と鋭く指摘しているように,一度「科学」という同一性（概念構造）が確立されると,それと異なる同一性を備えた「科学」は,「間違ったモノ」として排除されることになる。

　さらに,同じ同一性を獲得した他者とのコミュニケーションを繰り返すことにより,その記号の「意味」が絶対的なものであるという錯覚（確信）は強化される。これがいわゆる「頭の固い人」ができるメカニズム（構造）の一端であり,単一の学範（学問領域）内で活動する期間が長くなるほど,頭が固くなることも,この構造によって説明可能となる。

　再び丸山（1983）の表現を借りれば「こうして『コトから記号』への道を辿った文化現象は,ついには『記号から物神』へと化す。記号であることすら隠蔽されて関係は物化され,＜文化のフェティシズム＞が完成されるのである」（p. 299）。こうして異なる「神」（宗教）を信奉する人々が対立することがあるのと同じように,自分が倣い覚えた「神」というコトバを盲信する科学者間の信念対立が生じるのである。

　これらをまとめると,①「科学」と「ワンワン」はコントラストを基軸に否定性を原理として倣い覚える点で同じであるが,②「科学」と「ワンワン」は実体概念かどうかで異なるため,③「科学」というシニフィアンから異なる同一性が獲得されやすく,④一度獲得された同一性は修正されにくいことから,⑤「科学」を巡って信念対立が立ち現われるということになる。

　以上,科学を巡る信念対立解消のためのツールとしての「記号論的還元」を援用し,「科学」という言葉（語）に焦点化した「科学論的還元」を行なってきた。こ

れによって「科学」というコトバを相対化する作業を終えたといってよいだろう。

10節
記号論的還元の学融促進機能

　以上では，「記号論的還元」の一例として「科学」という言葉に焦点化し，「科学論的還元」を挙げて説明してきた。本節では，このような記号論的還元は，異領域の研究者間のコラボレーションを，より建設的な形で促進するのに有効な視点となることについて，学融を例に簡単に論じてみよう。

　学融とは，領域（学範）間の敷居を取り去り，特定の問題解決を共通の目的とすることにより，複数の学範に依拠する研究者たちがコラボレートするというものである。そして学融を行なう場合には，それぞれが用いている「言葉」（用語）の意味を見定めていく作業が重要となる。なぜなら，異領域の研究者がコラボレートする場合，一見同じ言葉（シニフィアン）を使っているので問題を共有しているようにみえても，そこで用いられている言葉の意味（シニフィエ・同一性）がズレている場合が往々にしてあるからだ。そして，そのようなボタンの掛け違いは，異領域の研究者間のコミュニケーションを妨げ，学融の進展を妨げる大きな障害となる。

　これを避けるためには，記号論的還元によって，それぞれが了解している記号の意味は絶対的なものではなく，恣意的に構成されたものであることをあらためて認識することが有効となる。それにより，各人が倣い覚えた言葉の内実を絶対的に正しいものと盲信した信念対立に陥らずに，言葉の表記や発音（シニフィアン）とそれが指し示す意味（シニフィエ）のズレを埋めて，言葉を相互に共有可能なものとしていくことが可能になるであろう。このように，記号論的還元は，「学融」のスムーズな進展にサポーティブな機能を備えているといえよう。

　また，学融をする際には，荒川とサトウ（2005）が構造構成主義の適用上の注意点として指摘している「問いと答えのローカル性」の問題も留意すべき点として挙げることができるだろう。以下にその議論を引用する。なお，ここで「セク融」とあるのは，産・官・学など異なる目的をもったセクター間の融合のことであるが，ここでは学融に焦点化して論じる。

> 　絶対的な「外部存在」を規定せず，その場全員が納得できる「答え」を探すことが利点である構造構成主義において，そこで得られる成果が，その問題に関わっている人々の間の非常にローカルな成果であることは避けられない。たとえば，先述のように，教育学者と心理学者が納得する問いと解であったとしても，それを学校教育に適用した場合に，児童や家族，関連業者，付近の住民

など他のセクターが納得するとは限らない。そのため，常に外部者に門戸を開き続け，議論の場を作ることが構造構成主義をセク融・学融に応用する上で必要な点であるといえよう。
　　　　　　　　　　　　　　　　　　　　　　　　　　（荒川・サトウ，2005）

　これはおそらく構造構成主義の応用に限定されるべき議論ではなく，学融する際に考慮すべき点を的確に捉えた指摘として理解すべきだろう。
　これについて構造構成主義的な論点をつけ加えてみる。まず関心相関的観点からは，学融により得た「解」を共有する場合に得られた知見が，無条件に異領域に妥当する知見にはならないのは，暗黙裡に措定されている関心や目的が異なることが多々あるため，ということができる。その意味では，関心相関的観点により，それぞれの関心を対象化し，目的をあらためて明確な形で共有することによって，よりスムーズな「解」の共有が可能になるだろう。
　また，本章で論じてきた記号論的還元の視点からみれば，学融によって得られた「解」を納得してもらう際にも，言葉のズレ（シニフィアンとシニフィエのズレ）を調整することは極めて重要なことになる。
　このようなことから，構造構成主義は，学融によって得られた成果を，広く共有するためにも有効な視点となるといえよう。

◆◆◆11節◆◆◆
第二の記号論的還元の科学論的実践へ向けて

　さて，「科学」という言葉の問題へと話を戻そう。先に，記号論的還元を応用することにより「科学」という用語（言葉）を相対化してきたが，これはソシュールの「第一の記号学」の実践に位置づけられる。しかし，「科学」を巡る信念対立を解消するためには，「科学」という同一性を相対化するだけでは，十分ではない。各人が体験的に獲得してきた「科学」に代わり，それらを包括可能で，帰納主義者も反証主義者も了解可能な「科学」という同一性（定義）を用意する必要がある。
　このことはソシュールの第二の記号学の営みと重なる。丸山（1983）によればソシュールの第二の記号学は，「発生状態における＜コト＞が，実は何も指さしていない＜差異＞にすぎないという『表象世界の喪失』を逆手にとって，代行・再現とは次元を異にする『差異を用いての差異化行為』という新しい関係作りの可能性を探る試み」（p. 300）であるという。彼の言葉を借りて言い換えれば，「既成のコトバを用いることによって『かつて一度も存在しなかった関係』を生み出すパラドックスの実践」であり，「パラダイムの組み替え」ということになる。そして丸山は，「著者は，第一の記号学と第二の記号学に共通するコトバの根本原理として，

ソシュールの＜恣意性＞すなわち＜歴史・社会性・人為性，非自然性＞を乗り越えのバネとして据えることが可能なのではないか，と考えているものの一人である」(p. 304) と自らを位置づけている。

　この意味では池田清彦 (1990) は，「構造主義科学論」を体系化することにより，「科学」における第一・第二の記号学の双方を実践したと捉えることができる。

　詳細は次章に譲るとして，ここでは伏線として池田がどのようにソシュール思想を自らの理論に継承したかについて，私なりに概説しておくと，池田は，ソシュールのコトバの「恣意性」の原理を，そのまま「構造」の恣意性へと援用したと考えることができる。池田のいう「構造」とは「同一性（コトバ）と同一性（コトバ）の関係性とその全体」であるため，「コトバ」が恣意的であれば，当然「構造」も恣意的なものということになる。実体化，存在化しがちな「構造」を，原理的には恣意的なものとして位置づけたという意味では，池田はソシュールの第一の記号学を，科学論に継承したということができよう。

　その上で，構造概念の恣意性を基軸に新たな科学論（構造主義科学論）を構築したのだが，これは第二の記号学に該当するだろう。つまり，池田は第二の記号学を科学論に継承し，「既成のコトバを用いることによりかつて一度も存在しなかった科学論を生成するパラドックスの実践」を行なったということもできるのである。

　次章では，この構造主義科学論の内実を詳しくみていき，それを基軸とした人間科学の科学論的基盤の構築を試みる。

6章 人間科学の科学論の確立
——構造主義科学論

> 作り出すべき秩序の規準や尺度は，決して放恣な思弁またはまったく形而上学的な演繹から得てはならず，経験から，もちろん哲学的アスペクトの下で得なければならない。つまり哲学と個別科学は共同作業を行わなければならないということである。この方向で企てられている試みはまだあまりに少なすぎる。
>
> (Rombach, 1971 ; p. 316)

1節
本章の概観

　本章では，構造主義科学論を継承することにより，人間科学の全領域を包括可能であり，かつ，原理的には誰もが了解可能な人間科学の科学論の確立を目指す。

　池田により体系化された「構造主義科学論」（池田，1990）は，ソシュールの言語学を構造主義のもとに発展させ，科学論における主客の難問(アポリア)を解明しつつ，独自の科学論を展開したものである。別の角度からいえば，これは池田が最初に体系化した理論である「構造主義生物学」（池田，1988）を科学論に特化させて洗練した理論ということができる。

　この構造主義科学論に通底する基本的な思考法は，現象学的であることを指摘することができる。事実，池田（1990）はフッサール現象学を指し，「フッサールの

この考えは相当なもの」と認めながらも,「しかし私はフッサールの考えが認識論の極限だとは思っていません」とし,さらに「フッサールの到達した地点を足場にさらに歩を進めてみたい」として理論化を進めていることから,フッサール現象学の系譜に位置づけることも可能といえよう。

ただし,構造主義科学論は,現象学的思考のように構造構成主義の体系化の作業に通底する基礎的な思考ツールというよりも,科学性を担保するための必要不可欠なツールとして位置づけられることになる。

また,構造主義科学論の意義を受け取るためには,その戦略的出発点としているデカルトの根本動機と,それを達成するために採用された方法を理解する必要がある。したがって,デカルトに遡り,彼が方法論的懐疑を提唱するに至る根本動機を踏まえることによって,構造主義科学論の戦略的理路の卓越性も浮き彫りにしてきたい。

まずは池田(1988, 1990)が帰納主義と反証主義についてその要点を概説しているので,それを参照しつつ従来の科学論の問題点を確認してゆく。

2節
帰納主義とその限界

5章で述べたように,「帰納」とは「一回起性の出来事をいくつも観察して,そこから共通の事実を見出すこと」である。したがって,帰納主義者は,科学理論は観察された事実に基づかねばならないと主張する立場となる。

たとえば,カラスをたくさん観察して「カラスは黒い」という共通の事実を見出すというわけである。では,白いカラスが観察された場合はどうするか? その場合は,「カラスは黒いか白い」と法則を拡張することによって,「狭い適用範囲しかもたない限定的な真理から,広い適用範囲を持つ,より普遍的な真理へと,順次進歩展開する」(池田, 1990)ということになる。このように,素朴な実感としては「帰納」に特に問題はないように思える。しかし普遍言明の追求を前提とする科学論としては原理的な問題を孕むことになる。

この点を明らかにするために,次に帰納主義に激しく反対した科学哲学者としてポパーを取り上げた池田(1990)の議論を追っていく。まずポパー(1976)は「帰納といったものは存在しない。全称的理論は単称言明から導出できないからである」(p. 162)と帰納主義をその根底から批判した。すなわち,「一回起性の出来事」(単称言明)の集積はけっして普遍言明(例:すべてのカラスは黒い)を導くことはないと主張したのである。確かに「観察した千羽のカラスが黒くても,『カラスは黒い』のが正しいのはこの千羽のカラスについてだけ」(池田, 1990)であ

り，だからといってすべての単称言明を集積することは不可能である。そして，白いカラスが見つかった時に，「カラスは黒いか白い」と法則を拡張してしまっては反証可能性を担保することはできないというのである。

3節 ポパーの反証主義とその限界

こうした帰納の限界を踏まえ，ポパー（1976）は「しかし，理論は観察可能な諸事実と衝突しうるので，単称言明によって反駁されうる」（p. 162）とし，「経験的科学体系にとっては反駁されうることが可能でなければならない」（Popper, 1971；p. 49）と主張した。要するに，単称言明は，普遍言明が真であることは導けないが，それが偽であることを導くことができるとし，科学は反証可能でなければならないとしたのである。

この点について池田（1990）の議論を踏まえ，さらに詳しく論じていく。ポパーは，いかなる出来事が起ころうとも常に正しい記述（これをトートロジーと呼ぶ）と，いかなる出来事によっても原理的に反駁し得ない構成になっている記述（これを反証不可能な言明という）は，科学理論の記述とは認めないことにした。

トートロジーの例としては，「すべての犬は犬である」が挙げられよう。「反証不能な言明」の例としては，「良いことがあっても，悪いことがあってもそれはすべて神様の思し召しである」が挙げられる。これはいかなることが起こっても「神の思し召し」に還元されてしまう反証不可能な言明だからだ。

しかしそうだからといって，ここでは宗教的営みを否定しているのでもなければ，トートロジーには意味がないといっているわけでもない。たとえば「人生には生きる価値があるから生きる」という言明が「生」に力を与えるということも十分ありうることから，トートロジー的な言明自体を否定するつもりは毛頭ない。ここでは単に，トートロジカルな言明には反証可能性はないことから科学的営みにおいては妥当とはいえないといっているにすぎない。

しかし，池田（1990）は，このポパーの反証主義は，言明自体を問題にする限りは正しいといえるが，「人は記述自体を観察するのではなく出来事を観察する」という前提を確認する。そして「『昨日，何か大きな鳥が家の松の木にとまっていた』という出来事から，その鳥はカラスであること，およびその鳥は黒いこと，の2つを抽出しなければ，『昨日，家の松の木にとまっていたカラスは黒かった』という記述を引き出すことはでき」ないという。つまり反証が成立するためにはまず，「出来事から共通の事実（カラスは黒い）を帰納できることが前提になる」というわけである。要するに，ある出来事から「その鳥はカラスである」ことと「そのカ

ラスは黒い」ことが帰納できなければならないのである。こうしたことから結局，段階が異なるだけで，反証主義も「帰納」を前提として行なっているというのである。

そして池田は，反証主義は「実は『一回起性』の出来事には，あらかじめ共通な事実が含まれているという帰納主義の前提を，暗黙裡に認めている」とし，帰納主義と反証主義は「拠って立つ論拠はほとんど同じ」とその本質的欠陥を鋭く指摘した。

●◆● 4節 ●◆●
帰納の成立条件とその根本問題

池田（1988）は帰納について「観察されたデータが外部世界の現象の完全なるコピーでない以上，この説明の正しさは保証されない」（pp. 239-240）と述べている。したがって，帰納が成立するためには，①主体とは独立した外部に実在が在り，②われわれの認識構造が同一であるという2つの条件を満たす必要がある。それによって初めて「外部世界の現象」＝「観察されたデータ」となることが保証されるからだ。

こうした条件を満たせば「一回起性の出来事をいくつも観察して，そこから共通の事実を見出すこと」は理論的に保証されることになる。つまり，少なくとも「帰納」を前提としつつ「反証可能性」を基準として科学と非科学を区分しようとする「反証主義」は正しい方法になる。

逆にいえば，この2つの条件を保証できなければ，「観察された事実」が「外部世界の現象の完全なるコピー」にはなり得ないため，帰納主義も反証主義も同時に理論的破綻をきたすことになる。それでは，この2つの条件を担保することは，原理的に可能か確認してみよう。

第一に，主体とは独立に自存する外部実在は，原理的には保証することができない（これは経験的には「在る」と確信していることを否定しているわけではない）。「どう考えても現実だ」と確信していたのに夢だったということがあるように，われわれは今確信している外部実在の「真実性」を保証することは原理的には不可能なのである。これは人間であるための原理的な制約であることから，一片の謙虚さをもっているならば受け入れざるを得ないといえよう。

先に挙げたこの2つの条件は双方を満たす必要があるので，第一の条件が成立しないことが論証された時点でこの議論の結果は出たといえるのだが，いちおう第二の条件であるわれわれの認識構造の同一性について考えてみよう。結論を言ってしまえば，原理的には，われわれの認識構造は他者と完全に一致しているという保証

はできない。とはいえ，われわれの「眼」は，ヒトという種が同じなのだから，同じ構造をもつ器官として，同じように見えるに決まっている，と思うのが通常の考えであろう。そして日常的にそのような理解が成立していることを否定するつもりもない。

しかし，原理的にはやはりそれを保証することはできない。たとえばわれわれは同じ赤をみても，それが完全に同じ赤として見えている保証はどこにもない。極端な話，それは脳を調べて，同じ部位が活性化していたと確認しても，だからといってそれが完全に同じ赤として見えている保証にはならない。

その根本的問題は，他者と認識がズレた場合に露呈する。極端な話，同じモノをみた時，自分は「赤」だと思ったが，他人は「青」だと言い張った時を想定すれば，論理的に成立しないことがわかるだろう。池田はその論理的欠陥を端的に示している。

> しかしある認識構造は正しく他の認識構造が正しくないことを判定するものはいったい何なのか。それは観察事実なのだと帰納主義者は主張する。しかし観察事実の正しさはそれを導いた認識構造の正しさによってしか保証されない。これは完全なる循環論法である。
>
> （池田，1988；p. 240）

したがって，池田（1988）の「認識構造の同一性の仮定は，間違っているか，あるいはどうひいき目にみても少なくとも反証不能な仮説である」という指摘は正しいといわざるを得ないのである。

実は，①・②は同じ問題を根にもっている。それはわれわれ人間は人間である以上，原理的に真実性を保証することはできないということに他ならない。われわれが人間である以上，自分の「外」に出ることはできない。そのため自分の考えていることが「絶対に正しい」ことを原理的には保証できない。これはコンピュータがコンピュータの外に出ることができないのと原理的に同じである。この点については竹田青嗣が非常にわかりやすく論じているので，少し長くなるが以下に引用してみよう。

> 人間を，一定のコードでプログラムされた認識装置としての機械，つまりコンピュータだと考えてみよう（じっさい哲学者は，理論上そのように考える）。このコンピュータは，インプットされた情報をプログラムされたコードにしたがって処理し，何らかの答えを出す。しかしこの答えが対象それ自体に「正しく」つきあたっているかどうかを自分で検証することはできない。なぜならコンピュータはコードにしたがってだけ「考える」から，このコード自体の「正

しさ」をけっして判定することはできないからだ。
　コンピュータがコードの「正しさ」を検証するためには，メタコード（コードを検証するための上位のコード）が必要である。ところが，コンピュータにメタコードをインプットしても，今度はこのメタコードの「正しさ」をコンピュータは判定できない。
　人間の認識を一種の認識装置として考えるかぎり，認識の原理はいま見たような事情に還元される。（略）自分の認識が＜客観＞に「一致」するかどうか＜主観＞にはけっして決定することはできない，と言われるのはそのためだ。
　　　　　　　　　　　　　　　　　　　　　　　　　　（竹田，1989；p. 19）

　このように，自分の「考え」や「確信」が「絶対的な真実かどうか」を保証することは原理的に不可能なのである。したがってわれわれが在ると確信する外部実在の真実性も，われわれが同じ赤として見えているという確信の真実性も，原理的には保証することはできない。
　おそらく読者の中には，こうした議論を「言葉遊びにすぎない」と思う人も少なくないだろう。これは3章で議論したことと重なるのだが，ここでもあらためて，なぜこのような一見屁理屈にもみえる議論をしなければならないのか考えてみよう。
　この原理的レベルの認識問題は，「モノ」の認識を例にするととてもわかりにくい。まず，たとえば多くの人が「そのカラスは黒い」と判断した時に，1人だけ「そのカラスは白い」と判断するということはかなり起こりにくいからだ。また，それが起こった場合も通常であれば後者の人は「正しい認識構造をもっていない人」とみなされて終わるだろう。本当は「対象が何であるか」は多数決で決まる問題でもないので，おかしいのだが，それでも通常はこのように何となく処理されて終わる。
　問題が露呈するのは，「意味」や「価値」の領域においてである。意味や価値の次元においては，ある人たちが「その人はクロだ（正しくない）」といい，他の人たちは「その人はシロだ（正しい）」といったように，まったく正反対の評価をすることは多々あり，むしろその評価が完全に一致する（ように感じられる）ことの方が少ないといえよう。
　しかし，われわれにとっての世界像が，外部世界のコピーに他ならないのであれば，各人が「正しい」世界像を手に入れているはずである。なぜなら，われわれと切り離された外部に自存する完全なる客観的実在があり，われわれは同じ認識構造をもっているという前提は，まさにわれわれにとっての世界像は，外部世界のコピーに他ならないことを導き出すために前提とされた根本仮説だからである。
　したがって，その論理によれば，自分とは相反する世界像を取り出してきた人は，

よほど歪んだ考えに取り憑かれているか，歪んだ認識構造をもっているに違いないという結論が導かれることになる。このように原理レベルでの問題を棚上げし，外部実在とそのコピーによる認識という根本仮説に依存することにより，同じ出来事から異なる世界像を得た他者を即座に誤りとみなす排他的態度が生み出されるのである。こうした認識形式が信念対立の根源となっていることは3章で詳述した通りである。

さらにここで述べておかねばならないことは，こうした根本仮説に依拠することによって，人間科学の科学論として致命的な欠陥を孕むことにもなるということである。結論をいえば，外部世界の実在と各人の認識構造の同一性に依拠することによって，人間的事象の「意味領域」を扱えないことになる。

先ほど述べたように，われわれは「意味」のレベルでは，同じ出来事から異なる構造を見出すことがある。たとえば「この本がいかに役立つか」といったこの本の有用性（意味）は，読み手によって異なるであろう。同じ本を読んでも，一方では「かなり役立つ」という意味を見出し，他方で「まったく役立たない」という意味を見出すことがある。このように「意味」，あるいは「心的構造（内部世界の構造）」に関してはまったく矛盾したものが見出されることもめずらしくなく，むしろ一致する方が，極めて稀な事態といえよう。

しかし，外部世界の実在と各人の認識構造の同一性の図式によれば，現象から導き出される「意味」も同一でなければならないことになる。したがって，人間科学が，この前提に依拠してしまうと，そもそも多様な立ち現われ方をする人間存在の意味領域を原理的に扱うことができなくなるのだ。

これらの議論から，帰納主義，反証主義が機能するための根本仮説（外部実在と各人の認識構造の同一性）に依拠することは，信念対立を引き越し，意味領域を扱えないといったように，人間科学にとっては致命的ともいえる犠牲を強いることになるのは明らかであろう。

確かに，帰納主義や反証主義の原理的な限界といった議論は，抽象的な議論である。しかし，言葉の営みである学問は，程度の差こそあれど本質的に抽象的な営みに他ならない。そして言葉（抽象）は，行動（具体）を規定する力をもっている（必ずしも一方向的なものではないが）。したがって，そうした抽象的な問題をおざなりにすることにより，さまざまな信念対立が発生し，人間科学が意味領域を扱えなくなるといった現実的・具体的な問題として立ち現われてくるのである。これは，3章で論じた客主問題や認識問題の科学論 版（ヴァージョン）に他ならないことがわかるだろう。

以上のことから，われわれはあえてこうした哲学的，原理的な議論から出発する必要があるのである。

5節
求められる科学論の条件

　それではどのような科学論であれば，信念対立を引き起こすことなく，意味領域をも扱うことを可能とし，人間科学を十全に機能させる科学論たりうるのであろうか。問題の根幹は，①外部世界の実在と，②各人の認識構造の同一性という根本仮説に依拠していたことにあった。したがって，人間科学の科学論は，それらの条件を裏返し，かつ科学的営為が成立可能なものであればよいことになる。すなわち，人間科学の科学論は，外部実在や認識構造の同一性を仮定せず，共通了解可能性を担保するようなものでなければならない。
　この条件を満たすのは相当むずかしそうである。
　なぜなら，外部実在や認識構造の同一性を仮定しなければ，容易に何でもアリの相対主義へと陥ってしまうと考えられるからだ。それゆえ，外部実在や認識構造の同一性といった根本仮説となるような一切の前提を措定せず，何でもアリの相対主義にも陥ることなく，共通了解が可能となり科学的営為を担保し得る理路を切り開かなくてはならない。それによって初めて，帰納主義や反証主義を成立させ，信念対立に陥ることなく，かつ人間的事象の意味的側面をも扱いうる科学論として成立することができるのだ。
　このような多元主義を保証し，かつ相対主義に陥らず，信念対立を回避し，意味領域をも扱いつつ科学性を担保するといった諸条件をすべて満たす科学論の構築，これは科学論における超難題といっても過言ではないだろう。それでは現在，こうした条件を担保できている科学論はあるだろうか？

6節
規約主義

　上記のような観点を念頭に置きつつ，本節では再び池田（1988）の議論を参照しつつ「規約主義」という科学論を考えてみよう。
　「規約主義」とは「事実は専門的な理論があってはじめて捉えられる」ものとする考えのことを指す。言い換えれば，「規約主義」とは「観察されたデータは認識構造負荷的であると考える」（p. 245）ものであり，あらゆるデータは認識構造を通して得られたものであり，純粋に客観的なものではないことを認める立場といえよう。これは「観察されたデータが外部世界の現象の完全なるコピー」とは考えないことを意味することから，その意味では，より妥当な世界認識に基づく科学論と

いうことができよう。

　池田（1988）は規約主義を唱える人の中には，「同じ規約主義者でも，科学と非科学の厳密な境界設定は無理としても，ある程度論理的な区分けができると考える人もいる」という。それは「文脈依存性」を強めていくことにより記号（シーニュ）の意味をより客観的に規定していくことができるとする立場である（村上，1979）。つまり，文章的に文脈を重ねることにより，特定の記号（コトバ）の意味をより客観的なものへと規定していくというものである。しかし，これは池田が鋭く指摘したように，科学成立の必要条件ばかり膨大に必要とし，十分条件を満たすことができず，科学と非科学を厳密かつ実体的に区分できるものではない。

　そして，池田が「規約主義者はクーンにしてもファイヤアーベントにしても，科学と非科学の境界設定問題を事実上棚上げにして，科学の変換について語る」（p. 244）というように，規約主義は科学理論がどのように変換していくかについての科学論なのであり，「科学と非科学を分ける厳密な論理的基準を放棄してしまう」のである。つまり，科学の条件（科学と非科学を分ける条件）を説明する理論ではないのである。

　したがって，科学の条件を説明する理論ではない規約主義は，この科学論最大の難問を解くためには役に立たないことがわかるであろう。

7節 社会的構築主義

　次に，論理実証主義者やポパーなどの科学哲学者を第一世代とすれば，第二世代に属するとされる「社会的構築主義」をみてみよう（横山，1999）。詳しくは9章で述べているが，ここでも社会的構築主義について簡単な説明を要するであろう。社会的構築主義とは一言でいえば，「現実は言語により社会的に構築される」という認識形式からなる認識論といえよう。もっとも，社会的構築主義にもさまざまな立場がある（Gergen, 1994；中河，1999；上野，2001）ことを知らないわけではないが，ここではひとまずその立場を上述したように緩やかに定義した上で，議論を進める。

　なお，現在"social constructionism"に関する本は次々と出版されているが，訳者によって「社会的構築主義」「社会構築主義」「社会的構成主義」「社会構成主義」「構成主義」と一定した訳語が定着していないのが現状である。菅村玄二（2004）は，こうした現状を踏まえた上で，訳出の問題を的確にまとめているので直接引用してみる。

> Gergen（1985）は，"constructivism"という用語が，Piagetの理論や芸術分野での特定の運動を指すためにも使われていることから，それらとの概念の混乱を避け，またBerger & Luckmann（1966）とのつながりを示すために，"constructionism"という用語を使いたいと明言している。最近は，"social constructionism"と"constructivism"の区別のほか，"social constructivism"や"sociological constructionism"との区別まで行なっている（Gergen, 1999）。
> このような主張を尊重するならば，少なくとも翻訳する時は，それらを訳し分けたほうがよいだろう。以前から他分野でも，"constructivism"が，「構成主義」と訳されてきているため，"social constructionism"を限定的に指す場合は「社会的構築主義」とでも訳すほうが適切であるように思われる。
>
> （菅村，2004；pp. 273-274）。

このことから，本書では"social constructionism"のことを指して「社会的構築主義」と呼ぶことにする。さて，ここでは「サイエンス・ウォーズ」（Science Wars）と呼ばれる人文系学者と自然科学者との間で行なわれたアメリカの論争を取り上げた横山（1999）の議論に焦点化する。

横山（1999）は，社会的構築主義は，科学を絶対的なものとして受け入れる風潮が強くなった時代において，その絶対性を脱構築（相対化）したとその役割を説明する。そして，「観察の理論負荷制」「理論の不完全決定」「信念の多様性」「内側の理解」などについての社会的構築主義者の主張が，相対主義や懐疑論に帰結するように思われるため，「相対主義」として批判されたとしてその限界を浮き彫りにした。

社会的構築主義は，外部に客観的な実在が在るとする客観主義的神話を破壊するという意味で，偶像破壊的な役割を果たしたものの，その破壊力は自らをも相対化するものであり，より建設的な科学的営為を基礎づける代案を出す枠組ではなかったのである。

ここからも，現代科学論に，フッサールが「絶対」と「相対」の間で揺れる認識問題をヨーロッパ諸学の危機として捉えたのと同じ構造を見出すことができよう。社会的構築主義に代表されるポストモダニズムの思潮が，暗黙の前提として客観主義や形而上学的思考といったモダニズム的前提をその根底に抱えているのである（竹田，1992）。社会的構築主義にみられるようなニヒリズムやペシミズムは，竹田の表現を借りるならば，「時代や文化を超えて妥当な解釈へと到るべきである」という「意味」を探し求め，しかし逆にその不可能性を見出したところから現われた

ものに他ならない（竹田，2001）

　こういったことからも，社会的構築主義は，人間科学のメタ科学論としての成立条件を満たすことはできないことがわかるだろう。

　なお，こうした社会的構築主義の限界を踏まえた上で，横山（1999）は，「新しい科学哲学の展開」として，より具体的にいえば「それは何らかの形で『実在論』ないし『合理主義』の側に寄ったものとなるであろう」とその姿を予見しつつ，最終的には「相対主義の克服という問題は，科学的知識に関する場面でいえば，第二世代とは異なった形での新たな科学哲学を全体としてどのような形で展開できるかという形の問題になろう」と第三世代の科学論の展開の方向性を示唆している。

8節
科学論最大の難問の解明へ向けて

1．構造主義科学論の先駆性

　先の横山（1999）の示唆に先駆けること，10年も前に，すでに第三世代の科学論とでもいうべき科学論を成立させていた人物がいる。それが池田清彦である。池田は，カント‐ヘーゲル‐フッサールの内実を検討していき，「構造」を基軸として認識の極限を切り開くことにより科学論最大の難問を解明した。それが「構造主義科学論」（池田，1988，1990）であり，それは自らの意識や経験とは独立に存在している外部世界の実在を仮定せずに，共通了解を保証し，科学的な知を構築可能であることを論証したものである。

　しかし，従来，構造主義科学論は，科学論者や科学哲学者にまともに取り上げられてこなかった。その理由としては，卓越した理論ゆえに無視されたということもあろうが，構造主義科学論のもたらす「意義」が十分に伝わらなかったということもその一因として考えられよう（もっとも理論を創る際には，まず理論の体系化そのものにエネルギーを注ぎ，わかりやすく他人に伝えるための加工作業は後回しになることから，これはやむを得ないことである）。

　そして意義が伝わらなかった理由の1つとして時代の「先」を行きすぎていたということが挙げられる。先の横山（1999）の議論にあったように，科学論領域では，最近になってようやく第三世代の科学論の必要性が知覚されるようになってきた。したがって，そもそも構造主義科学論が解明した「問題」が共有されていなかった時代に，それを解き明かしてしまったのであるから，科学論者が構造主義科学論の意義を汲み取れなかったのもやむをえなかったともいえる。最近になってようやく一部で取り上げられてくるようになったところをみると，構造主義科学論の意義を

受け取ることができるような時代的な素地が整ってきたのかもしれない。

さて，私には構造主義科学論は論理的に完成されているように思われるので，ここでは，構造主義科学論の理論構造そのものを修正するつもりはない。本章では，人間科学の科学論の確立という難題をクリアするために構造主義科学論を人間科学の科学論にふさわしい条件を備えていることを論じたいと思う。そうすることにより，構造主義科学論が，まさに「ラクダが針の穴を通る」ような超難問を，「これしかない」という方法（原理的思考）と精度によってクリアーした20世紀最大の科学論といっても過言ではないことが明らかになるであろう。

それでは，まず構造主義科学論の戦略的出発点とその意義について確認してゆこう。

2. 3つの戦略的出発点

池田（1990）は，外部実在を先験的に置かずに共通了解を可能にする戦略的出発点として，「私」「現象」「観念」という3つから開始した。誰もが了解可能な明証性を確保するために，論理的に疑いうるものは徹底的に疑うという「方法論的懐疑」により，疑っても疑い切れない3つの前提から戦略的に出発したのである。

池田（1990）の議論によれば，デカルトが「我思うゆえに我あり」といったように，他のすべての存在を疑っても，疑っている自分の存在だけは信じないわけにはいかない。そして自分の存在が疑えないのであれば，自分の考えている「観念（同一性・シニフィエ）」や，自分の経験自体の存在，すなわち「現象」も疑うことはできなくなる。つまり，デカルトに従えば，無根拠に存在するのは「私」，私という根拠から存在を許されるのは私の「現象」と「観念」ということになる。

まずはこれら3つの概念の意味を確認する。ここでの「現象」とは，「経験によって感じることのできるすべての何か」であり，これは疑いようもなく立ち現われている。夢も幻想もモノもすべてこの「現象」によって包括される。それに対し，外部世界の実在を保証するものは何もないので，現象と外部世界は明らかに別のことを指していることがわかる。この現象を外部実在世界と理解してしまうと通常の科学論と変わりなくなってしまうため，この区別には厳戒を要する。

構造主義科学論における「観念」とは言葉の中に含まれている同一性（シニフィエ）のことである。確認すると，言葉（シーニュ・記号）はシニフィエとシニフィアンからなる。たとえば，「犬」という言葉（シーニュ・記号）は，われわれの共通了解を可能とする何らかの同一性（シニフィエ）と，「犬」とか「イヌ」とか「いぬ」といった文字あるいはinuという音声（シニフィアン）から成立している。なお，これ以降は「観念」すなわち「われわれの共通了解を可能とするコトバ（記号）の中に含まれている何らかの同一性」のことを，基本的に「同一性・シニフィ

エ」と表記する。

9節
「私」再考

1．「私」を再考する意味

次に，構造主義科学論の洗練された戦略的筋道の意味を確認するために，「現象」「観念」を論理的に導く明証性の出発点となるデカルトの「私」について再考してみよう。なぜ今あらためて「私」を再考する必要があるのであろうか？ ポストモダンの時代に，今さらデカルトを再考する必要があるのかといぶかしく思う読者もたくさんいると思われるので，この点についてはひとまず次のフッサールの言明を挙げておくことにしよう。

> 思うに，今日でもなお，いな，むしろ今日においてこそ，みずから思索する者はだれしも，この最初の諸省察を深く研究しなければなるまい。それが初歩的な外見をもっているとか，またよく知られているように，この新たな思想がまったく誤った神の証明のために利用されたとか，その他のさまざまの不明瞭さや曖昧さなどがあるからといって，ひるんではならない。さらにまた，自分でそれを反駁したからといって，あまり手早く安心してしまってもならないのである。
> (Husserl, 1954 ; p. 136)

このフッサールの指摘は21世紀に突入した現在に至っても妥当すると私は思う。人間のやることである。完璧な思想など原理的にあり得ない。したがってわれわれがなすべきことは従来の思想の欠点を探して喜ぶことではなく，過去の思想から自らの関心に照らして有用なエッセンスを吸収することであろう。

その際には，思想を文脈から切り離して理解することは危険であることを思い出さなければならない。したがって，ここでもデカルトの根本動機を探りながら議論を進めてゆく。それは，先に述べたように構造主義科学論の意義や，ひいては構造構成主義の思想的意義を浮かび上がらせることにもつながるであろう。ついては，構造主義科学論の理論的頑健性を確認するために，構造主義科学論の「私」とは「デカルト」を引用して議論されているが，その内実はデカルトのいう「私」ではないということも明らかにしておきたいと思う。

2. デカルトの根本動機と洞察

まずは，デカルトが「我思うゆえに我あり」といった言明の背景にはどのような問題意識が横たわっていたのかをデカルトに遡って検討していくことにしよう。以下ではテクストとして，『デカルト：方法序説ほか』（野田，井上，水野，神野（訳），2001）に納められている「方法序説」を取り上げる。

> 哲学については次のことだけいっておこう。それが幾代もの間に現われた，最もすぐれた精神をもつ人々によって研究されてきたにもかかわらず，いまだに，論争の余地のない，したがって疑いをいれる余地のないような事がらが，何一つ哲学には存しないのを見て，私は自分がほかの人々よりもうまくやれるなどという自負心をもちえなかったということ。そして同一の問題については，真実な意見は一つしかありえないはずであるのに，事実はまことに多くのちがった意見が行なわれ，それがそれぞれ学識ある人々によって主張されているのを見て，私は，真実らしくあるにすぎぬ事がらのすべてを，ほとんど偽なるものとみなしたということ。
>
> 次に，その他の学問についていえば，それらは原理を哲学から借りているのであるから，あのようにあやふやな基礎の上には堅固な建物が建てられうるはずはない，と判断した。 (p. 11)

その後，デカルトは，「書物の学問をまったく捨て」，「青年時代の残りを旅行に用い」，「自分の前に現れる事物について反省してはそれから何か利益を得ようとつとめた」(p. 12) のである。そうして「ほかの人々の行動を観察」することによって，「かつて哲学者達の意見の間に認めたのとほとんど同じ程度の多様性を認め」(p. 12)，さらに以下のことを洞察するに至った。

> 私が人々の行動の観察から得た最大の利益はといえば，多くのことがわれわれにとってはきわめて奇矯で滑稽に思われるにもかかわらず，やはりほかの国々の人によって一般に受け入れられて是認されているのを見て，私が先例と習慣とによってのみそうと思いこんだにすぎぬ事がらを，あまりに固く信ずべきではない，と知ったことであった。 (p. 13)

旅を経て，われわれが「こうあるべき」と思っている信念は，「先例と習慣」により構築されてきたものであるという洞察に至っている。これはソシュールの言語の恣意性の議論とも重なることがわかるだろう。そしてさらに，次の洞察に至った。

> けっきょくのところ，われわれに確信を与えているものは，確かな認識であるよりもむしろはるかにより多く習慣であり先例であること，しかもそれにもかかわらず少し発見しにくい真理については，それらの発見者が一国民の全体であるよりもただひとりの人であるということの方がはるかに真実らしく思われるのだから，そういう真理にとっては賛成者の数の多いことはなんら有効な証明ではないのだ，ということを知った。 (p. 20)

ここで新しい発見は1人の先駆者が先んじて明らかにすることがあるように，何かが真理であるかどうかといった問題は，賛成者の「数」によって決まるようなものではない，という洞察に至っている。デカルトはこうした洞察に至った結果，以下のような「自分で自分を導く」という方法を強いられることになったのである。

> こういう次第で私は，他をおいてこの人の意見をこそとるべきだと思われるような人を選ぶことができず，自分で自分を導くということを，いわば，強いられたのである。 (p. 20)

そうして，見出された方法が有名な「方法論的懐疑」であった。これは疑うことを目的とした単なる懐疑論ではなく，一切の他者の意見を前提とすることなく，明証性から確実な哲学を組み上げていくための「戦略的・方法論的懐疑」であった。

> いまや私はただ真理の探求のみにとりかかろうと望んでいるのであるから，まったく反対のことをすべきである，と考えた。ほんのわずかの疑いをかけうるものはすべて，絶対に偽なるものとして投げすて，そうしたうえで，まったく疑いえぬ何ものかが，私の信念のうちに残らぬかどうか，を見ることにすべきである，と考えた。 (p. 40)

そして，デカルトは「感覚」はわれわれをだますことがあり，「幾何学の最も単純な問題」についてさえ間違える人々がいるのだから私も間違いうる，と考えた。そして現実と区別がつかないほどの夢を見ることがあることから，原理的に現実に考えていると思っていることが夢ではないという保証を得ることはできない。確実な地点から論理を組み立てるために，デカルトは戦略的に，疑いうるものはすべて疑ってみたのである。

先にみてきたデカルトの問題意識と切り離してしまうと，この「懐疑」の意味を受け取ることができなくなるので注意が必要である。その背景にある問題意識，根本動機を踏まえなければ，「そのような懐疑は理論上可能だが，実際そのような疑

いをする人はいないし，意味がない」という的外れな批判がなされることになるためである。この点については，こうした懐疑が「懐疑」それ自体を最終目標とした「目的論的懐疑」ではなく，「方法論的懐疑」であることを再度確認しておこう。

デカルトが，「懐疑」という思考方法を「方法論的」「戦略的」に採用したことは『哲学の原理』において，「この疑いを実生活におよぼすべきではない」(p. 130)と述べていることからも伺い知ることができる。そして，デカルトは，哲学において確実な考えを見出すべく，戦略的に「方法論的懐疑」を採用し，それを押し進めた結果，次のような見解に至った。

> しかしながら，そうするとただちに，私は気づいた，私がこのように，すべては偽である，と考えている間も，そう考えている私は，必然的に何ものかでなければならぬ，と。そして「私は考える，ゆえに私はある」Je pense, donc je suis. というこの真理は，懐疑論者のどのような法外な想定によってもゆり動かしえぬほど，堅固な確実なものであることを，私は認めたから，私はこの真理を，私の求めていた哲学の第一の原理として，もはや安心して受け入れることができる，と判断した。 (p. 41)

以上をまとめてみよう。デカルトは，哲学，思想レベルでも，日常生活レベルにおいても，世界観の多様性を目の当たりにした。そして諸学の基礎となる哲学が何でもアリの状況に陥らない哲学を構築するためには，どんなに疑おうとしても疑えない，明証性を出発点としなければならないと考えるようになったと解釈できよう。それによって，「私はこう思う」「私はそうは思わない」といった，煎じ詰めれば各人の思い込みや好き嫌いのレベルと変わりない議論に終止するのではなく，誰もが了解可能な哲学を構築しようとしたのである。そして，その結果得られたのが，「我思うゆえに我あり」というテーゼなのである。

デカルトから汲むべき重要なエッセンスは，世界の多様性を前提とした上で，誰もが了解可能な条件を探求する時には，先験的に正しい何かを置くことから出発するのではなく，むしろ懐疑論的な観点を徹底した上でも，誰もが疑うことができない明証性の得られる論理的地平から議論を開始しなければならないということだ。

3．デカルトの過誤

さて「私」の話はこれで終わりではない。フッサールはデカルトを最大限評価しつつも，フッサール (1954) に言わせれば「実をいえば，この最初の諸省察のうちには，当のデカルトにさえそれを汲み尽くすことができなかったほどの深淵がひそんでおり，そのためデカルトは，彼が一度手中にした偉大な発見を，また取り逃が

してしまったほどなのである」(p. 136) と述べている。つまり，デカルトは自らのテーゼがもたらす深遠なる洞察を把握することができなかったとフッサールはいうのである。

それは，『危機』書の第十六節に「デカルトは客観主義的合理主義という近代的理念の創建者であるとともに，それを破砕する超越論的動機の創建者でもある」という表題を掲げている点に，典型的に見て取ることができよう。

それではデカルトはなぜこのような二重性を帯びることになったのであろうか？「我思うゆえに我あり」という絶対的明証性の担保されたテーゼを展開したところまでは問題はなかった。しかし，デカルトがその後展開した次の議論が心身二元論という新たな難問を生み出すこととなったのである。

> 私は一つの実体であって，その本質あるいは本性はただ，考えるということ以外の何ものでもなく，存在するためになんらの場所をも要せず，いかなる物質的なものにも依存しない，ということ。したがって，この「私」というもの，すなわち，私をして私たらしめるところの「精神」は，物体から全然分かれているものであり，さらにまた，精神は物体よりも認識しやすいものであり，たとえ物体が存在せぬとしても，精神は，それがあるところのものであることをやめないであろう，ということ。　　　　　　　　　　　　　　　(P. 42)

フッサール (1954) が「デカルトにとって　われは mens sive animus sive intellectus ［心，すなわち魂，すなわち知性］として規定される」(p. 144) と鋭く指摘したように，デカルトはさらなる思索により，「我思うゆえに我あり」の「我」を「心」としてしまった。「ところが心は，純粋な物体をあらかじめ捨象することによって残る残余である」(p. 145)。これによって，純粋な物体である「身体」とそれ以外の「心」に世界が分離することになった。この意味においてデカルトは二元論の創始者となったのである。

そして，フッサールは「しかしこの点に，われわれは二，三の疑問をもつことになろう。判断中止は，(哲学的思索をなしつつある) わたしにあらかじめ与えられてあるものすべてにかかわるのではなかろうか」(p. 144) として，次のように論じる。

> このわれを純粋な心と同一視することによって，その首尾一貫性にある破綻が生じているということである。省察の全体的な成果，すなわちこのわれの発見が，不合理なすりかえによって無価値にされてしまうのだ。
>
> (Husserl, 1954 ; pp. 145-146)

6章 人間科学の科学論の確立——構造主義科学論

このようにフッサールは「我」が，身体を除外した「心」である論理的必然性はなく，むしろそれは「不合理なすりかえ」にすぎず，論理的一貫性を損なっていると，デカルトの内的破綻を指摘した。この点，つまり判断中止（デカルトのコトバでいえば「懐疑」）の徹底性の差が，デカルト的判断中止とフッサール的判断中止の本質的な相違点ということができよう。フッサールが自らの判断中止を「普遍的判断中止」と呼んだのは，自らの判断中止の「徹底性」を「普遍的」という言葉に込めたためと考えられる。

> わたしは，つまりこの判断中止をおこなうわたしは，その判断中止の対象領域にはふくまれていないし，むしろわたしは，わたしがその判断中止を真に徹底的かつ普遍的におこなうばあいには，原理的にその領域から除かれている。わたしはその判断中止の遂行者として不可欠なのである。ここにおいてこそ，わたしはあらゆる可能な疑いを絶対的に排除するような，まさしく求められていた必当然的地盤を見いだす。わたしがどれほど疑いを駆使しようとも，すなわちいっさいが疑わしいとか，いな，いっさいは実は存在しないのだとか考えてみようとしても，そのようにして疑う者，いっさいを否定する者としてのわたしがなお存在するということは，絶対に明証的なのである。……（略）……ところで，この同じ明証性のうちには，きわめて多くのことがふくまれている。sum cogitans［われ思考しつつあり］という明証性の言表は，さらに具体的にみれば，ego cogito-cogitata quacogitata［我は思考されるものを思考されるものとして思考す］ということなのである。これは，あらゆる思考作用を包摂する。
> (Husserl, 1954 ; p. 140)

デカルトの「疑う」という行為は，フッサールにいわせると「何かが存在するという確信」を「括弧に入れる」こと，つまり「判断中止」に該当する。「私」が判断中止をすることによって，「私」「身体」「モノ」「夢」「幻想」といった多様なカテゴリーはすべて「現象」へと変換される。

> わたしの経験したり思考したり価値づけたりなどする行為生活はすべてそのままわたしのところに残っていて，そのまま経過しつづけるのであるが，ただそこで「この」世界として，つまりわたしにとって存在し妥当しつづける世界としてわたしの眼前にあったものが，単なる「現象」になってしまっただけなのである。
> (Husserl, 1954 ; p. 141)

判断中止をすることによって，すべての存在者は，「現象」として，存在論的に

立ち現われるようになるのである。

　次に，特に論理を追うのがむずかしい「私」と「判断中止」と「現象」と「明証性」の関連性について論じてみよう。なぜこれがむずかしいかといえば，「判断中止」をする「私」は，それによって『私』へと存在様式が変化しつつ，その行為の主体であり続けるという循環構造を備えているからだ。理解のための補助線として比喩的にいえば，「裸の私」が服を着ることによって，『服を着ている私』へと変換されるが，それでも『服を着ている私』は『服を着る』という行為を止めない限り，その行為の遂行者の『私』であり続けるといったところであろうか。

　「私」が判断中止することによって，判断中止している存在者である「私」は，確信構造（現象）における『私』へと変換されるが，それによって現象へと変換された判断中止の遂行者である『私』の存在は絶対的に明証的なものとなる。この「判断中止」を「懐疑」に置き換えていえば，「私」がすべてを疑ってみてもそれを疑っている現象としての『私』は疑うことができないという意味で，絶対的明証性を得られるということなのである。

　こうして『私（我）』は疑うことのできない地平として残る。外部実在を仮定しないためには，「外部実在」やその他あらゆる実在に「判断中止」する必要があるが，それでもなお「判断中止」の遂行者としての『私』は疑えない。そして「我は思考されるものを思考されるものとして思考す」るということから，『私』が考えていること（思考・観念・コトバ）も疑えない。「私」が判断中止することによって，「外部世界」も「自分の思考・観念」もすべて疑えない「現象」として一元化されたのである。

　このように，正確にいえば，構造主義科学論における『私』とは，心身二元論につながるデカルトの「私」（心）ではなく，戦略的出発点としての現象学的な意味での『私』として理解しなければならない。したがって，構造主義科学論には心身二元論につながるという類いの批判は該当しない。

　また，こうした視点からみてみると，従来のデカルト批判は必ずしも妥当な批判になっていない部分があることもわかる。たとえば，菅村は，Vico（1710）の「懐疑論者とて，自分が思考していることは疑っていない」（p. 49）といった揶揄や，「自分が思考しているということを意識はしているものの，その思考の原因，あるいは思考がどのようにして作り出されるのかを知らない」（p. 50）といった批判を取り上げて，それが「Descartes哲学の『土台』を揺るがすもの」（菅村，2003；p. 35）と述べている。

　しかし，上記のフッサールの議論からは「自分が思考していることは疑っていない」のは，「われは思考されるものを思考されるものとして思考す」（Husserl, 1954；p. 140）といった明証性を確保するための方法論的懐疑の結果でしかなく，

その意味では「揶揄」として成立していないことがわかる。またそこで取り上げられている Vico（1710）の批判の後半部は，Vico の関心，つまり「思考の原因」や「思考の構成過程」へと議論がすり替えられており，関心相関的観点に欠けた批判になっている。このように，これらはデカルトのやろうとしたこと（根本動機）を踏まえた上での妥当な批判にはなっていないことがわかるだろう。

10節
独我論・観念論という批判への論駁

　また，構造主義科学論は疑うことのできない「私」から議論を組み立てる科学論である。それゆえ，「それは独我論である」という批判が提起されることが予想される。しかし，繰り返し述べてきたように，特定の考え方（「考え方」は「方法」に他ならない）は「手段」である以上，目的と切り離してその妥当性を判断することは適切ではない。方法を目的という文脈から切り離して批判することは，野球のバッターを，投手の投げたボールを打ち返すというゲームから切り離して，勝手に会議室（教授会等々でも可）の中に位置づけることにより，「バットを振り回すアブナイ人」にしてしまうことにも等しい愚行といわねばならない。

　構造主義科学論が「私」から出発したのは，多様な「科学」という同一性を巡る信念対立を超克することを目的とした際の，戦略的方法であった。信念対立に陥らず広義の科学性を確立するためには，一切の仮定に依拠することなく，絶対的明証性を確保することにより，誰もが了解可能な科学論を構築する必要があり，そのためには，疑っても疑い切れない「私」から出発するという方法を採ったのだ。そしてそれこそが，相対主義に陥ることなく，共通了解を保証することによって，人間の主観的事象と客観的事象の両側面を包括する科学論を成立させるために不可欠な筋道なのである。

　デカルトやフッサールと同様に，池田もそうした目的を達成するために，あえて「私」を出発点として理論を組み立てたのである。

　また，現象学的思考を用いていることから，現象学が受けてきたのと同様に「観念論にすぎない」と批判されることも考えられる。しかし，「客観的な外部実在」という信憑をいったん「括弧に入れる」ことによって，モノも夢も幻覚も現象としての立ち現われに一元化するといった観念論的な方法は，やはり戦略的に採られたものだ。それによって，主観と客観の一致を問題とする主客問題や信念対立を解消する科学論的素地が整ったといえよう。すなわち，方法論的観念論は，ここでの目的と照らし合わせて適切な方法といえることがわかるだろう。

　こういった文脈から切り離してしまうと，目的を達成するために戦略的に採用さ

れた「方法論的独我論」や「方法論的観念論」は,「他者も世界もすべてが『私』の『観念』であり何でも思い通りになるし,自分勝手に振る舞ってよいのである」といった単なる「独我論」「観念論」と見分けがつかなくなってしまうので注意が必要である。

さて,構造構成主義における科学性の基礎を確立するという本章の目的に戻して,満たすべき条件を再確認しよう。ここでは「外部実在と認識構造の同一性を仮定せずに,共通了解を可能とする」といった条件を満たす必要があった。外部実在を仮定しないということは,「自分の外側に客観的世界が実在する」という前提をも先験的に措定してはならないということである。そして,認識構造の同一性を仮定しないということは,「われわれは同じ現象から同じ意味を知覚している」という前提を先験的に措定しないということでもある。

こうした条件をクリアする科学論として,いよいよ池田(1990)の説明を辿りながら,構造主義科学論の概要を把握してゆく。

11節
構造主義科学論

次に,構造主義科学論の理路を要約した形で提示する。要約するということは,すでに理解している人にとってはわかりやすくなるが,わからない人にはよけいにわかりにくくなるということを意味する。したがって,オリジナルの『構造主義科学論の冒険』(池田,1990)のほうにわかりやすく書いてあるので,そちらも併読されることをお勧めしたい。

さて,以下の池田の議論は,一文一文が形式論理の階段を昇るように議論が組み上げられていくことから,その理路を検証したい人は,ゆっくりと検討しながら読み進めてもらいたい。

1. 構造主義科学論の理論的概観

他のすべての存在を疑っても,疑っている自分の存在(私)だけは信じないわけにはいかない。そして自分の存在が疑えないのであれば,自分の考えている「観念(同一性・シニフィエ)」や,自分の経験自体の存在,すなわち「現象」も疑うことはできなくなる。

原理上,記号と記号の関係形式(例:$A + B \supseteq C$)は,誰にとっても了解可能であるという意味で,客観的なものといえる。この関係形式に,「コトバ」の形で表記されている「同一性」を代入したものは,通常「構造」と呼ばれる。たとえば,<「水」は「酸素」と「水素」から成っている>という命題は,「構造」というこ

とができる。なぜなら，これはA＋B⊇Cという関係形式に，Aに「酸素」，Bに「水素」，Cに「水」を代入したものといえるからだ。

このような「構造」は，同一性としてのコトバを含んでいるため純粋に客観的なものではないが，コトバとコトバの関係自体は客観的（共通了解可能）なものである。したがって，構造化することによって，非客観的なコトバ（たとえば「水」）が，客観的な形式を付与した分だけ，より客観的になったのは確かである。

したがって，科学とは，「明示的な関係形式の記号部」に「内容（シニフィエ）を代入する」ことによって，「単語の形でしか形式化されていないシニフィエ（同一性）」を「構造」に変換する試みといえる。二者間で科学理論が共通了解可能になるためには，必ずしも理論構造に含まれるコトバのシニフィエが共通である必要はなく，構造の形式が同じであればよい。

すなわち，現象からコトバの同一性を引き出すやり方が同型ならば，私の「現象→コトバのシニフィエ（同一性）」とあなたの「現象→コトバのシニフィエ（同一性）」の間には完全な平行性が成立し，この平行性はコトバのシニフィアンの同一性に支えられて，構造において完全な共通了解可能性をもちうるのである。したがって，私が私の現象についてあなたと話した場合に，モノ自体が同じであるという前提を置かなくとも，話をしている間に，あなたと私は同じ現象について語れている確信は深まっていくという事態が起こるのである。

これらから，科学とは構造を記述することであり，現象をより上手に説明できる理論（構造）が，より有効な理論（構造）であるといえる。構造主義科学論によれば，外部世界の実在を仮定しないからといって，科学が客観的でないことにはならない。構造が現象をうまく説明すればするほど，科学は深化していくことができるのである。

コトバは一回起性の現象のみをコードせずに，必ず複数の現象をコードする。たとえば，「犬」は今，目の前にいる犬ばかりでなく，昨日見た犬も，明日見る犬もコードする。したがって，コトバとコトバの関係形式である構造もまた一回起性の現象のみでなく，複数の現象をコードする。この中には未来の現象も含まれうるため，原理的には，構造は未来の現象に対する予測可能性も担保することになる。

そして，一回起性の現象は時と場所を同じくして再現することは不可能であるため，現象が再現可能ということは，結局その現象に関する構造が記述できるかどうかにかかる。すなわち構造を記述すれば，構造がコードする現象を作り出すことは原理的には不可能ではなくなるため，予測可能性も再現可能性も保証されることになるのである。

2. 構造主義科学論の補足説明

　以上が，池田の議論である。最近になって構造主義科学論を初めとする池田理論の意義が認められるようになってきている（熊木，2004；高田，1997；山本・吉川，2004）。中でも，山本貴光と吉川浩満（2004）は『心脳問題』にて，「科学とはなにか？　という議論にはさまざまな回答の試みがありますが，なかでも生物学者の池田清彦による整理が簡潔かつ的を射ていて優れています」（pp. 217-218）として，池田の議論を中心に自論を展開している（pp. 217-224）。

> 池田によれば，科学は真理を目指すのではなく「同一性」を目指す営みである。変化する自然現象を，変化しない同一性（言葉）で記述すること，これが科学の営みだというわけです。簡単すぎるくらいですが，これ以上の定義はありません。
> 　　　　　　　　　　　　　　　　　　　　　　　（山本・吉川，2004；p. 218）

　つまり，変化する現象を「同一のもの」として扱うことが，言語のもつ強力な力の1つであり，基本的には科学も同じしくみだというのである（山本・吉川，2004）。

　ここで山本と吉川の議論を取り上げる理由は，このように構造主義科学論のエッセンスを的確に捉えていることに加え，よくある誤解，すなわち「科学は言葉などというあいまいなものではなく，記号と数式を使うものである」という誤解を，極めて説得的な形で解消しているためである。

　彼等は「科学が厳密だとされるのは，記号や数式を用いているからではありません」と明言した上で，その根拠として「記号も数式もすべて言葉で書きなおすことができる」ことを挙げている。具体的に，「重力加速度」を「G」と表現し，「加える」ことを「＋」という記号を使い，「等しい」という代わりに「＝」を用いるのは，すべて，いちいち言葉で書くのが面倒くさいため記号化したのだと指摘し，「記号や数式は言葉の代用」にすぎないと主張する。

　これは言われてみれば当たり前だが，読者に当たり前と思わせるだけの説得力を備えている点で優れた説明だと思う。こうした議論を取り上げたのは実際に「記号や数式を用いるのが科学である」と素朴に信じている人が少なくないためだ。

　確かに，科学といわれる営みにおいて，領域によっては記号や数式を用いることが多い。だからこそ，科学とは記号や数式を用いるものだという信憑が取り憑くのである。しかし，だからといって「科学が記号や数式を用いなければ科学にならない」ということにはならない。

　さて，こうした議論の後，山本と吉川は科学の定義に「一般性」を付与していく。

つまり「科学は変化する自然現象を言葉という不変の同一性をもちいて一般性を備えたかたちで記述する学問」であるとする。ここでいう「一般性」とは「いつとか，どことか，誰とか，そうした個別具体的な条件とは関係なく成り立つ，という意味」のことである。

この山本と吉川の「一般性」をテーマとした一連の議論に関しては，「自然科学」に限定されていることに注意しなければならない。たとえば，彼らは「科学が記述する同一性は一般性を備えている」が，「それは記述の対象を物質と法則という普遍かつ不変なものに限定することによって可能になって」いると指摘する。そして，「科学の仮説は誰が実験しても妥当であることが確認できなくてはな」らないと主張している。

この議論はいわゆる「自然科学」の定義としては妥当なものといえよう。ただし，こうした理解をそのまま受け取ってしまうと，構造主義科学論は，人間科学の科学論の確立するためには機能しなくなってしまうことに注意しなければならない。

構造主義科学論は，もちろん彼らがいうように，自然科学についての簡潔な定義としても必要かつ十分な定義を提供しうる。ただし，構造主義科学論が「外部実在」ではなく「現象」を出発点として科学論を構築し，「厳密科学」と「非厳密科学」の双方を基礎づける科学性を抽出した点を汲むならば，その理論の神髄は人間科学の科学論として位置づけることを可能とする諸条件を備えている点にあると私は思う。

そうした観点からすると，その次に山本と吉川が展開している科学の機能としての「予測能力」「制御能力」についての議論（p. 224）も，やはり「厳密科学」に限定されたものといえよう。したがって構造主義科学論における現象の構造化がもたらす機能は，「予測可能性」「再現可能性」「制御可能性」といったもう少し緩やかなものとなる。これらの可能性については，少々イメージしにくいと思われるので，具体的な例を挙げて説明を補足してみよう。

たとえば，モノマネの上手い人を思い浮かべてほしい。そういった人たちは，モノマネの対象となる人間の特徴を「構造」として把握しているということができる。そのため一度その「構造」を把握してしまえば，何度でもそのモノマネを繰り返すことができる（再現可能性）。

また，そのモノマネを見ていた人が，笑いながら「ああー，言いそう，言いそう」ということがあるが，これはモノマネをする人が「モノマネの対象となっている人は，そういう場面で，そういう言い方で，そういうことを言う」ということを踏まえており，またそれが見ている人に了解されるからに他ならない。そして，モノマネをする人は，モノマネを見る人がそのようなリアクションをすることを予測していたとすれば（予測可能性），それは構造（特徴）把握によるモノマネによっ

て，観察者の行動（リアクション）を特定の方向（「言いそう，言いそう」といって笑うこと）へ制御したといえよう（制御可能性）。

　これが「構造化」することにより，「再現可能性」「予測可能性」「制御可能性」を満たすということなのである。なお，この例のように，原理上「構造」とは実体ではないことに注意しなければならない。もちろん，声の質や，話し方，身ぶり，手ぶりなどはある意味実体的なものということもできるが，モノマネはそれら全体としての特徴の把握により成立しているのであり，モノマネをモノマネ足らしめている特徴とは非実体的な「構造」に他ならないのである（もちろん潜在的に存在的な「システム」へと変換することは可能だが）。構造主義科学論における「構造」は非実体的概念であるゆえに，意味領域にも妥当する概念となるのである。そのため構造主義科学論は人間科学の科学論となる条件を備えていることがわかるだろう。

3．構造主義科学論の伝達優位性

　次に理論の受容と伝達という観点から，構造主義科学論のメリットを確認してみよう。

> また，外部現象を説明するための，通常科学の科学理論構造とは背反しない，独立の新しい理論構造が提唱され，多数の科学者に受容されれば，革命を伴わなくても，科学には大きな変革が起こるはずである。このことは吉岡斉が正しく指摘している（吉岡，1984）。独立の新しい理論構造が通常科学の理論構造の上部に付加された新構造である場合，この新構造の科学者集団による受容は比較的容易に行われるであろう。　　　　　　　　　　（池田，1988；p. 256）

　科学論とは「内部世界の構造」である。つまりそれは実体のない「心的概念」である。心的概念（内部世界の構造）は一度確立されると「背反する他の構造の具現化を阻止する傾向が強い」（池田，1988；p. 265）。そのため，それまで受け入れられていた定義を全否定するような定義を提起するという方法では，その科学論がいかに優れたものであっても受け入れられない可能性が高い。革命には反発が伴うからである。

　そうではなく，メタ科学論として，従来の科学論をメタレベルから基礎づけ，サポートするような科学理論構造を提起する必要がある。それによって反発や信念対立を引き起こすことなく，いわば「無血革命」を起こすことができる可能性がある。

　それでは構造主義科学論はどうであろうか？

　先の池田の議論からは，構造主義科学論は従来の科学論の原理的限界を指摘していることから，一見すると構造主義科学論は帰納主義や反証主義を否定しているか

のようにみえる。池田は特に論じていないので少し触れておくことにするが，その論理的帰結は，構造主義科学論は帰納主義や反証主義を否定するものにはなっていない。なぜなら，構造主義科学論が外部実在や認識構造の同一性を仮定せずに，共通了解を可能とするといった条件をクリアしたことは，帰納主義や反証主義の成立条件を満たしたということに他ならないからだ。

　構造主義科学論は，帰納主義や反証主義を否定するものではない。そうではなく，それは，従来の科学論の限界を踏まえた上でそれらが十全に機能するよう理論的にサポートするメタ科学論なのである。これによれば反証主義のみならず，一工夫加えれば，帰納主義も正しい方法になりうる。その工夫とは，反証主義の掲げる「普遍言明」の追求を前提とすることなく，確率論を導入すればよいのである。たとえば，繰り返し観察する中で，白いカラスが観察されたとしたら，確率論を導入することによって，「次にカラスに出会った時にカラスが黒い確率は99％で，カラスが白い確率は１％である」（数字はもちろんデタラメである）とすればよいのである。それは現象の確率論的構造化に他ならず，一定の予測可能性をもつ。

　したがって構造主義科学論は，「出発点」としては帰納主義や反証主義の原理的限界を指摘した上で，その限界を補完可能なメタ科学論を成立させ，そのことにより，それら従来の科学論を信念対立に陥らせることなく，双方に齟齬がないように並列可能なものとして基礎づけるものなのである。

　以上のような建設性ゆえに，構造主義科学論は理論構造としては，無用な反発を招くことなく，科学者集団による受容が比較的容易に行なわれる条件の１つを備えているといえよう。

12節
構造主義科学論と「科学論の最前線」との比較

　次に，構造主義科学論と，現在「科学論の最前線」といわれる議論を比較する形で，構造主義科学論の先駆性を確認する。ここでは，横山（1999）が指摘する社会的構築主義（第二世代）の次の展開にあたる「第三世代の科学論」という観点から検討する。以下『科学論の現在』（金森・中島，2002）の第三部「科学論の最前線」から２つの論考を取り上げて議論を進める。

1．認識論的現実主義

　まず中島（2002）のレギュラトリー・サイエンス論争を中心とした議論をみてみよう。「レギュラトリー・サイエンス」とは「健康や環境に関する公共政策に科学的根拠を与える科学という意味で，『行政科学』，もしくは『規制科学』といえる」

ものであり，「明確な政策的ゴールを意識する使命遂行型科学」である（p. 184）。中島（2002）は，ツワネンベルクとマイルストン（2000）の論文を取り上げて，科学主義でも相対主義でもないもう1つの魅力的な立場として，「認識論的現実主義（epistemological realism）」を紹介している。

認識論的現実主義は，相対主義者（社会的構築主義者）に対して「なるほど，論争が生じる原因についてはより詳細な説明が提供されたといえる。しかし，論争はどちらの方向に展開すべきなのか。また，すべての科学的言説は同程度に不確実であると断言できるのか。そして論争内のすべての科学的言説を脱構築してしまった後には何が残るのか。何も残らないではないか」（p. 192）という疑問を投げかける立場であるという。そして，それは「どちらがより高い科学的妥当性をもった結論であるかを，相対的に評価する」ことにより，第二世代の社会的構築主義のような論争の部外者ではなく，当事者として「論争の解決」に貢献することを志向するという（p. 194）。これから中島は，「認識論的現実主義は，欧米におけるレギュラトリー・サイエンス論争の1つの到達点とみることができる」（p. 196）と主張している。

こうした議論を踏まえれば，認識論的現実主義は，社会的構築主義を越える第三世代の科学論の1つとして捉えることができる。これは科学論者の立ち位置を，部外者から当時者へと移すことにより現実的解決へとベクトルを向けたものであり，レギュラトリー・サイエンスとしては妥当な方向性といえる。

ただし，客観主義（科学主義）と相対主義に引き裂かれた科学論における主客問題を解明するものではなく，第三世代の科学論の認識論的基盤となるものではないことは明らかであろう。

2．反還元主義

次に，綾部（2002）がギャリソン（1997）の「反還元主義」という立場を紹介しているので，それを概観してみよう。

そこでは「帰納主義」を前提とする『論理実証主義』と，ポパーの「反証主義」やクーンの「パラダイム論」の2つの立場を包括する『反実証主義』に大別している。そして，ギャリソンは，これら2つの立場も現実の科学を正確に反映したものではないとして，「反還元主義」という立場を提示する。なぜ「反還元主義」というかといえば，論理実証主義者・反実証主義者のいずれも観察／経験または理論のどちらかに還元しようとする（どちらが下位構造となるかを問う）のに対して，反還元主義はこうした立場をとらないためである。

反還元主義では，「理論・実験・実験装置」というカテゴリーを中心としてそれぞれの3つは一枚岩ではなく，それらがレンガのようにずれているということを論

拠に，それらの個別カルチャー（セクション）間に半自律的な相互作用がもたらされ，科学は安定すると説明される。したがって，すべてを社会的に構築されたものに回収することなく科学という営みを説明できる点において，社会的構築主義（SSK）やクーンらの相対主義科学論といった枠組みに対するアンチテーゼとなるという（綾部，2002）。その意味では「第三世代」の科学論といえることがわかるだろう。

ただし，これは図解的なイメージにより一定の了解はもたらしうるが，やはり，科学論の主客問題に超克可能な認識論的基盤を提供するものではない。その理由の一端は，科学論の難問は，外部実在を含め一切の前提に依拠せずに科学性を担保しなければならないのだが，この反還元主義科学論は，素朴に理論，実験，実験装置といった3つの実在を前提（根本仮説）として議論が組み立てられている点にある。その議論が理論上破綻せざるを得ないことは，（人間）科学には，実験や実験装置を用いない領域も多々あることを考えれば，すぐにわかるだろう。2章で論じたように，そもそも主客問題は言語によりもたらされる哲学的難問であり，現象説明といった科学的営為によってではなく，哲学的な解明によってしか解決しえないのだ。

以上のことから，日本の科学論者が世界の「最前線」の動向として紹介する科学論であっても，客観主義（科学主義），社会的構築主義（相対主義）といった科学論における主客問題を解明することはできないことがわかるだろう。これは「最前線」の科学論が第三世代の科学論の認識論的基盤となる原理性を有しておらず，ひいては人間科学の科学論となれる条件を備えていないことを意味する。

●●●13節●●●
日本の科学論の展望

構造主義科学論は，現在「最前線」といわれる海外の動向に先駆けて，帰納主義，反証主義を包摂したものであり，「相対主義／科学主義」といった科学論における主観客観問題を解明したものということができる。そして，先述したように，そのメタ理論的性質は，帰納主義，反証主義といった通常の科学論を，より理論的に頑健なものとするサポーティブな性質を備えている。しかし，それにもかかわらず，「構造主義科学論」は国内の科学論者や哲学者には取り上げられてこなかった。

『科学論の現在』の「あとがき」にて，編著者の1人である金森修は「現代科学論は，現時的でやや危機的な状態にある」（p. 267）として，次のように述べている。

　　英米圏の科学論が「危機的状態」にあると私は言ったが，我が国の科学論は，
　　まだその段階にさえ達していない。本書で提示した話題は，我が国が独自の科

学論を成熟させるための基礎資料であって，それ以上のものではない。知的ファッションのようなものとしておざなりに受容されるというのは，話題の性質上，それほど起こりやすいものとは思わないが，それでも海外の「最先端」を追っかけ的になぞるだけでは，まったく不十分なのだ，ということは，とくにこの分野ではしっかりと認識しておく必要がある。「最先端」が「最良のもの」だとはとうてい言えないという現状認識をもつからこそ，なおさら私はそういいたい気持ちに駆られる。

　彼らもまた，苦しんでいる。われわれは文字通り手探りで，我が国の科学論を作り上げていかねばなるまい。もう一度いうなら，本書はそのためのほんのとっかかりの基礎資料であるにすぎない。この本が早くその寿命に達し，一日も早く省みられなくなることを私は願っている。もちろんそれが，単なる忘却によってではなく，ごく当然の前提了解事項となることによって，葬り去られる，という意味ではあるのだが。

（金森，2002；pp. 268-269）

　ここでの金森の主張は，海外の最先端に追従しそれをなぞるだけではまったく不十分である点，また最先端が最良のものとはとうてい言えない点，わが国の科学論を作り上げなければならない点など，正鵠を射ているように思われる。この主張に沿うならば，わが国において体系化され，15年も前に現在最前線の「先」をいっていた「構造主義科学論」の内実を真摯に検討することも意味のあることといえよう。このメタ科学論は，科学論における主客難問を解明するものであるため，現在の科学論の危機を乗り越えるべく第三世代の科学論を模索している科学論の最前線に貢献する理路を提供すると考えられる。構造主義科学論を継承発展させることにより，日本の科学論は世界の科学論の最先端に対して初めてアドバンテージを取ることができ，世界の科学論の発展に貢献できるのではないだろうか。

●◆● 14節 ●◆●
構造主義科学論が人間科学にもたらす意義

　話を本題に戻そう。以上，構造主義科学論の要諦を確認しながら，それが科学論にもたらす可能性を把握してきた。次に構造主義科学論が人間科学の科学論に位置づけられることにより，どのようなメリットが生じるのかを確認してみよう。

　なお，池田は自らが体系化した構造主義科学論の特長について次のように述べている。

> 同じ現象を説明するのに，ある仮定をもち込んでももち込まなくともうまく行くとしたら，仮定はない方がよいに決まっています。従って，外部世界の実在性という仮定を持ち込まないで科学を説明してしまう私の理論（構造主義科学論）の方が，その仮定を持ち込まなければ科学が説明できない素朴実在論より，優れた理論であるのは自明でしょう。 （池田，1990；p. 154）

　この池田の言明はまったく正しいのだが，前提となる問題意識を共有している人にしか構造主義科学論の意義が認められない可能性がある。少なくとも，構造主義科学論がもたらす重大な意義が読み手に伝わらない可能性が高い。
　したがって，構造主義科学論の意義を汲んでもらうためには，外部実在といった仮定を素朴にもち込むことによりどのような問題がもたらされるのか，逆にいえば，外部実在の仮定をもち込まないことにより，人間科学にどのようなメリットが生じるのかを明示的に示す必要がある。したがって，先述したことではあるが，従来の科学論の原理的・実際的問題を復習した上で，構造主義科学論が人間科学にもたらす意義を確認してゆこう。
　帰納主義や反証主義といった従来の科学論が成立するためには，外部実在の同一性と認識構造の同一性を仮定しなければならなかった。これらの条件を満たすことによって初めて外部世界のコピーとしての世界像をわれわれは受け取ることができることになる。
　しかし，そうした根本仮説は原理的に成立し得ないばかりか，そうした仮定に依拠することにより，特定の現象から異なる世界像を抽出した人を即座に間違っていると認識することになる。そうした世界認識によって信念対立が生じてしまうのである（5章で挙げたように，帰納主義に依拠する現場研究者と反証主義に依拠する実験研究者の対立がその典型例として指摘できる）。
　さらに，その根本仮説によれば，現象からわれわれが引き出す世界像（意味）は外部世界のコピーとなることから，現象から導き出される「意味」も同一でなければならないことになる。したがって，この前提を科学論の根底に据えてしまうことによって，人間科学はそもそも多様な立ち現れ方をする「意味」領域を扱うことが原理的に保証できなくなってしまうのである。
　このように外部実在と認識構造の同一性という根本仮説に依拠することによって，人間科学の科学論として致命的な欠陥を孕むことにもなる。そのため，人間科学を成立させる科学論を確立するためには，そのような根本仮説を仮定せずに，かつ相対主義に陥らないために，共通了解を担保し科学の営為を基礎づけることができるといった諸条件をすべてクリアしなければならなかった。
　そして，以上みてきたとおり，構造主義科学論は，「方法論的懐疑」「方法論的独

我論」「方法論的観念論」を戦略的方法として採用し,「構造」を基軸とすることによって,多元主義を保証し,かつ相対主義に陥らず,信念対立を回避し,意味領域をも扱いつつ科学性を担保するといった超難問をクリア可能な理路を提供する,唯一の科学論であることがわかるだろう。それゆえ,構造主義科学論は人間科学にふさわしい条件を備えた科学論といえる。

さらにここで,構造主義科学論を1章で述べた人間科学のテーゼ「人間の人間のための人間による科学」に照らし合わせることにより,それが人間科学の科学論として妥当することを確認してみよう。

まず,構造主義科学論は,外部実在を前提としないことから,人間的事象の「確実な側面」(物理的側面)と「曖昧な側面」(意味的側面)の双方に境界を引くことなく,原理レベルでは同等に扱うことが可能となる。したがって,これは人間的事象全体を扱える「人間の科学」という第一のテーゼを満たしうることがわかるだろう。

また,池田は構造主義科学論がもたらす帰結と,それによって基礎づけられる多元主義社会について次のように述べている。

> 外部世界も実在しないし,唯一の正しい科学理論もありません。理論や政策の真理性という話は全部インチキです。擁護すべきものは,世界中の人々の意識の中に存在している,相互に共通であったり背反したりしている多元的な心的構造の実在性だけです。
> 私がここで提唱している多元主義社会は,世界の人々が,破滅に向かわないで,共存可能な,恐らく唯一の最終社会形態です。 (池田, 1990;p. 274)

このように多元主義を実現する構造主義科学論は,多様な文化,価値観を有する人々が共存していくことにつながることから,「人間のための科学」という第二のテーゼを満たしうることがわかるだろう。

さらに,柴谷篤弘は『構造主義生物学とは何か』(池田,1988)の序において,構造主義科学論を指し「これが物理還元主義の理論ではないために,科学のすべての場面において,それを認識する人間が常に絶えることなく主人公の役割をはたす」と指摘しているように,構造主義科学論は「人間による科学」という第三のテーゼを満たしうることがわかるだろう。

これらから,構造主義科学論は「人間の人間のための人間による科学」という人間科学の複合テーゼの諸条件を満たしうることがわかるであろう。

以上により,構造主義科学論が人間的事象全体を包括し,誰もが了解可能な人間科学の科学論にふさわしいことが確認されたといえる。そして,人間科学内部の

「科学」というコトバ（同一性）を契機とした信念対立を解消するための議論は，いちおうの完成をみたといえよう．また，これは構造構成主義の科学論的基盤が整備されたことを意味する．

　次章では，構造構成主義における「構造」と，その周辺概念の整理を進めてゆく．

7章 構造概念の定式化
——構造存在論を通して

「構造」という語の現在の用法は，とりとめがなく，混沌としている。誰もがその語を用いるが，言わんとしていることはみな違う——そもそも何かを言わんとしていれば，であるが。この語をある主義の名称として使うと（「構造主義」），訳のわからないことになる。今日では誰にも自分の構造主義がある。それは「構造主義」が最良の構造主義であるという保証にはならない。構造体制はより原基的に把捉することができる——より原基的な把捉の証しは，その豊饒さ，そしてそのカテゴリー的差異化の緻密さと充実である。いかなる探求もこの尺度に従わねばならない。
(Rombach, 1971 ; p. 8)

●◆● 1節 ●◆●
構造存在論の導入

本章では，ロムバッハが提唱した「構造存在論」の議論を援用し，構造構成主義の鍵となる「構造」概念とその周辺概念の関係を整理する。なお，本書では『存在論の根本問題—構造存在論』(Rombach, 1971)。を取り上げてゆく。なぜなら，ロムバッハ (1971) は，概念が十分に精緻化され，概念間の関係性が整理されていることが重要であるという考えに基づき，特に構造を巡る概念（構造，システム，解釈等々）間の関係性の整備を意識的に行なっている点において，優れた内的一貫

性を備えているからだ。
　概念間の差異が明確化され，概念が精緻化されていることは優れた理論の条件の1つといえよう。なぜなら，概念の定義が曖昧で，概念間の区別がつかず混乱をもたらす理論と比較すれば――それが相対的な優劣であったとしても――精緻な概念整理がなされている理論の方が優れているといえるからである。

> 構造の概念が流行語となるであろうことは，当時（1965～1966），すでに予見できた。だからと言って，「構造」というわれわれの時代の根本語がいまだに汲み尽くされていないのみか，この語のごく大まかな概要さえも知られていないことには，少しも変わりがない。
> 　　　　　　　　　　　（Rombach, 1971; p. 8, （ ）内の年号は筆者が加筆した）。

　上記の1971年当時から過去を振り返ったロムバッハの言及は，21世紀に入った現在もいっこうに変わりはないといえよう。その意味では，構造概念を中心に据える理論において，構造概念の混乱を整理することは，自らの理論の内的整合性や理論的精緻性を保証するために，極めて重要になる。そのことは構造構成主義も例外ではない。
　それゆえ，本章では前章の構造主義科学論を踏まえた上で，ロムバッハの議論を参照し，構造とその周辺概念を整理する。

2節　構造の存在様式

　まずは，構造の基礎的洞察を，「構造存在論」（Rombach, 1971）から得ていくことにより「構造」と「システム」の違いを検討してゆこう。
　この2つを区別するためのポイントとしては，「構造」は「存在論的概念」であるが，「システム」は「存在的概念」と考えればよい。しかし，「存在論的概念／存在的概念」の区別ができなければ，この説明は意味をなさないだろう。ロムバッハが「もとより，存在論の意味するものが自覚されていないところでは，『構造』を存在論的概念として把捉できようはずがない」（pp. 8-9）とし，「まだ存在者論から存在論へ踏み出していない者は，存在論から構造存在論へ踏み出すこともできないだろう」と論じているように，構造とシステムの違いを理解するためには，「存在（存在者）／存在論」の違いを理解する必要がある。「構造／システム」の違いは，煎じ詰めれば「存在論／存在」といった存在様式の違いに他ならないからだ。

1．存在論とは何か？

それでは「存在／存在論」という，根本的に異なる存在様式からなる概念を理解するためのポイントはどのような点にあるのだろうか。「存在論」はハイデガー (Heidegger, 1927) の『存在と時間』において論じられているが，あえて「存在／存在論」を区別するためのポイントの1つを挙げれば，それは「実在として捉えられているかどうか」にあると考えるとよいだろう。

「存在」とは，「自然的態度」における「外部実在」のことを指す。自然的態度とは「リンゴが実在するからリンゴが見える」というわれわれが日常生活を送る通常のモードのことである。

他方，「存在論」とは外部実在に依拠しない現象学的態度を基礎とする。3章で詳述したように，前提自体を問い直す現象学的態度においては，「リンゴが実在するからリンゴが見える」という自然的態度を「判断中止」する必要がある。換言すれば，「外部実在（リンゴ）が在る」という確信をいったん「括弧に入れる」のである。そうすることによって，外部実在は，ただの「現象」へと原理的に変換される。現象とは「立ち現われるすべての経験」であり，そこでは夢であっても，幻想であっても，モノであってもすべてが「現象」として包括される。「存在論」の基礎はこの「実在世界」の「現象」への転換にある。

ロムバッハ（1971）は，現象学的分析は「地平」または「存在様態」に関わり，その限りでは，「存在論」にふり向けられていると述べているが，それは上記のような事態を指している。したがって，「存在論的に問い直す」ということは，「対象の実体としての存在」を括弧に入れた上で，「対象の意味」を根本から再構成し直すことを指すのである。具体的には「われわれがリンゴとして経験される事態とは何であろうか」と問うことになる。

このことから，「存在論」とは，外部実在を「括弧入れ」により「現象」として一元化し，「意味存在」として編み変えた存在の「捉え方」を指すといえよう。

以上のことから，「構造／システム」を区別するポイントは，「存在論的／存在的」という根本様式の違いとして理解できるということの意味が了解されるのではないだろうか。

2．構造とシステムの相違点

次に，以上の「存在論的／存在的」に基づき「構造／システム」の違いを説明してゆく。この点に関してロムバッハ（Rombach, 1971）は次のように述べている。

> 構造は体制というより生起であることになる。それに対してシステムは体制と

7章　構造概念の定式化——構造存在論を通して　137

して受け取られた構造である。従来の構造理論への企てはすべてシステムの理論であって，そのために或る重要な存在論的観点において盲目であった。

(Rombach, 1971 ; p. 70)

　先ほど説明した「存在的／存在論的」という言葉を用いて解説すれば，構造存在論における「構造」は，実体化・存在化された「体制」ではなく，存在論的な「生起」ということになる。そして，システムは存在的な「体制」として受けとめられた「構造」なのである。

　しかし，従来は構造理論に対する存在論的観点が決定的に欠落していたため，構造は存在的なシステム理論として受け取られ，誤解されたまま論じられてきた。そうでなくとも，これらの概念は混同されて用いられてきたといってよいだろう。

　生起された構造が存在的に捉えられた時（実体として把握された時）にシステムとなる。したがって構造はシステムに位置づけられることはあるが，システムは（潜在的に）構造でもある。要するに，構造とシステムとの関係を図式的に理解するならば，構造はシステムを包括していることになる（これは「存在」に対する「存在論」の優位に対応するだろう）。つまり，システムは存在的に捉えられたという意味で狭義の構造ということもできる。

　ロムバッハ（Rombach, 1971）は，「すでに存在論的に予め確定された対象ないし対象類を糸口とする構造分析と区別して，ここに提示された探求をわれわれは構造存在論と名付ける」(p. 8) と宣言している。すなわち，ロムバッハは，存在的に（システムとして）捉えられていた構造概念を，存在論的概念へと差し戻した点において，構造主義と区別する必要があると考え，「構造存在論」と名づけたのだ。

　ここまで理解できれば，ロムバッハ（Rombach, 1971）が「構造」と「システム」の相違を指して述べた「この区別がわかる者には，システムと構造が異なる存在論的根本形式であること，より正確に言えば，システムが本来は存在論的根本形式でなくて，存在論的根本形式の存在的転化（活用）であることもわかるであろう」(p. 9) という言明の意味が汲み取れるであろう。

　なお，ここで述べられている「存在論的根本様式の存在的転化」については少し難解なので，「本書」を具体例として説明を補足しておく。本書の3章から10章は構造構成主義という「構造」（理論）の生起という意味で構造存在論の実践であり，「構造構成主義」は生起された1つの「構造」ということができる。本書が書かれた時点で，構造構成主義は構造としてこの社会のネットワークの一部に立ち現われたことになる（少なくともこの本を目にした人たちにとっては）。構造構成主義という理論それ自体は構造である。しかし，それが存在的に（つまり「実体」とし

て）捉えられた時，構造構成主義は「システム」へと変容したことなる。

また，11章では構造構成主義を質的研究法，心理統計学，発達研究法，知覚研究法，QOL評価法といった様々な研究法レベルへ導入しているが，具体的な「知」を生産する枠組みへと転化された時には，構造構成主義は「システム」として機能しているといってもよい。これは「存在論的根本様式の存在的転化」ということができる。しかし，そうであってもやはり，主体がそれを実体化して（存在的に）捉えない限りにおいて，それは「構造」に留まることも可能なのである。

以上から，構造存在論でいわれる『構造』とは存在論的な概念であり，いわゆる「構造主義」において存在的に扱われていた「構造」とはまったくその「在り方」が異なるということが明らかにされたといえよう。ここまで論じたことにより，「構造」の存在様式の違いは，従来型の「構造主義」と「構造存在論」を区別する重要なポイントとなることがわかるだろう。

そして，この意味において，構造構成主義の構造概念は，構造存在論と同義ということができる。

3．なぜ構造は誤解されるのか？

以上，構造の存在様式に焦点化して説明してきたわけだが，これは構造概念が長い間，誤解された形のまま捉えられてきたことを踏まえてのことであった。それではなぜ，構造は多くの誤解にさらされてきたのであろうか。ロムバッハは，この誤解を呼び寄せる必然性について次のように語っている。

> 構造は普通，誤解されているし，それは必然的でもある。けれども，構造が純粋の構造であることはまれである—あるいは決してない—ので，誤解は諸事実をかなり正確に言い当てる。それゆえ，誤解は自分を正当だと信じている。
> (Rombach, 1971 ; p. 14)

構造は存在論的概念だが，一般には存在的概念として受け取られている。なぜかといえば，実際問題として，構造が（システムではない）純粋の構造であること（存在論的概念のままであること）がごく稀な自体だからである。言い換えれば，構造はシステムとして体制化されていることが多く，「構造＝システム」といった図式によって実際問題それほど困ることがない。したがって，「構造とは存在的なものであり，構造＝システムである」という誤解（理解）をしている人は，その理解（誤解）でも皮相的には通用してしまうことが多いため，自らを正当と思い込むことになる。

これに対して「構造＝システムという理解でも，それが多くの場合に該当してい

て，実際にそれほど困ることがないのであれば，それでよいではないか」と思う人もいるかもしれない。確かにこうした理解で事足りる場合もあるだろう。

しかし，構造とシステムの区別をすることは，それを内包する理論にとっては重要な問題であり，この議論を避けて通ることはできない。存在論的な概念である「構造」を基礎に置くか，存在的概念である「システム」を基礎に置くかによって，その理論の存在様態は根本から異なってくるからである。そしてその相違は，人間科学を基礎づける概念としては，根本的な問題につながる。次にそのことについて論じていこう。

●◆● 3節 ●◆●
人間科学を基礎づける構造概念

1．解釈とは何か？

存在的／存在論的のいずれに依拠するかは，特定の対象に関する構造とは唯一の構造が想定されるか，あるいは複数の構造が成立しうるのか，といった問題にも直結する。構造についてのこうした疑問を整理していくために，ここで，構造構成主義における「解釈」の意味について明確化してゆこう。構造構成主義の解釈に対するスタンスは，構造存在論のそれと同じであるので，再びロムバッハの記述を取り上げてみよう。

> 解釈は，その解釈が可能だということだけで，すでに真なのである。解釈の規準は同調性と首尾一貫性である。だからある事柄には多数の解釈があるが，それぞれの価値は異なっている。解釈がどれほど分化洗練されており，どれほど発展的であるかによって，大きな差が生じる。
>
> (Rombach, 1971 ; p. 136)

これは一見ラディカルにみえるかもしれないが，言明の水準を明確に区別すれば了解可能になるであろう。解釈は，それが成立した時点で，解釈できたということが事実となり，その解釈が妥当かどうかという価値評価の問題はその後にくる問題で，それらは別種の問題であることを指摘している。その順序を構造的に示せば次のようになる。

＜「解釈の成立」→「解釈の評価」＞

したがって，ロムバッハは解釈できれば何でもアリだと言っているのではなく，解釈は「同調性」と「首尾一貫性」を基軸に，その優劣を評価することが可能となると述べているのである。

2．構造の存在論的複数性

それゆえ，解釈はおのずと複数性を前提とすることになる。したがって，それは必然的に構造の存在論的複数性を導くこととなる。

> 方法論的考察は解釈の存在論的な意味に一条の光を投げかける。つまり，構造はその構造自身の解釈としてのみ存在しうるのであるから，明らかに様々な仕方で存在しうるということである。　　　　　　　　(Rombach, 1971 ; p. 137)

構造は，存在論的概念である。したがって，構造は，主体が関心相関的に現象を解釈し，構成するものとなる。その意味で構造構成は，研究者にだけ与えられた特権ではなく，あらゆる人々が実践している行為として位置づけられることになる（これは後述する狭義の構造と広義の構造に対応する）。それゆえ，存在論的な解釈が複数成立することと同時に，存在論的な構造も複数成立しうるのである。構造それ自体は存在化（生起）する時初めて明示的なものとして立ち現われる。その生起に関連する行為の1つが「解釈」である。それゆえ解釈と構造は同時に生起するともいえるだろう。

3．不要な信念対立の回避

さて，この構造の存在論的複数性は人間科学を基礎づける概念として決定的に重要な役割を果たす。それは前章で論じたように，実在を仮定せずに，相対主義にも陥らずに，共通了解を担保することにより，意味領域をも扱いうる広義の科学性を担保可能とするための鍵を握る概念というだけではない。それに加え，構造の存在論的複数性は，無用な信念対立を回避するためにも重要な条件の1つとなる。

システムは単数性を基本とする。システムは存在的なもの，実体的なものであるため，同一の現象に対しては唯一，本当のモノ（システム）を追求することになる。こうした単数性を基礎とする前提は，「どれがホントウに正しいシステムなのか」といった問いを引き起こし，人間科学に絶対的正当性や真理の座を巡る安易な信念対立をもたらすことにつながる。

しかし，構造は複数性を基礎とすることから，特定の現象（単一の同一性）に対して，複数の構造が並立することを許容する。したがって，無用な信念対立に陥ることを回避することが可能となる。

ただし，解釈についての態度と同様に，構造の複数性を前提として認めるということは，何でもアリの相対主義を唱えることを意味するものではない。ここでは，構造は主体が関心相関的に構成できるために，原理的にその複数性を基礎とするといっているにすぎない。構造は，それが構成された時点で成り立っているのであり，その構造の価値評価や妥当性の問題はその後にくる問題なのである。それは解釈が成立したことと，その解釈が妥当かどうかは別種の問題であることと同じである。

それゆえ，構造的に示せば次のようになる。

<「構造の構成」→「構造の評価」>

したがって，「同調性」と「首尾一貫性」を基軸に，目的に照らし合わせてより妥当といえる構造を探求することが可能なのである。

最初から異質な構造を排除することは，人間科学の発展を妨げることになる。構造構成主義は，複数の構造の中から，目的を達成するために最も有効と考えられる構造を決めることを否定しているのではない。そうした健全な競合を可能とするためにも，出発点としては構造の複数性を前提としなければならないのだ。

4．理論と現場をつなぐ構造概念

さらに，構造概念は従来の人間科学にみられた「理論と現場の乖離」を埋める機能を果たす。

システムは，単一性を基礎とする。したがって，システムとして理論を捉えると，単一のシステム（理論）から現場の現象を説明しようとすることになる。いわゆる「理論家」は自らが依拠する理論ですべてを説明しようとする。いささか逆説的だが，それゆえに現場の実践者にとっては「理論（家）は使えない」と思うようになる。

なぜなら，現場の現象とは，単一の理論のみで捉え尽くすことができるほど単純でもなければ，平面的でもないからだ。やまだようこ（1997）は，現場とは多数の複雑な要因が絡み合っている場と定義する優れた見解を披露しているが，そうした観点から考えても，現場を単一の理論のみで言い尽くせるわけがないのだ。そのため現場の実践者は理論家を「頭でっかちな使えないヤツ」とみなし，理論家は現場の実践者を「理論に理解を示さない現場至上主義者」とみなすことになり，理論と現場は乖離していくことになるのだ。

それに対して構造構成主義における「構造」は複数性を基礎とする。したがって，構造構成主義的な態度の理論家は，単一の構造（理論）によって現象を説明し尽くそうとするのではなく，現場の実践者の関心に応じて，有用と思われる構造（理

論）を複数提示してみせたり，その構造（理論）を視点として用いることにより，複雑な現象をどのように理解することができるのかを示してみせることになるだろう。つまり，複数の理論を視点として提示することにより，実践者が自らのフィールドを新たな角度からより多元的・立体的に捉える手助けをすることになるだろう。

5. 存在論と構造存在論の関係

さて，次にロムバッハ（1971）の「存在論」と「構造存在論」の差異化の議論を通して，「構造存在論」に対する「構造構成主義」の立場を明確化しておこう。

結論からいえば，存在論と構造存在論との差異を理解するポイントの1つは，「構造生起」にあるといえよう。構造生起とは，それまで現象としても存在していなかった概念（構造）を，存在論的に生み出す（生起する）ことなのである。構造生起は既成の概念を存在論的に問い直す（「存在」「遊び」「音楽」等々）こととは本質的な違いはないものの，誤解を恐れずにいうならば「無から有を生み出す」という点で，それをもう一歩進めたものである。ロムバッハは次のように述べている。

> 大切なのは存在論を「存在論的」に破り開くことであって，存在論からただ手を引いたり，存在論を回避したりすることなどではない。このような理由で，われわれが「存在論」および「構造存在論」という概念を使用し続けるのはやはり正当なこと，格別に正当なことなのである。
>
> (Rombach, 1971 ; p. 71)

つまり，存在論を，その営みはそのままに内側から展開させていくことによって，「構造を存在論的に生起する」という「構造存在論」が生まれたのであり，「存在論」と「構造存在論」という概念を区別し，使用し続ける意味はここにあるということになる。上記のように述べた後に，ロムバッハは理論構築について次のように述べている。

> 構造の思想はそれ自体構造である。構造の思想を成立せしめるということはその思想をそもそもはじめて存在せしめるということを意味する。というのは成立，生成が構造の「存在」だからである。　(Rombach, 1971 ; p. 72)

これが「構造生起」の具体例と考えてよいだろう。つまり，新たな「理論」を「構成」するということは，新たな「構造」を「生起・生成」することに他ならない。先に述べたように，構造構成主義は構造存在論の議論も踏まえているが，構造主義科学論における狭義の構造概念を基軸とすることにより，人間科学の新たな原

理を提供する独自性を備えている。
　したがって，本書が，構造存在論をさらに存在論的に破り開くことによって，構造構成主義という新たな構造（理論）を生起する限りにおいて，「構造存在論の実践」に位置づけることもできる。それと同時に，本書が「構造構成主義」という新たな名称を用いることも「格別に正当なこと」ということができよう。

4節
構造とは何か？——2つのレベルの構造

　本章最後となる4節では，「構造存在論における構造概念」と「構造主義科学論における構造概念」を対置させつつ，構造構成主義における「広義の構造」と「狭義の構造」の定式化を行なう。

1．広義の構造概念—発現としての構造
　まず，構造存在論でいう構造はかなり広い範疇をもつ概念であることを押さえる必要がある。結論からいえば，この場合の「構造」とは関心相関的に立ち現われる（発現する）「何か」のことを指す。それは「意味」といわれるものになったり，「存在」といわれるものになったりするものであり，それにコトバを付与したのが，ソシュールのいう「シニフィエ」（同一性）といってもよいだろう。
　まず，『構造存在論』をひきながら，そこに関心相関的観点が組み込まれていることを確認していこう。ロムバッハは，自分の立場は相対主義ではないとして，次のように述べている。

> 客観性の形式が相対主義には見えていない。だからこそまた，われわれは諸規程の相関性（Relationalität）ということを言って，相対性（Relativität）とは言わなかった。相関性とは，どの与件にも与格が，すなわちあるものが誰に対して与えられているというその＜誰に＞が，不可分に結びついているということを意味している。
> (Rombach, 1971 ; pp. 154-155)

> 「意味」について「外から」論じることはできない。意味は相関的な多様体における関係づけの生起から発現しうるのみである。
> (Rombach, 1971 ; p. 156)

　この内実はまさに本書でいうところの関心相関性と同じといってよいだろう。ここでは認識対象（意味や存在）は，外的な実在物として論じることはできないので

あり，認識主体の立場（身体・欲望・関心）と相関的に立ち現われるものであることを指摘していると読むことができる。
　そして，次のように述べているところも，注目に値するだろう。

> この発見とは，所与のものの発現でも意味の発現でもなく，この両面に向けて発現する発現そのものである。このような場合には，存在的なものと存在論的なものとはもはや区別できない。そして構造は存在的なものでも存在論的なものでもなく，存在的─存在論的という区別に先行し，この区別を凌駕する根源的な発現である。　　　　　　　　　　　　　（Rombach, 1971 ; p. 157）

　上の引用箇所は，先に構造は存在的か存在論的かといった根本様式の観点からいえば，構造は存在論的概念であるという本章1節の議論と矛盾するように感じられるかもしれない。
　これはいったいどういうことなのだろうか？
　結論をいえば，議論している軸が異なるのである。構造は，存在様式からいえば，存在論的概念ということになる（存在的概念ではなく）。それに対してここでは，存在様式以前の構造の発現（立ち現われ方）の話をしているのである。
　要するに，「構造」とは，関心相関的に立ち現われる根源的な「何か」であり，それが「所与のもの」（存在物）か「意味」かという区別以前の何らかの「発現」（立ち現われ）であるという。われわれに立ち現われた（発現した）「何か」はモノか意味かというのは二次的な判断にすぎず，その意味で，その「何か」は，存在的・存在論的の区別に先行するということなのだ。
　ロムバッハのいう「構造」概念とは，存在的か存在論的かといえば（存在様式を問えば），存在論的な概念なのだが，その根源は関心相関的に立ち現われた「何か」である。そして，その「何か」に名まえをつけたものがソシュールのいう「同一性」（コトバ）といえよう。たとえば，5章で挙げた事例1に即していえば「ワンワン」という「同一性」は，現象を「ワンワン」と「非ワンワン」に分節する。このように現象を分節するという意味で，それは「構造」といってよい。つまり，われわれは常に現象を構造化しながら生きているといえる。
　この発現としての「構造」を，ここでは「広義の構造」と呼ぶこととする。「広義の構造」をあらためて定式化しておけば，「関心相関的に立ち現われた何か」のことを指す。そして，構造構成主義を思想として，つまり科学的営為とは切り離して日常生活の文脈で用いる場合には，この「広義の構造」の意味を用いることになる。

2. 狭義の構造概念―科学的営為における構造

それに対して，構造構成主義において，科学的営為に妥当する「狭義の構造」の定義は構造主義科学論（池田，1990）のそれを指す。つまり，「狭義の構造」とは，「『同一性と同一性の関係性とそれらの総体』といえる存在論的な概念」ということができる。

次にこれを踏まえ，安田（2001）の定義に基づき，従来の「命題」「理論」「仮説（作業仮説）」といった概念と構造概念を関連させ，構造構成主義における狭義の構造の位置づけを明確化する（西條，2003a）。

安田（2001）によれば，「命題」とは「複数の変数の関係を論理的に述べたもの」であるから，これは構造に包括されうる。また「理論」とは「論理的に整合性のとれた単数，ないし相互に関連する複数の論理的命題のこと」であるから，これもやはり構造といえる。また「仮説」とは「理論から論理的に導きだしうる命題」であり，研究者の検証（継承）の対象であり，また「作業仮説」とは「仮説における命題が含んでいる概念の抽象度を下げ，具体的にその真偽を検証できる内容に表現しなおした言明」といえることから，これらも構造概念に包括される。

このように，構造構成主義の枠組みによれば，個々の具体的現象に対する「仮説」も，それらがより包括的なものとなった「理論」も，同じ「構造」といえることがわかるだろう。

3. 広義の構造と狭義の構造の関係

これは先に述べた広義の構造とまったく違うようにみえるかもしれないが，「広義の構造」と「狭義の構造」はレベルが異なるだけで矛盾するものではない。それらは機能するレベルが異なるだけで，原理的に恣意性が含まれる点や現象を分節する点など，根源的には同じといえる。先に定式化したように，「広義の構造」とは，「関心相関的に立ち現われた何か」であり，それに名まえがつけられたものが「同一性」（コトバ）である。そして，その「同一性」を，「同一性と同一性の関係性とそれらの総体」（狭義の構造）へと変換し，現象をより上手にコードすることが科学的営為ということになる。

以下の章では，特に必要がなければ，「広義の構造」「狭義の構造」といった使い分けはしないが，構造構成主義においては，日常的営為の文脈で出てきた「構造」は「広義の構造」として，科学的営為の文脈で使われた「構造」は「狭義の構造」として受け取ってもらいたい。またこの点は構造構成主義を継承する際にも留意しておくべきといえよう。

以上，ロムバッハの『構造存在論』を通して，「構造存在論／構造主義」「存在論／存在」「構造／システム」「構造存在論／存在論」といった差異化を通じて，構造概念の定式化を行なった。次章では，これを踏まえ，総合学問としての人間科学に妥当する方法概念の整備に入る。

8章　人間科学の方法論の整備

> 最も価値ある洞察は最もおくれてみいだされる．しかし最も価値ある洞察とは方法である。
> 　　　　　　　　　　　　　　　　　　　　（『権力への意志（下）』p. 16）

　従来の人間科学の方法概念は，既存の科学（自然科学や単一科学）から「直輸入」したものであった。そのため，既存の方法概念が，人間理解という目的への接近を妨げるという本末転倒現象やさまざまな信念対立が起こり，総合領域としての人間科学の特徴を活かすことができなくなっていたといえる。「方法」は「目的」を達成するための「手段」に他ならないことから，目的への接近を妨げる方法は方法として本質的問題があるといわねばならない。

　そこで，本章では，ソフトサイエンスからハードサイエンス領域までさまざまな領域が並列する人間科学（菅村，2003b）に妥当する方法概念の整備を行なう。

●◆◆ 1節 ◆◆●
信憑性と構造の質

1．真実性から信憑性へ

　従来の科学は，真実，つまり「単一真理」を追究してきた。しかしそれは，客観主義的認識論を前提としているため，そもそも物語論的真実への転換を志向する認

識論（たとえば物語論や社会的構築主義）では，門前払い的に排除されてしまう。

それでは，構造構成主義では，「単一真理」に代わり，どのような概念が導入されるのであろうか。結論をいえば，それが「信憑性」という概念となる。信憑性とは，現象学（竹田，1989）の信憑に近い概念であり，意志の自由を超えて，つまり，「意識の恣意性をねじふせるように現われてくる疑い難さ」，あるいは「確かにそうである」という感覚として立ち現われてくる「確信」のことである。

原理的思考を徹底すれば，精緻な実験による「検証」も，統計学的な「検定」も，質的研究における「厚い記述」（Geertz, 1973）も，方法論的懐疑といった「哲学的思考法」も，人々に「確かにそうである」と確信させるための「方法」ということになる。

ただし，これは「真実近似性」，つまり「真実っぽい構造」を否定するものではない。たとえば「地球が太陽の周りを回っている」ということは，おそらくは覆らないであろうという意味で限りなく「真実っぽい構造」といえる。

しかし，それが絶対的な真実であることは人間であるわれわれには原理的には保証できないため，「真実性」という概念は破棄しなければならない。そのため，構造構成主義において真理なるものがあるとすれば，それは「＜われわれ＞の彼方に存在するのではなく，ただ＜われわれ＞の相互的な納得を見出すことにだけある」（竹田，1992；p. 188）といった「竹田青嗣現象学」と同じ立場をとることになる。

これに対して，「科学は宗教ではないのだから，科学は客観的な知見を提起するものであり，信憑性などといったイイカゲンな概念に基づくものではない」という批判がありえよう。

しかし，先に述べたように信憑性という概念は，「信じよう」と思って信じるといった類いのものではない。それは「論理的に考える限りそう思わざるを得ない」といった確信として人々に取り憑くという意味を含めての「信憑」なのである。基本的に「1＋1＝2」というルールが了解されたならば，「1＋1＋1＝3」という式と答えは，「確かにそうである」という確信として多くの人に取り憑くであろうし，その場合に無理やり「そうではない」と信じようとしても，その確信は変えることができないだろう。

逆にいえば，いくら実験により繰り返し「検証」され，統計的に確認されたり，適合度の高いモデルが得られたとしても，それにより示された結果が，極端な話「超能力といった神秘的な作用の実在」といったものであったなら，多くの学者は「確かにそうである」とは了解しないと思われる（つまり信憑性のない知見として受け取るだろう）。事実，そうした神秘的な現象を対象とした研究は通常の科学的研究以上に厳密な検証によって繰り返し確認されたとしても，多くの科学者はそれを認めることはないようである。そしてこのことはまさに，科学とは「信憑性」の

ある構造を追求する営みであるという構造構成主義の立場を裏側から支持しているといえよう。

2. 構造の「質」の重要性

しかし，こうした議論に対して「信憑性のある構造を追求するということは，結局のところ，共通了解さえ得られればよいということになり，それでは科学的営みが政治的営みと等しくなってしまうのではないか」と疑念をもつ人もいるであろう。構造の「質」が信憑性にまったく反映されないのであれば，科学の存在意義が失われるのではないか，というわけである。

この疑念はもっともなものであり，構造構成主義においては，構造の「質」は共通了解の程度（信憑性）に本質的な役割を果たす。たとえば，水の化学式としては，$<2H_2O = 2H_2 + O_2>$という構造の方が，$<H_2O = 3H+CO_2>$という構造よりも，論理的（内的）一貫性があり，質の高い構造といえることから，共通了解を得られやすいといえよう。このように構造の「内的一貫性」や「論理的整合性」「説明力」「現象への適合度」といった「質」が，共通了解の程度に大きく寄与していることは疑いようがない。また，池田（1988）が指摘したように，厳密科学や形式論理的な色合いが強くなればなるほど，つまり構造の内実に含まれるコトバ（同一性）の曖昧さが少なくなるほど，構造の「質」が，共通了解により直接的に寄与することになる。

それでは「真実性」から「信憑性」への変更は，研究レベルにおいて，実質的にいかなる意味をもたらすだろうか。結論を言えば「信憑性」は，量的／質的といったアプローチの違いを超え，さらには科学的実証／哲学的解明といった営みの違いを超越して，それらに通底する概念になるということが挙げられる。これによって，領域やテーマ，アプローチの違いや実証・解明といった営みの違いを超えて，人間科学の全領域が「信憑性」という共通地平に立って議論することが可能となるのである。

2節
多様な認識論と方法論の活用法――関心相関的選択

1. 共約不可能性（西條，2003a）

人間的事象を構造化するための方法論として，数量的アプローチと質的アプローチを柔軟に使い分けるべきといった立場は，研究実践的には妥当な意見といえよう。しかし，ホロウェイとウィーラー（Holloway & Wheeler, 1996）が，そうした

見解を踏まえながらも,「にもかかわらず, 社会科学の実証主義的方法と解釈的方法は, 対抗しかつ対立した思想にその根源があるということを思い出さなければならない」(p. 14) と述べているように, この見解は—その方向性としては妥当なものと思われるが—哲学的には問題を孕んでいるといわねばならない。

たとえば, 客観主義は,「個人とは独立した1つの外部世界が実在する」という前提に基づいている一方で, 社会的構築主義は,「現実は社会的に構築される」という前提に依拠している。このように相容れない認識論に依拠する方法論を, 1つの研究において柔軟に折衷することは論理的に無理がある (菅村・春木, 2001)。またそれゆえに, 相容れない認識論から生み出された知見をすり合わせることも一筋縄でいかないことになる。

たとえるならば, 対立している2人の歴史的背景やそれまでの経緯を考慮せずに,「お互い仲よくして, 協力しあうべき」と主張する楽観的態度と同様に, こうした意見は認識論レベルの難問が解決されていない現状においては, 楽観的な「場当たり的折衷主義」の域を出ないのである。

2. トライアンギュレーションの問題点 (西條, 2003a)

このことは「トライアンギュレーション」という方法論的概念を基軸に考えることによって, その問題点が具体的な形で明らかとなる。トライアンギュレーションとは「1つの現象に関する研究で複数の方法 (または複数のデータ源, 複数の理論, 複数の研究者) を用いる」(Holloway & Wheeler, 1996) というものである。たとえばフリックは, 認識論を異にする質的・量的研究アプローチのトライアンギュレーションによって, 次の3つの帰結に至るとしている。

(1) 質的結果と量的結果がひとつに収束し, 互いに強め合い, 同じ結論を支持する。
(2) 両結果はひとつの対象 (たとえば特定の病気の主観的意味と住民との間でのその分布) の異なった側面に焦点を当てるが, 互いに補い合うもので, 合わさることで全体像がはっきりする
(3) 両結果は互いに異なり矛盾する。　　　　　　　　　　(Flick, 1995 ; p. 330)

このような場合, (1)(2)のように矛盾のない結果が得られた時には問題は顕在化しないが, (3)のように相矛盾する結果が得られた場合に, 難問が立ち現われることになる。つまり, そのような場合, 暗黙裡にどちらの認識論を前提に据えるかによって, どちらの結果が妥当であるかが決まってくるのだが, 換言すれば, それはどちらかの結果の妥当性が低まることを意味する。そして, その際に問題となるのは,

研究者当人にその自覚がないまま，妥当性の低減が知見そのものの内実によるものではなく，前提とする認識論とのズレによってもたらされてしまうことにあるといえよう。

たとえば，「客観主義」と「社会的構築主義」による認識論間のトライアンギュレーションを行なった際に，双方に相反する結果が得られた場合，客観主義を前提とすれば，社会的構築主義の知見はそもそも客観性に欠け，信頼に値しないものになるだろう。また逆に，社会的構築主義を前提とすれば，客観主義の知見はその厳密さや一般性の程度はまったく考慮されず，すべて社会的に構築されたものにすぎなくなるかもしれない。

これではトライアンギュレーションの有効性を十分に発揮することはむずかしいことがわかるだろう。これはデータ，方法論，理論といったレベルと関係なく，相容れない認識論に基づくトライアンギュレーションが抱える根本的な難問なのである。これらのことから，トライアンギュレーションの真価を発揮するためにも，認識論の問題を解決する必要があることがわかるだろう。

3．出発点としての多元主義

認識論レベルの問題を解消するために，まずは構造構成主義の科学論的基盤である構造主義科学論の立場をみてみよう。構造主義科学論は，構造の恣意性を基本とする。この「恣意性」とは「自分の好き勝手に構造を構成すればよい」とするものではなく，「構造構成には原理的に恣意性が混入せざるを得ない」ということを意味している。そして構造が原理的には，恣意的に，存在論的に構成されるものである以上，必然的に「構造の複数性」を前提とすることになる。

また，池田（1988）は厳密科学における理論とは，閉じた無矛盾の体系のことであり，それゆえ「もし，互いに背反している厳密科学理論があったとして，これらの理論は互いの体系の内部においては無矛盾であったとすれば，我々はこれらの理論の双方をともにさしあたっては正しい理論として承認する」（pp. 236-237）と述べている。その上で「構造主義生物学（構造主義科学論）は原理的に多元主義を擁護するのである」と結論づけていることから，構造主義科学論をメタ理論とする限りは，厳密科学であってもそれらの併存は理論的に担保されることがわかるだろう。

さらに池田（1988）は，「心的世界に生起する構造は，たとえ背反していても同一有機体内に共存し得る」（p. 102）と述べている。これを踏まえれば，世界認識の基底をなす枠組みである認識論とは，どこかに実在するものではなく，「心的世界に生起する構造」に他ならないことから，構造主義科学論は，認識論的多元主義を擁護する科学論ということができるだろう。

こうした構造主義科学論の多元主義的性質は，人間科学のメタ理論にふさわしい特性を備えていることを意味する。人間科学内部には，客観主義，社会的構築主義といったさまざまな認識論があるが，従来，認識論とは世界認識の基底にあるものとされているため，相容れない認識論は共用できない「共約不可能性」という原理的問題を孕むことになるのである。

たとえば，最近では，やまだ（2002）や，ブルーナー（1986）をはじめとする物語論者は，数学的論理や命題的論理を支える「論理実証モード」と「物語モード」を明確に区別し，それらは片方が片方に還元することはできないとしている。これらは共約不可能性を理論的な根拠として自らが立脚する基盤の確立を試みたものであり，こうした議論は異質なものの混同による無用な混乱を招かないために，有用な議論だと思われる。

ただし，認識論の共約不可能性を「結論」とすることは，いわば「水と油は性質が異なるため相容れない」ことを強調した段階にすぎない。すなわち，「客観主義や社会的構築主義は根本から相容れず，一方に還元することができない」という「還元不可能性」を「結論」とすることによって，それらの相互不干渉図式に陥る危険性を排除できない段階にあるのである。

こうした問題は，煎じ詰めれば，多元主義を「終着点」とするか，「出発点」とするかといった点に集約されるといえる。これらは多元主義を謳う点で一見似ているが，原理的態度としてはまったく異なる態度を導くこととなる。一方で，すべてのものが常に等価であるという多元主義に帰着する立場（思潮）は，結局は何でもアリの相対主義といった批判を回避することはむずかしく，また，人間科学に相互不干渉図式をもたらすことになる。

他方，構造構成主義は，認識論的多元主義を理論的に担保するが，それはあくまでも「出発点」であることを理解しなければならない。構造構成主義は「より上手に現象をコードする構造を追求する」ことを明示的に志向していることからも，いかなる構造も常に等価であるという立場をとっていないことがわかるだろう。

次に，「より上手に現象をコードする構造を追求する」ためのツール選択の方法について議論を進める。

4．関心相関性を原理的基軸とした認識論的・方法論的多元主義へ

構造構成主義では，目的や文脈と無関係に絶対的な価値のある理論（認識論）はあり得ないとし，それらの共存は保証される。そして，そうでありながら，相対主義へと陥らずに構造の追求を理論的に保証するのが，構造構成主義の中核原理となる「関心相関性」なのである。

4章で詳しく論じたように，「関心相関性」とは身体・欲望・関心に応じて（相

関して), 存在や意味や価値といったものが立ち現われてくるという「原理」のことである。これによれば認識論や方法論には, それ自体に絶対的価値が自存することはあり得ず, その「価値」は関心相関的にそのつど規定されることになる。構造化する現象等によっては, 妥当な認識論となるものもあれば, そうならない認識論もありうるのであって, その価値は関心相関的に規定される。それゆえ, 構造構成主義においては, 関心相関性を基軸とすることにより, 従来事象を認識する根底に位置づけられていた認識論を, 研究 (者) の関心・目的に応じて柔軟に選択することが可能になるのである。これを『関心相関的選択』と呼ぶことにする (図8 - 1)。

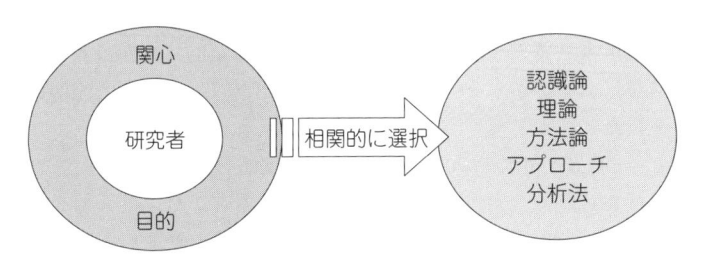

研究を構成する認識論, 理論, 方法論, アプローチ, 分析法といった枠組みは, 研究者の関心や研究目的と相関的に選択される

●図8-1　関心相関的選択

　これによって何でもアリの相対主義に陥ることなく, たとえば「人間的事象の意味的側面を捉えるために, 戦略的に社会的構築主義を採用し, 人間的事象の確実な側面を捉えるために, 戦略的に客観主義的なメタ理論的枠組みを採用する」といったように, 各認識論は研究目的や現象に応じて選択可能となる。このように, 構造構成主義は「認識論的多元主義」を理論的に保証する「超認識論」とでもいうべき認識論に対するメタ性を備えていることがわかるだろう。
　なお, 構造構成主義をメタ理論 (ハード) として選択した認識論 (ソフト) は, 通常の認識論とはその根本様式が変容していることに注意しなければならない。たとえば, 従来の「客観主義」は＜構造構成的客観主義＞へと,「社会的構築主義」は＜構造構成的社会的構築主義＞へと変容していることになる。この場合の＜客観主義＞, つまり構造構成的な客観主義とは, 現象の構造化のためにあえて外部実在を仮定する認識論ということができるであろう (従来の客観主義とは外部実在を何の疑いもなく信奉する立場である)。また＜社会的構築主義＞, つまり構造構成的な社会的構築主義とは, 現象の構造化のためにあえて現実は言語的・社会的に構築

されるとする認識論といえよう（従来の社会的構築主義とは，世界はすべて言語により構成され，言語なくしては世界は立ち現われないとする立場といえる）。

また，こうした議論は，異なる認識論を前提とする多様な「方法論」の柔軟な選択を理論的に保証したことを意味する。先にみてきたように，従来は認識論を考慮せずに「思いついたままいろいろな方法をテキトウに使ってみました」という「折衷主義」であったため，「場当たり的」との批判を理論的に退けることは困難であった。2つの異なるアプローチを折衷した結果，双方が矛盾する結果となった場合は，お茶を濁すしか方法はなかったからである。

しかし，認識論的多元主義が理論的に担保されたことは，方法論的多元主義が認識論的基盤から基礎づけられたということができる。つまり，「人間的事象の曖昧な側面を捉えるために，戦略的に社会的構築主義を認識論とする質的アプローチを採用し，人間的事象の確実な側面を捉えるために，戦略的に客観主義を認識論とする数量的アプローチを採用する」といった多様なアプローチの関心相関的選択も理論的に保証されたといえよう。

これにより，「場当たり的折衷主義」は，認識論的整合性を備えた「方法論的多元主義」へと深化したといえる。これはとりもなおさず，理論的矛盾を抱えていた「認識論間トライアンギュレーション」の認識論的基盤を整備したことを意味する。

具体的には先述したトライアンギュレーションにおいて，一見矛盾する結果が得られた場合でも，それらは原理的には矛盾ではなくなる。すなわち「(A) というメタ理論的枠組みに依拠して検討した結果，(A') にみえ，(B) というメタ理論的枠組みに依拠して検討した結果，(B') にみえた」といったように現象を「全体」として捉えることが理論的に可能となるのである。

構造構成主義においては，相違は必ずしも矛盾として捉えられるべきものではなく，視点や立ち位置の差異から生まれた結果として認識可能となる。そして，どちらかの結果を採用しなくてはならない場合は，研究目的と照らし合わせて意識的に選択されることになろう。

なお，このメタ理論は従来の認識論の有効性を否定するものではない。そうではなく，認識論の有効性は研究目的に応じて（相関的に）決まるものであり，そうした文脈を抜きに，いずれが絶対的に優れた立場であるかといった争いをすることは，学問的に積極的な意義がないことを明らかにしたものなのである。

8章　人間科学の方法論の整備　155

●◆● 3節 ●◆●
広義の科学性を満たすもう1つの条件——構造化に至る軌跡

1．条件統制の原理的不可能性とその問題点

　自然科学（特に反証主義の立場）は，条件統制により仮説の検証を繰り返し，客観的な真実（構造）を追求・発見するという方法を採ってきたといえよう。しかし，原理的に考えれば，厳密な条件統制は不可能なことがわかる。地球は周り，宇宙は拡張していることから，地球上でいかに空間的に完全に同じ条件を整備しようとしても，厳密に言えば空間的条件は異なる。そして，もし時間的，空間的条件をまったく同じくする実験ができたとしたら，それは単に「同一の実験」に他ならないことになる。

　もっとも，「そのような原理的な問題など屁理屈にすぎず，実際に実験を行なう上で意味はない」という意見もあろう。そして，確かに原理的に不可能であっても，実質的には厳密な実験的空間を準備し，実験結果に支障をきたさない程度の再現性を確保することは可能である。

　しかし，ここで条件統制不可能性を問題としている理由は，人間科学全体を視野に入れると，実際的な問題が立ち現われることによる。条件統制や厳密な再現性を科学の条件とするならば，科学の条件を担保できるのは，精密な実験による検証が可能なハードサイエンスの領域に限られてしまい，その結果，現場研究等を排除することにつながってしまうことになる。

　たとえば，医療や看護の「現場」は，複雑で厳密な条件統制が不可能であることがほとんどである。したがって，条件統制を科学の成立条件としてしまうことは，一回起性の臨床的事例を構造化する機会を捨象してしまうことになり，結果として現場に立ち現われる人間的事象を科学的営みに含めることができなくなってしまう。

　繰り返し主張しているように，構造構成主義において，第一義に尊重されるべきはわれわれに立ち現われている「現象」であり，「方法」はそれを構造化するための「手段」にすぎない。したがって，従来の「条件統制」という概念が科学性の成立条件として不十分なものであれば，人間的事象を包括的に扱うためにより妥当な方法概念を整備する必要がある。

2．条件開示

　構造構成主義においては「条件統制」ではなく，「条件開示」を基礎に据えることになる。条件開示さえされていれば，現場で提起された構造も，特定の条件下で

得られた構造であることを踏まえた上で，読み手がその構造の有効性やその射程を判断することが可能となる。

　数量的研究であっても質的研究であってもそれは同じであり，提起された構造は，どのような関心や目的をもつ研究者が，何を対象とし，どのような観点からどのようにデータを収集し，どのような角度からどのように分析をして，それにどのような観点から解釈を加えた結果得られたものなのか諸条件を開示していくのである。

　それ以上条件を厳しくすれば意味領域を扱えなくなり，ゆるくすれば科学性を放棄することになるのだから，原理的にそうするしかないのである。こうした観点からは，条件統制も「このように条件を統制した」という条件開示の一種であることがわかるだろう。

3．条件開示範囲の方法論的限定

　「構造化の際にどこまで条件開示すればよいか」といった疑問もあろう。確かに，構造を構成するまでの条件は無限に想定できることから，温度や湿度や，紫外線の強さ，重力といった「物理的条件」から，調査者の家族関係といった「社会的条件」など開示可能な条件には原理的に限りがない。したがって，開示すべき条件とは，目的と相関的に，当該の研究の構造化に影響を与えると想定できるものに限定される。

　たとえば，植物の栽培に関する研究であれば，温度や湿度，紫外線の強さなどは，その結果に影響を与えると考えられることから，明記する必要があるかもしれない。そして栽培者の家族関係など，その構造化に影響を与えないであろうと思われる条件については，おそらく明記する必要はないだろう。

　他方，心理療法の実践研究において，湿度や温度の微細な変化が，その実践結果に大きな影響を与えるとは考えにくいことから，それらを測定し明記する必要はないだろうが，クライエントの家族関係など構造化に大きく影響しそうな要因については開示しなければならないだろう。このように構造構成主義においては，関心相関的観点を基軸に条件開示していくことになる。

4．構造化に至る軌跡

　この「条件開示」のことを，構造構成主義では「構造化に至る軌跡」という。つまり，「構造化に影響すると考えられる諸条件」を開示するのである。簡単にこの概念の系譜を説明しておくと，これはもともと，質的研究においてサンドロウスキー（Sandelowski, 1986）が提唱した概念である「決定に至る軌跡（decision trail）」を，「構造化」を基軸とする構造構成主義の枠組みへ援用したものである（西條，2003a）。

すなわち構造構成主義における「決定」とは「構造化」に他ならないことから、「決定に至る軌跡」ではなく「構造化に至る軌跡（construction trail)」を残すことが求められることになる。つまり、当該の研究の構造化に至るまでの諸条件の中で、研究目的に照らし合わせつつ、構造化に強く影響すると考えられる条件を開示していくことになる。

5．真偽論について

「条件統制」に代わり「条件開示」を据えることについては、「条件開示だけでは本当かどうかを確かめることはできないではないか」という批判が提起されることも予想される。つまり、「やはり条件統制し、再現性を確保することで、どこで誰が行なっても同じ結果を追試できるようになるのであり、それにより初めて真偽を確認できるのだから、条件開示では科学性を担保することにはならない」という主張である。

しかし、これは暗黙裡に「真偽を確認する」という客観主義的前提に依拠した批判といわねばならない。もちろん、そもそも条件開示（構造化に至る軌跡）の中に条件統制が含まれていることからもわかるように、この主張は、真偽を確認するタイプの科学を否定するものではない。そうではなく、認識論的多元主義を前提とする構造構成主義においては、真偽を問う認識論も、真偽を問題としない認識論も、現象の構造化のための1つのツールとして、原理的には（出発点としては）等価として扱うことになる、ということなのだ。

それでもなお「現場の一回起性の現象を扱うのは結構だが、報告者がウソをついていたらどうするのか」という虚偽の報告に対する防御策を指摘する人もいるだろう。もちろん、科学者が「ウソ」をつくことはあり、それは学問的、社会的に重大な問題である。したがって「虚偽の報告だったらどうするのか」という疑問は実質的な問題としてもっともなものである。

だが、これは研究者の倫理や信頼といった次元の問題なのであり、ここで行なっている人間科学の原理的基礎づけとは異なる次元の問題であることを理解する必要がある。この種の批判をたとえれば、ここでは野球というゲームを成立させるためにふさわしいルールの確立を行なっているのであり、それに対して「審判が故意にストライクをボールと判定したらどうするのか」という批判をしているのと同じことといえよう。

ここでは、人間的事象を捨象することなく、かつ科学性を確保可能な必要十分条件を整備しようとしているのであり、そうした観点からは「条件開示」をする他ないという結論が導かれた、ということなのである。

4節
構造仮説の引き継ぎ方――継承

次に，構造仮説の引き継ぎ方について，従来の「検証」の有効性と限界を確認した上で，「継承」という新たな方法概念を紹介する。

1．検証の限界

従来の自然科学は，知見の積み上げに際し，「検証」という枠組みに依拠してきた。検証という考えの背後には，主体から独立した外部に客観的真理が実在しており，現象とその原因との関係における仮説を立てて，それを繰り返し検証することでその客観的実在に到達できると考える客観主義という認識論が存在している（菅村・春木，2001）。

また，客観主義と要素還元主義は密接に関連しており，客観的真実に到達するための手段として要素還元という手続きを位置づけることができる（菅村・春木，2001）。要素還元主義とは，すべての物質は有限個の構成要素に還元できるとする考え方であり，対象を要素に分解・還元していき，個々の要素を吟味した後に，それらを統合すれば対象全体を理解できると考えるものである。

以上のことから，検証とはこの要素還元的方法を基本として，客観的実在への到達を目指す枠組みといえる。検証は，基本的に立証か反証かという二者択一的思考をとっているため，「記述や解釈の多様性を拡大する」という方向性は許容されない。むしろ，「記述」は一義的でなければならず，「解釈」という思弁は最小限に抑えなければならないとされる。

したがって，人間的事象の「意味的側面」を対象として，それらの理解と解釈を目指すタイプの研究に妥当する枠組みではない。人間的事象の意味領域は，そもそも多様な解釈が並列しうるからだ。そういった領域ではもとより「純粋に客観的な解釈」「ただ1つの真実としての解釈」といったものを前提としていないため，「検証」はいわば「水をざるですくう」ようにその有効性を発揮することはできない。たとえば，先に挙げたように，人間の意味領域を扱う解釈学的研究においては，「検証」は，その認識論的前提そのものに妥当するものではないことになる。

ただし，ここでは「検証」を否定しているのではない。そうではなく，「検証」が先行研究を引き継ぐ唯一の方法概念であることは，人間科学の発展を阻害することになることを指摘しているのである。もし解釈学的な研究において先行仮説を引き継ぐ際に，「検証する」という言い方をすれば，「そのような方法はとうてい検証とはいえない」と批判されることになる。その結果，その領域では先行研究を引き

継ぐための方法概念がないため，継続的発展性が断たれてしまうのである。

以上のことから，従来の自然科学が依拠してきた検証の枠組みには，意味領域を含む人間的事象全体を扱う人間科学の方法論として厳然たる限界があることがわかる。

2．方法概念としての「継承」

他方，極端な解釈学的な立場や，社会的構築主義といった相対主義の立場は，知見の積み重ね自体を否定するため，具体的に知見を積み上げ，体系化する枠組みそのものをもてずにいた。

こうした現状を打開するために，「継承」という概念は有効であろう。「継承」とは，「研究対象とする現象に応じて，仮説をより細分化・精緻化していく従来の検証的方向性と，記述や解釈の多様性を拡大する発展的方向性の，双方を柔軟に追求可能な枠組み」（西條，2002b；p. 56）である。

それを踏まえた上で，本書ではあくまでも継承は人間科学全体に妥当する方法論として位置づけられていることを強調しておきたい。

人間科学を車に喩えれば，こういうことになる。従来の検証という枠組みは，人間的事象の「客観的側面（物理的側面）」である「モノ」のみを乗せられるスリムな車であった。しかし，人間科学という車であれば，意味や価値領域に代表される「主観的側面（意味的側面）」というサイズの大きな「イミ」も乗せなければならない。自然科学の「検証」という方法を唯一の人間科学の研究継続法に位置づけることは，この「イミ」を人間科学から排除することにつながる。

そして，われわれの「生」は物理的世界であると同時に意味世界でもあるのだから，意味世界を捨象することは人間理解を矮小化することになる。したがって，人間科学の方法論としては，戦略的に体のサイズの大きい方に合わせる必要があるのである。ただし，それは「モノ」を乗せないということではもちろんない。また広義の科学性もすべて放棄してよいといっているのでもない。人間科学が人間を全体として扱うためには，人間科学という車は，「モノ」と「イミ」のどちらも乗せることができる科学性，方法概念を備えていなければならないのである。

なお，継承概念は，やまだ論文（2001）－西條論文（2002b）－やまだ論文（2002）といった一連の仮説継承研究によって，その実行可能性と有効性が確認されていることを付言しておく。

3．継承に対する誤解と「関心相関的継承」

継承は人間的事象の曖昧な側面を扱える点が，従来の枠組みに付加された部分であったため，継承は発展性に特化した枠組みと誤解されることが多い（西條，2004b）。

たとえば、菅村（2003c）は、「西條は、従来の方法を『検証的方向性』をもつものとし、彼の考案した方法を『発展的方向性』のあるものとしている」（p. 152）と指摘している。確かに、「継承」は質的研究に構造仮説を引き継ぐための方法がなかったことから、質的研究に適した方法論の整備という文脈の中で提起されたものだが、継承とは発展・生成性のみに依拠する枠組みではない。「継承」には「検証」的側面が含まれることからもわかるように、検証を否定するものではない。実際に、「本当かどうか」を確認することを目的とした場合は、仮説の精緻化に特化した「確認的継承」として「検証」されることになるだろう（もっとも、その場合は、継承などといわずに、通常通り「検証」といえば事たりることになるのだが）。

また菅村（2003c）は、「元となる仮説が本来、先行テクストに基づいているのであるから、修正仮説も、最初の仮説を提起した研究者（やまだ、2001）に従属することは避けられない」（p. 153）として、継承の従属的性質を批判的に指摘している。ここでは「西條の『仮説継承』モデルでは、文字通り仮説を『継承』するため、仮説の棄却という可能性に開かれていない」（p. 153）ことを指摘したいのだと思われるが、これについてもいくつかの誤解を指摘することができる。

そもそも「仮説の棄却」は客観主義的パラダイムに限定された枠組みにすぎず、意味領域を扱う場合は、仮説の棄却ができなくとも問題はない。そして、先述したように「継承」の「検証的機能」と「発展的機能」は、現象や研究の目的と相関的に規定されるものであるため、現象の確実な側面を扱おうとした場合には、「仮説の棄却」に開かれた枠組みとして機能させることができる。

以上のように、この枠組みは研究対象や目的と相関的に「確認的継承」（検証）と「発展的継承」を選択可能な枠組みであることから、「関心相関性」を基軸とすることを強調する場合には、「関心相関的継承」と呼ぶことを提案しておくこととする。

5節
推測統計学による一般化の有効性と原理的限界

すべての人間を調べることはできないため、通常、人間科学では限られた対象に基づき人間の構造を明らかにすることになる。しかしながら、研究によって知りたいのは、その限定された対象にだけあてはまる構造ではなく、他の対象（母集団）にも妥当する構造である。この「構造」のことを通常「一般化された知見」と呼び、これを得るためには何らかの方法で知見を「一般化」しなければならない。つまり、従来の意味における「一般化」とは「特殊な条件のもとで得られた操作から得られた結論を、より広い条件のもとへと拡大して適用し、普遍化する過程」（岩本・川

俣, 1990 ; p. 107) のことをいう。
　この「一般化」をする方法として, 推測統計学に基づく一般化という方法が提起され, さまざまな学問領域に普及している。それは無作為抽出や無作為分配により, 標本と母集団の関係を偶然のプロセスに支配されるものにし, その偶然性がもつ数学的な性質を利用することにより, 標本の特性（割合や分散など）から母集団の特性（割合や分散など）を推定するというものである（高野, 2000）。要するに, この一般化という手続きにより, 研究によって得られた「構造」から, 他の対象（母集団）をも説明できるようになるのだ。そして, こうした従来の一般化の枠組みに一定の有効性があることは疑いようがないだろう。
　ただし, 従来の一般化に厳然たる限界があるのも確かである。高野（2000）は, 母集団（知りたい対象）が, 「日本人全体」とか「人類全体」という母集団になると, すでに死んでしまった日本人や, まだ生まれていない日本人がいるため, そうした母集団への一般化は, 無作為抽出と推理統計学の組み合わせによっては, 原理的に保証できないことを鋭く指摘している。
　それに加え, 以下に挙げるように, 現代の社会的, 学問的, 原理的要請により, 従来の「一般化」はますますその有効性が限定されつつあるようだ。

1. 時代の急速な変化と多様な文化圏のボーダレス化
　社会, 文化的な要因が影響するテーマ（対象）に焦点化して考えてみよう。ひと昔前までのように, 時代の変化が緩やかである場合は, 昔の知見（やり方）がそのまま通用することも少なくないことから, 従来の推測統計学に基づく一般化もそれほど問題ではなかった。
　しかし, グローバル化により世界が狭まり多様な文化が並立し, またかつてないほどのスピードで時々刻々と変化するこの現代社会において, いくら厳密に特定の時点の現象に一般化可能な知見を提起しても, それが異なる地域で, あるいは1年, 5年, 10年後に妥当する知見である保証はどこにもない。このように現代社会においては, 従来の一般化の原理的制約が露呈する。これは時代的制約から立ち現われる一般化の限界ということができよう。

2. 領域間の壁
　また, それぞれの領域の内部で, 専門的なテーマは研究者の数だけ細分化していくことになるため, 人間科学において異領域の知見を活かすのは困難である。「従来の一般化では原理的にその知見の一般性の射程は当該の対象（現象）を超えることはできない」のである。たとえば, 発達心理学で得られた乳幼児の抱っこの知見そのものを, 医学における治療場面に一般化して考えることはできない。このよう

に領域間，テーマ間の壁を越える方法が開発されなければ，学問のるつぼとしての人間科学の構造上の特徴を活かすことができない。これは学問的要請から明らかになる一般化の限界ということができよう。

3．事例研究における一般化問題

従来，事例的な研究は「その知見はどこまで一般化できるのか（できないだろう）」という批判を浴びてきた。つまり，事例研究から得られた知見は当該の事例にしかあてはまらないという科学としては致命的ともいえる方法論的欠陥を抱えてきた。こうした問題をクリアしなければ，少数事例に基づく質的研究が人間科学の方法論として根づくことはむずかしいだろう。これは方法論的要請から顕在化する従来の一般化の限界といえよう。

4．テーマ，問題，対象の無限増殖

従来は，特定の「実在」（存在的カテゴリー）を説明する理論（仮説）を追求しようとしてきた。いわば，どこかで発見されるのを待っている「実体」を追いかけていたのである。それでも「外部実在」（物理的世界）を対象とする自然科学の営みにおいては，特に問題とはならなかった。

しかし，である。人間科学の対象には，たとえば，社会，家族，いじめ，コミュニケーションといったコトがあるが，これらは「実在」ではなく，そもそも関係的に立ち現われるカテゴリーといえる。したがって，その在り方は時代や文化によってそもそも異なる立ち現われ方をする。また「携帯コミュニケーション」といったように，時代の変遷に伴い，新たなカテゴリーが立ち現われてくる。今後も人々が見たことも，聞いたことも，想像したことすらないような新たなカテゴリーが立ち現われてくるということがあるのである。

それと同様に，あらゆる問題は，原理的には関心相関的に立ち現われる。したがって，潜在的な問題とその性質をあらかじめ規定し尽くしておくことは原理的に不可能ということになる。逆にいえば，存在論的な意味での問題は関わり方に応じて無限に増殖するということを意味する。

仮に，現存する人間的事象のすべての構造を記述し，その構造間の関係性を明らかにし尽くすことができたとしても，現象は次々と変化することから，キリがないことになる。存在的に世界を捉える限り，この問題をクリアすることはできないのである。

5．新たな一般化への扉

このような従来の一般化の限界は，煎じ詰めれば，「従来の一般化では原理的に

その知見の一般性の射程は当該の対象（現象）を超えることはできない」という原理的制約からもたらされるものである。これは，人間科学の抱える難問に他ならない。

それでは，こうした難問をどのようにクリアしていけばよいのだろうか？

先に挙げた高野（2000）は，「では，現実には，一般化はどのように行われているかというと，はっきりと自覚している研究者はあまりいない」（p. 139）が，だいたい次のように行われているとして，自分がもっている知識をもとに，一般化できそうな範囲で一般化している，と指摘する。そしてその範囲の見分けは推定によるものにすぎないという。

高野（2000）はその具体例として，日本人の研究協力者により，色覚の実験を行った時のことを挙げ，日本人の目は黒く，色素が多く，それは特定の波長の光を吸収しやすいことが過去の研究からわかっていることから，その知見が一般化できるのは同じように目が黒い人間だけかもしれない，と推定的に一般化の範囲を見分けることができると述べている。

この高野の指摘は，「実際に研究者（人間）が行っていること」を見て見ぬフリをするのではなく，明示化したという意味で，その意義は大きいといえよう。次に，認知科学が明らかにした「アナロジー的思考」の知見により，この「研究者がナントナク行っている一般化」を理論的に基礎づけることで，意識的に活用できるよう「アナロジーに基づく一般化」として定式化する。

●◆● 6節 ●◆●
アナロジー的思考に拠る一般化

「アナロジー」とは，未知の状況に直面した場合，その事態を既知の事柄に置き換えて理解しようとする時の心の飛躍のことである。平たくいえば，「あれはこれに似ているような気がするから同じこと（構造）があてはまるのではないか」といった「思考の飛躍」といえる。そしてこのアナロジーが機能するための原則が認知科学の知見として明らかにされていることから，ここではこのアナロジーの原則を活用した新たな一般化の枠組みを紹介する（西條，2003a，2003c）。

1．一般化難問（アポリア）の解消の糸口

従来の一般化の難点は，同一現象であることが存在的に（実体的に）保証されていないカテゴリー間で，知見を活かし合うことができないという原理的な制約に起因していた。異なるテーマや名まえのついた対象に他の研究結果をあてはめて考えることは，論理的に飛躍した類推ということになり，そのような場合は，その継承

起源を論文に記載することは是認されていなかった。たとえば，ある研究で明らかになった学級Aの構造が，他者からみて，一見まったく異なる現象α（たとえばジャングルの部族の話し合い等）にあてはまるといった発想の飛躍を含んだ研究を開始することは，従来の枠組みでは是認されていない。

　しかし，これは裏返せば，同一現象であることが存在的に保証されていないカテゴリー間で構造仮説を継承することが理論的に担保されれば，この問題は解消可能となるはずである。

　したがって，次に「類似性の制約」と「構造の制約」と「関心相関性」を組み合わせることによって，存在的には一見異質にみえる現象（テーマ，対象）を扱う研究間で仮説を継承可能にする枠組みを提案する。

2．アナロジー的思考の三原則

　ホリオークとサガード（Holyoak & Thagard, 1995）は，アナロジー的思考に作用する3つの基本的な制約を挙げている。第一の「類似性の制約」とは，アナロジーはある程度までは，含まれている要素の＜直接的な類似性＞に導かれて生じるという原則である。それはたとえば，サルとヒトは直接的にある程度似ているというものである。

　第二の「構造の制約」とは，アナロジーは「ベース領域」（なじみ深い領域）と「ターゲット領域」（新たに理解しようとする領域）の役割の間に，一貫した＜構造上の相似関係＞を見出すように働きかける圧力によって導かれるというものである。サルとヒトの身体構造，道具の使用等の類似性がそれにあたるだろう。

　第三に，アナロジーの探索は，アナロジー利用の＜目的＞によって導かれるというものである。これはヒトを理解したいという目的がそれにあたるだろう。

3．アナロジー的思考の援用

　次に，このアナロジーの原則を，新たな一般化の枠組みの理論化に組み込んでいく。まず，研究論文をアナロジー利用の原則に基づく一般化を促進するテクストにするためには，アナロジーを行なう妥当性を得るために，「類似性の制約」を満たす必要がある。そのためには，知見を得るまでのプロセスを明示化しなければならない。これは「構造化に至る軌跡」を開示することが該当する。数量的研究においては，方法部にデータ収集の状況等を記載し，質的研究においては，十分に状況（文脈）を記述する「厚い記述」（Geertz, 1973）が必要になるだろう。いずれにしても，関心相関的観点から，読み手がそれらの類似性を十分確認可能な程の豊かな情報を記述しなければならない。

　次に，「構造の制約」を満たす必要がある。構造構成主義において「ベース」（な

じみ深い領域）と「ターゲット」（新たに理解しようとする領域）の間に一貫した＜構造上の相似関係＞を見出しやすいように現象を構造化することがそれに該当する。特に，ベースとターゲット間での比較が行なえるよう，構造を明示的に表象するのが有効である。そのためには ＜　＞＋＜　＞→＜　＞といったように「構造」を明示化する『構造表示法』が有効な方法として挙げられる。また実際構成された多くのアナロジーは図示されているという認知科学的知見（Holyoak & Thagard, 1995）を踏まえれば，構造化したモデルを，できる限り明示的に『図示化』することも有効な方法として挙げられよう。

また，アナロジーが働くための3つめの条件が「目的の制約」である。「何かを理解しよう」という目的（動機）が生じた時に，アナロジーは働くことになる。つまり構造構成主義的にいえば，関心と相関的にアナロジーは機能するということになる。

4．アナロジーに基づく一般化

また，歴史に残る多くの科学的発見がアナロジー的思考といった論理的飛躍を含んだ思考によって達成されてきたという事実（Holyoak & Thagard, 1995）を踏まえると，発想の跳躍に基づく仮説の継承を可能とする方法論的基盤の確立は，人間科学知の飛躍的発展につながる可能性がある。

つまり，このアナロジーに基づく一般化により，「この構造は，あの現象にもあてはまる（コードできる）のではないか」と思考の跳躍に基づく研究を，理論的に正当なものとして基礎づけることが可能となる。それはたとえば，「Aとαは，存在的には異なる事象だが，Xという関心に基づけば，～といったように『類似性の制約』と『構造の制約』を満たすことができることから，それらを存在論的に同じものとしてみなすことができる」といった主旨を，論文の「問題・目的」部に記載することにより，異なるテーマや対象の研究からも継承が可能となるだろう。

これは人間特有の優れた能力をアカデミックなレベルで活かし，それを是認する方法論的基盤の確立を意味する。こうした枠組みが学問的に認められることによって，発想の飛躍に基づく斬新な研究の量産につながる可能性も期待できよう。またアナロジーに基づく一般化は，そうした研究者の営みを理論的に基礎づけたものということもできる。言い換えれば，この枠組みを用いることによって，異領域で明らかにされた知見を活かす道が理論的に開かれたといえる。

したがって，これが浸透すれば，これまで以上に異領域を横断した飛躍的な発展がみられるようになるだろう。なお「アナロジー的思考」という認知科学の知見と，「構造」と「関心相関性」という概念の組み合わせにより理論化された「アナロジーに基づく一般化」という方法は，演繹法と帰納法の狭間に位置する「アナロジー

法」とでもいうべき第三の思考形式ということもできる。

　以上が「アナロジーに基づく一般化」（アナロジー法）の概要である。これを踏まえて，「アナロジーに基づく一般化」を定式化すると，＜「類似性」「構造」「目的」の3つのアナロジーの原則を活用した一般化＞ということができるだろう。これは人間によって行なわれる科学であることを活かした一般化ということもできる。

　なお，アナロジーが成功したか否かは，最終的にその推測が正確で有用なものであったかどうかに基づき判断されるべきである（Holyoak & Thagard, 1995）。したがって，アナロジー法による継承を行なった場合，個々人の経験レベルであれ，研究レベルであれ，その成否は，信憑性のある結果が得られたか，あるいは有用な知見が得られたかといったことに基づき判断されるべきといえよう。

5．アナロジーに基づく一般化の具体例

　アナロジーに基づく一般化の具体例として，構造構成主義の科学論的基盤となる「構造主義科学論」（構造主義生物学）の構成（成立）過程を挙げることもできよう。池田はこの系の発展プロセスを次のように述べている。

> 　丸山流に解釈されたソシュールの言語論は，砂山にかけた水のごとく私の余りおりこうとも言えない頭に滲み込んできた。言語体系の共時性とコトバの恣意性（しいせい）の話は，構造主義に対する私の思い入れを決定的なものとした。同時にチョムスキーの生成文法とソシュールの言語論は，生物学をかすがいに結びつくかも知れない，と漠然と思ったものだ。それは逆に言えば，ソシュールやチョムスキーの構造主義を生物学に応用できるかもしれないということでもあった。
> 　私のこの予感は一九八五年に柴谷篤弘と出会ったことにより現実のものとなる。……（略）……私は構造主義生物学の構築にとりかかったのである。その過程で，構造主義（というよりもむしろ，構造主義生物学と言うべきかも知れないが）は科学論にも応用可能であると気づき，一九八九年の師走から一九九〇年の正月にかけて，三週間余りで一気に書き上げたのが本書である。
>
> （池田，1990；p. 4）

　「構造主義科学論」は，もともとソシュールの記号学（一般言語学）のコトバの恣意性の考え方を，生物学的構造へと導入することによって体系化された「構造主義生物学」（池田，1988）の発展系なのである。この過程で，領域を超えたアナロジーに基づく一般化という意味で，特に注目すべき点は，ソシュール言語学を生物学へ導入した点ということができよう。

当時の生物学の主流は，「物理法則とか，ケミカルな法則とかを生物に適用して，生物の現象を解こうとみんな思っていた」（池田，2005；p. 148）のだが，池田（や柴谷）は，生物の法則の「いい加減さ」を捉えるべく，「上から引っ張ってこようとした」という。つまり，ソシュールの言語論の考え方を，生物学に導入し，「生物における恣意性」を基軸として，構造主義生物学を構築したのだ（池田，1988；柴谷，1999）。その中で，池田は「ゲノムの構造化」というアイディアのもとに「安定化中枢説」を提唱した。池田（2005；p. 148）によるとそうした考えは，「その当時はあまり理解してくれる人はいなかった」が，「その後二〇年近くたって，そういう話に徐々になってきている」ことから，卓越した理論構造を有していたといえよう。

上記のような思考の飛躍（アナロジー）が，どのような思考プロセスを経た結果として起こったのか，その詳細は定かではない。したがって，推測の域は出ないが，言語（コトバ）が原理的に恣意的に構成されたルールであれば，必然的にコトバ（記号）とコトバ（記号）の関係形式である「構造」も恣意的にならざるを得ないため，「生物学的構造」（ゲノム構造）にもその原理は適用できるのではないか，といったアナロジー（類推）が働いたのかもしれない。いずれにしても，ソシュール言語学を生物学に導入した試み（構造主義生物学）は，領域を超えたアナロジーに基づく一般化の成功事例ということもできよう。

ただし，この際には，アナロジーに基づく一般化の危険性についても留意しておく必要がある。理論家が「あれはこれにもあてはまるかもしれない」と理論を進展させる分には，その一般化が間違っていたとしてもそれはその理論の整合性が損なわれるだけで他人に迷惑をかける可能性は少ないため，さほど慎重になる必要もないかもしれない。しかし，特に臨床の現場など患者などに即時的に影響があるような分野では，異領域の知見を安直にあてはめることにより，他者に直接悪影響を及ぼす可能性もあるため，そうした場合には慎重な態度も求められるといえよう。

6．関心相関的一般化選択法

アナロジーに基づく一般化は，従来の方法概念を否定するものではない。ここでは従来の一般化の人間科学における限界を踏まえた上で，さらなる選択肢を提示したと考えてもらえばよいだろう。したがって構造構成主義においては一般化の方法も関心相関的に選択される。研究目的に応じて，従来の「推測統計学に基づく一般化」といった方法を選択した上で，アナロジーに基づく一般化により，実際に一般化できる範囲を見極めることも可能である。先に高野（2000）の挙げた色覚研究の例でいえば，得られた知見が作用するための条件を知りたいという「目的」を基軸として，直接的に「類似」している人間の目の色素といった「構造」の異同が，知

見の一般化の範囲内／外を見極める際のポイントの1つといえよう。

つまり，アナロジーに基づく一般化によって，従来ナントナク行なっていた一般化を理論的に精緻化した形で遂行することが可能となる。さらに，アナロジーに基づく一般化により，飛躍した一般化を試行することも可能となる。

またアナロジーに基づく一般化が理論化されたことは，次に議論する「構造」を「視点」として活用するための理論的基盤が確立されたことも意味する。

7節 「視点」としての「構造」

科学は人間の営みであるということは誰もが了解するであろう（もしそれを認めない研究者がいるとしたら，自分は人間ではない何かであると宣言していることになる）。知見を生み出すのは人間であり，知見を使うのも人間である。構造構成主義的に言い換えれば，構造を構成するのは人間であり，構造を活用するのも人間である，ということになる。

構造構成主義においては，得られた＜構造＞は「客観的な事実」や「真実」などではなく，われわれに立ち現われた現象を特定のアプローチ（観点）から切り取った「構成物」であることから「視点」として活用することも可能となる。「視点」とは無色透明無重量の眼鏡のようなものであり，世界はそれを通して把握されることになる。たとえば，システム論的な見方を身につければ，世界を「システム」として捉えることができる。世界は，その視点（世界の見方）を通して構造化され，存在者としての姿を現すのである。文化が異なり，時代が変化し，領域やテーマが異なっても，すべての世界はその眼鏡（視点）を通してみられることに変わりはない。

したがって「視点」（「世界の見方」「現象の捉え方」）としての「構造」は，領域や時代や時間的制約を超えることができるのである。またこれによって一事例の研究によって得られた「構造」であっても，それを「視点」として直接的，構造的に類似した現象を捉える際に参照することが可能となる。

現象説明を目指す従来の研究においては，そこで得られた知見がどれだけ多くの現象を説明できるかが重要になってくる。したがって，そこでは推測統計学的に一般化の範囲が広いことが最も研究を価値付ける要因の1つとなるし，記述や得られた知見が多ければ多いほど，良い研究ということになる。そこでは特定の対象を説明する力こそが求められるからだ。

7章でも述べたように，従来，「構造」は外部世界を反映した実体的な概念として捉えられていた。そのためいわゆる「理論家」といわれる人々は，すべての現象

を自分の依拠する理論で説明しようとする傾向が強かった。そうした人々は，より多くの現象を説明できる理論が優れた理論であると考えており，極端な場合だとほとんどの現象を説明できないものは「理論」の名に値しないと考えていたといえよう。

しかし，考えてもみれば，特定の理論（視点）のみですべて解決できる難題などない（たとえ，あったとしても，そのような現象はそもそも問題にもならないだろう）。そのため，6章で論じたように理論家は自らが依拠する理論で，それが不向きな現象をもすべて説明しようとするため，現場の人は「理論（家）はツカエナイ」と思うことになり，それを契機として理論と実践の二項対立図式が生じることも少なくなかったのである。

構造構成主義においては，従来の方向性に加え，研究の価値はその視点がもたらす「意味」にかかってくる（西條，2004a）。これは現象の「説明」に価値を置く客観主義を認識論とした従来の研究とは異なる立場であることに注意しなければならない。構造構成主義を認識論とする研究の価値は，そこから導き出された視点がどれだけ現象の意味を変えるか，あるいはより妥当な現象理解をもたらす枠組みを提供できるかも重要となる。

現象説明を目指す研究が知見の積み上げによる「足し算的営為」だとすれば，現象理解の枠組みは従来の知見や現象の捉え方に抜本的な変更をもたらす「掛け算的な機能」を果たすことになる（西條，2004a）。要するに，その視点を通すことにより，現象を異なるものとして捉えることを可能とするものなのだ。構造構成主義は，従来の枠組みとの対比という意味では後者の「視点」としての機能を強調せざるを得ないが，本質的にはこの双方を関心相関的に使い分ける立場をとる。

以上5節の議論をまとめる。まず「類似性の制約」と「構造の制約」を満たすテクスト（研究論文）にすることにより，新たな心的概念（問題）が提起されても，人々が，過去に構造化された知見（構造）を，アナロジーに基づく一般化（理解）によって継承を促進することが可能となった。そしてこれは，演繹法と帰納法の狭間に位置する「アナロジー法」とでもいうべき第三の思考形式の確立も意味する。また，これにより構造を「視点」として活用するための理論的基盤が整った。

したがって構造構成主義においては，異領域で明らかにされた知見を，積極的に活用することも可能となるのである。この章の最後に，異領域の知見の活かし方という点に焦点化し，さらなる理論化を進めていくこととする。

8節
継承対象の拡張による人間科学知の存在論的編み変え

先ほどは,「検証」に代わり,新たな構造仮説の引き継ぎ方として「継承」という概念を提起した。それは,主にその対象を仮説に限定するものであったが,ここでは西條（2003c）の議論を踏まえ,さらに「継承」概念の拡張を行なう。

1. 知の動的ネットワーク構造

まず「対象・テーマ・認識論・方法論・理論・概念」等の研究を構成するさまざまな要素を,継承対象として捉えることを提案したい。その際に,その継承の仕方にも適度な自由度を与えるためにも,「ゆらぎ」をもたせる必要がある。その「ゆらぎ」となるのが「関心相関性」である。

継承対象は,「関心」と相関的に選択され,またその継承の仕方も関心に応じて柔軟に継承される。このように,継承対象も含めたものとして「関心相関的継承」という概念を再定式化しておく。

それによって,さまざまな領域・立場における各研究（論文）が,ネットワーク状に連結していくものとして捉えることを可能にするのである。それぞれの研究を知のネットワークに位置づけて捉えることによって,人間科学を,到達すべき客観的実在を仮定せずに,ローカルな知識に基づきつつも統一的なまとまりのある知の体系として捉えることが可能となる。

こうした議論に対して「継承対象の拡張を提唱したところで,実際にそれを本文中に明記することは困難ではないか？」といった疑問が呈されることは予想できる。確かに,継承対象の拡張を唱えたところで,従来の慣例に逆らい,実際に論文にそれらを明記することは困難かもしれない。

しかし,ここでのねらいは,具体的な方法論的枠組みとして有効に機能するというよりは,むしろ人間科学知の体系化が可能となるように,各研究者の知の捉え方・体験の仕方を変更する「視点」として機能させることにある。これにより各領域やテーマを超えた人間科学知を構築するためのイメージをもつことができれば,継承対象の拡張の目標は達成できたといえるだろう。

2. グランドセオリーのスケッチ

さて,一通り人間科学の方法論的枠組みを整備したところでグランドセオリーの新たなイメージをスケッチしておきたい（西條,2003c）。従来グランドセオリーというと,現象を統一的に説明可能な単一の理論や,それにすべての現象を還元可能

な理論として捉えられていた。
　しかし，そうした単一理論へと還元しようとする捉え方はとりもなおさず，他の理論の併存を許容しないことになるため，信念対立に陥る。したがってグランドセオリーを志向するとしても，そのような単一の絶対的な，存在的な構造としてそれを捉えてはならない。
　それでは，構造構成主義において人間的事象を統一的に説明可能なグランドセオリーとはどのようなものとして姿を現わすであろうか。継承対象の拡張により，描かれるグランドセオリーとは，従来のような平面的なイメージで捉えうるスタティックな理論ではなく，アナロジカルにいうならば，ニューラルネットワークを基礎とした人間の脳のシステム，すわなち「立体的かつ動的に組織化される理論」として捉えられるだろう。
　換言すれば，これは人間科学的知を，神経細胞と脳のアナロジーにおいて存在論的に規定しようという試みでもある。人間の脳が，何を目的としてどのような活動をするかによって，活性化する脳の部位が異なるように，人間科学のグランドセオリーとは，対象とする人間的現象によって，そのネットワークの特定の部位が説明したり，複数の部位が複合的に説明したりするといった動的に組織化される生きたシステムとして，その姿を現わすことが期待できる。
　このように人間科学的知を動的ネットワークとして存在論的に規定することによって，現段階においてもグランドセオリーは創発可能な段階にあるのかもしれない。なお構造構成主義では，構造は存在論的概念であり，原理的にその複数性を基本とすることから，グランドセオリー自体も単一である必要はなく，目的や関心に応じて複数のグランドセオリーが立ち現われる可能性があることは前提としておさえておかなければならない。

9節　人間科学の方法論のまとめ

　以上，本章では「構造」や「関心相関性」を基軸とすることにより「認識論・方法論の関心相関的選択」「構造化に至る軌跡」「関心相関的継承」「アナロジーによる一般化」といった方法論的概念を整備した。そして継承対象の拡張を行なうことにより知の体系を「知の動的ネットーワーク」として存在論的に再構成した。その上で，新たなグランドセオリー像をスケッチしてみせた。
　ただし，言うまでもなく人間科学の方法概念の整備はまだ着手されたばかりである。今後もさらなる改善と修正を重ねる必要があろう。
　ともあれ，この章までで，構造構成主義の哲学的基盤（3・4章），科学的基盤

(5・6章),方法論的基盤（7・8章）の整備を終えた。次章では従来の思潮との差異化を計ることで，構造構成主義の輪郭を浮かび上がらせていく作業に移ることにする。

9章 他の思潮との差異化，構造主義，社会的構築主義，客観主義，そして構成主義

> 比較の仕事は，一つの哲学をそれ以外のもので再構成することであり，周囲のものに結びつけることではありますが，この仕事があらかじめ行われないかぎり，おそらくその哲学の真の姿もけっして見いだされません。人間は新しいものが出現しても，それを古いものに還元しようと試みつくしたあとでなければ，新しいものを理解し始めないものです。　(Bergson, 1911 ; pp. 80-81)

　本章では，構造構成主義と「構造主義」「社会的構築主義」「客観主義」「構成主義」といった既存の思潮との異同を論じることにより，構造構成主義の輪郭を浮き彫りにしてゆく。

●●● 1節 ●●●
構造主義との差異化

　まず「構造構成主義」を名乗る限り，「構造主義」について触れないわけにはいかないだろう。しかし，ここで構造主義の内実と，その理論的欠陥については詳しく論じるつもりはない。というのは，構造主義についてはすでに多くの批判がなされており，また構造構成主義がその体系に組み込んでいる2つの理論—構造主義科学論（池田，1988）と構造存在論（Rombach, 1971）—において詳しく論じられており，ここで再びそれを繰り返すことに積極的な意味があるようには思えないからである。

したがって，ここでは構造主義に対する典型的な批判を取り上げつつ，その共通項として浮かび上がる，構造主義の原理的欠陥を指摘しつつ，構造構成主義との相違点を明示化することにする。

7章で詳述したように，ロムバッハ（Rombach, 1971）は，従来の構造主義は原理的には存在論的な概念である「構造」を存在者（実在・システム）として扱っていると批判した。そして，池田清彦（1988）は，構造主義科学論の観点から，レヴィ・ストロース（Levi-Strauss, 1958）やピアジェ（Piaget, 1968, 1970）を挙げながら，彼等には構造の恣意性についての認識が欠如していた点を指摘した。

また，渡辺二郎（1994）は『構造と解釈』において，レヴィ・ストロースの社会人類学に対する甚大なる貢献と，生の尊厳を守ろうとする姿勢を最大限評価しつつも，リクールのレヴィ・ストロース批判を取り上げ，構造主義が哲学として語られる際の問題点を指摘している。その要諦は，構造主義が「観察者から独立」した，「無意識的」な，「客観的」構造の抽出を謳うことにより，解釈する「主体」を置き去りにしたということに集約することができよう（渡辺，1994 ; p. 100）。

これらの批判は同じ原理的欠陥を異なる角度から言い直しているということができる。すなわち，「構造」とは「主体」により存在論的，恣意的に構成されるものに他ならないのだが，構造主義は「主体」を消してしまうことにより，構造を客観的な実在物（存在者）として扱ったという点が批判されてきたのである。

それに対して，構造構成主義は，構造の恣意性を原理的出発点として，構造は存在論的に構成されるものとするため，構造主義に提起されてきた批判はことごとく解消できる理論性を備えていることがわかるだろう。この点が構造構成主義と構造主義の決定的な相違点の1つといえよう。

またレヴィ・ストロースやピアジェといった代表的な構造主義者は，構造主義とは本来的に1つの方法であることを繰り返し強調している。それに対して，構造構成主義は―もちろん何らかの目的を達成するための「方法」として用いることはできるのだが―現象学，記号学，記号学的還元，構造主義科学論，構造存在論といった一連の思想のエッセンスを構成素として体系的に組み上げられた「原理」（考え方の理路）となっており，自らを1つの思想，哲学として捉えうる枠組みであることを是認する立場をとる。

2節
社会的構築主義との差異化

近年人文・社会科学全般において，social constructionism（社会的構築主義）と呼ばれる新しい認識論が，領域横断的に浸透しつつある（上野，2001）。社会的構

築主義については，6章の第二世代の科学論の展開の中でも少し触れたが，ここで社会的構築主義との差異化という点に着目しつつ，あらためて論じていく。

1．知識の蓄積の否定

社会的構築主義は知識は社会的に構築されるものであり，「時代を超えて，蓄積されるものとは考えない」（Gergen, 1994）と主張する。しかし，この前提に依拠する限り，時代や文化が変わっても通用するような自然科学的な「知」については語り得なくなってしまう。事実，ガーゲン（Gergen, 1994）は，今後の課題として，社会的構築主義の立場から自然科学の進歩に関する十分な説明をする必要があると述べている。裏返せばこれは，社会的構築主義は自然科学の営為を説明できていないことを告白しているということができよう。

2．言説至上主義

また「世界が言葉で表現されているというよりも，言葉が世界を構成しているというべき」（野口，2001；p. 51）との前提が，社会的構築主義の立場をとるすべての研究者に共有されている了解といえる（上野，2001）。たとえば，千田（2001）は「言語からなる知識こそが，わたしたちの世界の現われ方を決定づけるのであり，言語なしにわたしたちは何も知覚することができない」（p. 5）と明言している。

しかし，このような言語の役割を過大視した考えは，たとえば，生命科学，分子遺伝学等々のハードサイエンス領域には，とうてい受け入れられることはないだろう。

それに対して，構造構成主義は，原理的には科学的営みは構造概念を基軸とした記号を用いた人為的な営為と考えるが，言説至上主義の立場をとるものではない。人間が認識する上で必然的に言語の影響は逃れ得ないため，「現実は言語により構築される恣意的な側面があること」は前提として認める。しかし，人間の認識を規定しているものとしては，言語ばかりではないのは明らかであり，他に「遺伝」「身体」「文化」等々いくらでも挙げることができる。このように，構造構成主義は言説至上主義的な考え方はしない。

構造主義科学論を体系化した池田（1990）は，「ソシュールの言語理論を極端に解釈する一部の論者は，『コトバによってはじめて世界は生成する』かのように言うことがありますが，これはさすがに言いすぎでしょう」（p. 69）と正しく指摘している。

それでは構造構成主義は何を第一義に尊重するのであろうか？

それは「現象」である。言説がなくとも現象は存在する。私が経験する現象は

時々刻々変化する何かであるが，シニフィエ（コトバ）は同一性を担った不変の何かであり，変化する何かと不変の何かが同じであろうはずはないため，シニフィエは現象ではなく，従ってコトバがあろうがなかろうが現象は実在するのである（池田，1990）。そして同時にこれはコトバや構造が現象の立ち現われに織り込まれていることを否定するものではないのだ。

3．相対主義

6 章でも指摘したように，社会的構築主義は，相対主義ではないのかといった疑念を抱かれることが少なくない（千田，2001；Gergen, 1994；上野，2001）。

そういった批判に対して，ガーゲン（Gergen, 1994）は，社会的構築主義は，社会的理性主義という新しいタイプの合理主義に依拠することによって，相対主義・主観主義・独我論に陥ることを回避できるとしている。社会的理性主義は，知識は個人の頭の中にあるのではなく，集合体の中にあるとし，真実があるとすれば，それは，その真実をつくる人々からなる集合体が存在するからであると考える立場である。言い換えると，知識は個人の内的プロセスではなく，コミュニケーションという社会的プロセスにおいて生成されることから相対主義へは陥らないというのである。

しかし，考えてみると，言説から離れた「実態」なるものについては判断中止する社会的構築主義が，相対主義を回避するための論拠を，素朴に「人々」や「人々からなる集合体」の「存在」に依拠しようとするのは虫がよすぎる感は否めない。少なくとも論理的一貫性に欠けているといわねばならない。

他方，構造構成主義が第一義に尊重する「現象」には，（通常）他者も含まれており，加えて他者とのやりとりを経て，知見はより妥当な方向へ収斂しうる理論的基盤を有していることから相対主義は回避可能となる。そしてそれをアカデミックレベルで実現するための方法論的概念も備えている。

4．対話の拒否

総合領域である人間科学という文脈において，ラディカルな社会的構築主義の最大の欠陥は，客観主義的な認識論に依拠する科学領域との対話を，結果として拒否する態度に陥ってしまう点にある。たとえば，上野（2001）は，「実在があるかないか，という罠のような問いに代わって，実在はカテゴリーを介してのみ認識の中にたちあらわれる，カテゴリー以前的な『実在そのもの』にわたしたちは到達することができない，とウィトゲンシュタインにならって，答えておけば足りる」（p. 288）と断じる。しかし，たとえば，いわゆる「実在」としての生物学的身体などを扱う生物学者にこうした回答をしたところで，それは対話拒否のメッセージにし

か写らないだろう。

　確かに議論のための議論としてはこれで「足りる」かもしれない。しかし，少なくとも異なる認識論に依拠する異領域との建設的対話を行なうという目的に照らし合わせるならば，このような答えでは「足りない」と思う。こうした対話を拒否する姿勢は，人間科学内部の信念対立や，相互不干渉図式を強化することにつながってしまうからである。

　もっとも，この上野の指摘自体は何ら間違ってはいないのだが，われわれの「現象」は，言語のみならず，社会，文化，身体，遺伝子，経験等々のすべての総体として立ち現われていると考えざるを得ないのであり，その意味で言説の影響だけを特権化する論理的根拠はないのである。「現象」から出発する構造構成主義の観点からみれば，それらが現象に分かちがたく織り込まれいてることは大前提としての「出発点」にすぎず，「結論」として相手に突きつけるような類いの「印籠」（リーサルウェポン）ではない。

　もちろん，相対化を特技とする社会的構築主義的な議論は，無自覚客観主義者に対しては一定の効力を発揮する。たとえば，客観的事実として，生物学的な構造上男性の方が女性よりも外で働くことに向いているとナイーブに信じている人には，「そんなあなたの信念や言説も社会的に構築されたものにすぎない！」と指摘することによりビックリさせることはできる。しかし，それがすでに前提となっている人には「そんなの知っていますよ。そんなあなたの言説だって社会的に構築されたものですよね」といわれてオシマイになってしまう。

　社会的構築主義は相対化を「目指す」が，構造構成主義は相対化を「前提としての出発点に位置づける」のであり，この点は，双方の決定的な相違点の1つということができるだろう。言い換えれば，前者は「相対主義」であり，後者は「戦略的・方法論的相対論」といえるかもしれない。

5．人間科学のメタ理論としての欠陥

　それでは，このような社会的構築主義は，人間科学のメタ理論としての条件を備えているのであろうか。問い方を変えれば，社会的構築主義は，人間科学のハードサイエンス的領域が対象とする現象をカバーできるような包括妥当性を備えているのであろうか。

　赤川（2001）は，万が一社会的構築主義が本質主義にひとり勝ちした際には，社会や文化がすべてを決定するという別の形の本質主義（社会本質主義）へ陥らざるを得なくなってしまうと指摘する。つまり，社会的構築主義は客観主義や本質主義が健全に存立する限りにおいて有意義な主義主張足り得るわけであり，比喩的にいえば客観主義・本質主義への抵抗野党にすぎないともいえるのである（赤

川, 2001)。このことから，社会的構築主義は，原理的に超認識論というべきメタ性は備えておらず，人間科学全体の認識論にはなり得ないといえよう。

他方，構造構成主義はソフトサイエンスからハードサイエンスまでを包括して妥当する科学論や方法論的概念を備えていることから，人間科学のメタ理論として位置づけることが可能である。

以上，言説至上主義的性質，相対主義的性質により，社会的構築主義は人間科学のメタ理論となる原理性を備えていないことを論じてきた。しかし，これは社会的構築主義を否定するものではない。こうした限界を踏まえた上で，社会的構築主義を，現象を構造化するための1つのアプローチとして用いるならば有効性を発揮すると考える。以下にそうした立場の社会的構築主義を挙げ，構造構成主義はそれを理論的にサポート可能なメタ理論となることを論じていく。

6. アプローチとしての社会的構築主義

社会的構築主義に依拠するということは，言語活動を離れた「現象自体」なるものに対しては「判断中止」する，つまり考えないという態度を堅持することを意味する（中河，1999）。千田（2001）は，社会的構築主義はけっして「すべて構築されている」という信念を主張するものでないと述べている。すなわち，社会的構築主義は「実際は実在するはずの生物学的な要素」が社会的にどのように構築されているかを問い直す1つの「アプローチ」なのである（千田，2001）。こうした主張は社会的構築主義を基底に据えることにより，他の認識論との対話を拒否するものではない。

社会的構築主義を有効なアプローチの1つとして用いた研究として，たとえば，「非行少年」が人々の相互行為の中でそのようにして構築されていくかを明らかにした松嶋（2002）の研究などが挙げられよう。

7. ハードとしての構造構成主義

構造構成主義は，研究（者）の目的に応じて，社会的構築主義が有効な認識論になると考えられる場合には，それを関心相関的に選択することを可能とする枠組みである。そして社会的構築主義を戦略的に用いる立場を，理論的に基礎づけることも可能となる。

そのように構造構成主義をハードとし，社会的構築主義を1つのアプローチとして用いることで，何でもアリの相対主義との批判を回避でき，かつ構造主義科学論を科学論として採用していることから，広義の科学性を満たすことも可能となる。さらには，構造構成主義は他の思潮との信念対立も解消する枠組みであることから，従来相容れないとされてきた客観主義等の認識論的枠組みとの建設的対話を可能と

するメタ性を備えている。

　このように構造構成主義は，社会的構築主義に対して呈されるさまざまな批判を解消する理論的頑健性を備えている。したがって，構造構成主義をメタ理論（ハード）とすることにより，社会的構築主義に対するさまざまな批判を理論的に回避し，そのアプローチ（ソフト）としての有効性を最大限に引き出すことが可能になるのである。

3節
客観主義と構成主義との差異化

　次に，西條（2002a）の議論を参照に，客観主義／構成主義といった各認識論的立場に，構造構成主義を位置づけることにより，構造構成主義の態度を明確化する。
　ここでは，ニーマイヤー（1995）が提示した客観主義と構成主義の対比表に加筆する形で，それを示すことにする（表9‐1）。ここで，この対比表を取り上げた理由は，これをモダニズムとポストモダニズムの典型的な対比としてみることが可能であり，さらに構造構成主義を位置づけることにより，それらの差異を明確化できると考えたからである。
　ただし，構成主義はけっして一枚岩ではなく，日々発展していることから，この表で示されている構成主義は，代表的な構成主義者の1人であるニーマイヤーによる「構成」にすぎず，これが構成主義のすべてではないことに注意しなければならない。
　構造構成主義と構成主義は，①「知識の性質」，②「知識の有効性」においては，その意味するものは基本的に同じと考えてよいだろう。あえて，構造構成主義の観点から表現し直すとすれば，①「知識の性質」は，主体に立ち現われた現象をコトバによりコードしたものということになるだろう。また，②「知識の有効性」については，現象をより上手にコードできる理論（構造）が優れた構造ということになる。
　③「真実の性質」において，構造構成主義は，客観主義・構成主義双方の掲げる前提を包括するものになる。表からもわかるように，「真実の性質」に対しては，客観主義は「単一」であるといい，構成主義は「複数」であると主張していることがわかる。しかし竹田（2001）が鋭く指摘するように「各人の観念世界は，『同一』か『差異』かといった問いは形而上学にすぎ」ず，「それは観点によるのであって，いずれかが絶対的事実あるいは絶対的客観なのではない」（p. 265-266）のである。実際われわれに立ち現われてくる現象には多様ともいえるし，かつ一様ともいえる事態も起こりうる。たとえば，指紋はすべての人間に共通して存在してい

表9-1 客観主義と構成主義と構造構成主義の対比(Neimeyer, 1995；西條, 2002aを参照に作成)

仮定条件	認識論		
	客観主義	構成主義	構造構成主義
知識の性質	実在世界のコピーや表象	主体の経験や行為による構成	構成主義とほぼ同じ；主体に立ち現れた現象をコトバによりコードしたもの
知識の有効性	真実と一致する理論；感覚を通じて立ち現れた実在世界と主張との知識の真実性のあるマッチング	真実に関する統一性のある理論；内的整合性と社会的同意を通した実行可能な知識の追求	構成主義とほぼ同じ；より多くの現象を上手に説明できる理論が，より客観的な理論ということになる
真実の性質	単一で，普遍的で，歴史とは無関係で，増加するもの	複数で，文脈的で，歴史的で，系列関係的	客観主義と構成主義を包括する；同一性と差異性が現れる「現象の構造本質」のこと
科学の目的	統一主義者；普遍法則の発見	多元論者；ローカルな知識の創造	多元論的統一論者；個々の多様な現実を認めつつ統一的な知を追求する
科学的方法	慣例的；量的測定や制御可能な実験を強調する	無政府主義；質的方法や物語の解釈学的分析を強調する	完全な方法論的多元主義；強調点はない。対象とする現象をより上手に捉えることが可能な方法が科学的方法である

るという意味では一様だが，1人として同じ指紋をもつ人間はいないという意味では限りなく多様である。

　そして，構造構成主義の中核原理である関心相関性は，まさに竹田(2001；p. 266)が，「認識の問題においては，この『同一性』と『差異性』という領域が現われる構造の本質が捉えられるべき」と主張したところの，「構造の本質」を言い当てたものということも可能である。したがって，すべての存在者(存在・意味・価値)に妥当する原理という意味では，関心相関性は普遍洞察的概念ということができる。しかし，あくまでも構造構成主義では，いわゆる「単一真理」は原理的に成立しないという立場をとることに変わりはない。

　④「科学の目的」においても，構造構成主義は客観主義・構成主義双方の掲げる前提を包括するものになるため，構成主義とは大きく立場を異にする。構成主義者は，多元論者であり，知識をローカルなものとして捉える。構造構成主義も多元論を「出発点」とするものの，必ずしもそれを「結論」とするものではない。問題の性質によっては，異なる考えをすり合わせることにより，統一的な見解を構成して

いくこともある。この意味では，構造構成主義は多元論的統一論者といえるだろう（とはいえ，もちろん統一知の複数制は前提とする）。つまり，知識をローカルなものとしながらも，それに基づき建設的に意見をすり合わせ，全体知を相互構成してゆく態度をとる。

⑤「科学的方法」に関しては，構成主義は，無政府主義の立場を採りつつも，質的方法や物語の解釈学的分析を強調する。それに対して構造構成主義は，完全な方法論的多元主義であり，絶対的な強調点はもたない。なぜなら，妥当な方法とは，その研究の対象・関心・目的と相関的に（応じて），そのつど規定されるものと考えるからだ。

●◆● 4節 ●◆●
連立制御ネットワークとしての構成主義との異同と連携

先に触れたように，構成主義は，広範囲の分野を横断し，日々発展する「動的多様性」を備えた理論となっている（菅村，2002）。そのため，ニーマイヤーの論じた（構成した）「構成主義」と，近年の「構成主義」は異なる様相を呈している。

とはいえ，もとより構成主義は各人にとっての構成主義を認める思想でもあるので，「これこそが構成主義」という議論の仕方はできないため，ここでは，近年の構成主義の動向として，菅村（2003b）が人間科学のメタ理論に「構成主義」を位置づけた論考を取り上げて，構造構成主義との関連性を論じることにする。この論考を取り上げる理由は，人間科学のメタ理論として議論されており，またそこで論じられている構成主義は，構造構成主義と高い類似性がみられるためである。

1．構造構成主義との類似性

まず，おおまかにその類似性を2つ挙げる。第一に，あらゆる知識を構成されたものとして捉える視点や，その構成プロセスをメタ的に捉える態度が挙げられる。そのような「発想におけるメタ性」は，知識を絶対視しない態度を導くことになり，それによって他の異なる知識を受け入れやすくなるといわれている（菅村，2003b）。これは，すべての構造（知見）は原理的に人間が構成したものとして捉えることにより，信念対立解消の端緒を開こうとする構造構成主義の視点と重なるといえよう。

第二に，構成主義の「他の思想を排除せずに擁護しようとする特性」（菅村，2003b）が挙げられる。これは構造構成主義が，他の認識論や理論をより十全に機能させるメタ性を帯びている点と類似しているといえよう。

2. 構造構成主義との連携

菅村は, 構成主義の特長をメタ理論としての人間科学に導入し, 以下のように論じている。

> 人間科学のメタ理論には土台となる部分はなく, 諸理論が相互に連携することによって成り立っており, それらの間に上下関係はなく, それぞれが並列的な関係にあると捉えるのである。こうしたうえで, 理論間, また諸学問間の連携を図り, ある理論の欠点は, 他の理論によって補い, またその理論が別の理論によって補強されるという枠組みを作っていくことが望まれる。……(略)……このような形態をもつメタ理論を「連立制御ネットワーク」と呼ぶことにしたい。
> (菅村, 2003b ; pp. 33-34)

この「連立制御ネットワーク」と, 8章で論じた「知の動的ネットワーク」(西條, 2003c) には高い類似性が認められる。そして, 菅村はここで「連立制御ネットワークとして, 人間科学という体系を捉えた時, インターネットのメタファーにはもう1つ示唆がある」として,「プロトコル」という概念を挙げている。この「プロトコル」とは,「ネットワーク上で情報を交換するために従わなければならない通信規則であり, 国際的な標準がある」ものである。

そして,「プロトコル」という概念を, 人間科学のメタ理論へとアナロジカルに敷衍すれば,「人間科学を連立制御ネットワークとして機能させるためには, ノード間のコミュニケーションの方法についても問題にすることが求められる」といったことが示唆されるという。これは, 諸学問やそれに依拠する研究者間の建設的コラボレーションを促進するという意味で, 重要な指摘であるし, また構造構成主義の志向性とも重なるものといえよう。

その上で, 菅村は構成主義にふさわしい「プロトコル」として,「共通項論」(春木, 1988) を挙げている。これは「諸学問, あるいは諸現象に共通してみられる現象を抽出して, それによって統一的に理解してみるという考え方」(春木, 1988) である。そして構成主義の場合「能動性」「自己組織性」「社会象徴性」「発達的視点」などを人間や世界の理解の「共通項」としつつ, 多様な学問や理論を「むすび」そして「つなぐ」ことを通して発展しているという。

こうしたことから, 確かに「共通項論」は, 1つの有効な「プロトコル」になると考えられる。しかし, 本書の主題として議論してきたように, 異なる学範に依拠する人々が素朴に相互作用した結果として, 信念対立に陥る構造があることから「共通項論」だけで, 諸学問間の協力体制を築き, それらのコラボレーションを促進させることはむずかしいだろう。

そういう意味では，構造構成主義は，菅村のいう「プロトコル」としての高い機能を有しているといえよう。たとえば，信念対立に陥るのを回避するための認識装置としての「還元」「関心相関性」「記号論的還元」といったツールはその「プロトコル」に位置づけることができるだろう。また，「構造主義科学論」は，人間科学の全領域に妥当する科学論としての「共通項」として「プロトコル」の機能を果たすと考えられる。

3．構造構成主義との相違点

構成主義と構造構成主義の多様性に対する態度は，一見同じようで微妙に異なるようである。構成主義（連立制御ネットワーク）も構造構成主義も多様性を尊重しようとする態度は同じといってよい。しかし，現象を重んじる構造構成主義は，あくまで原理的出発点として多様性を尊重するのに対して，菅村（2003b）の構成主義は一切の優劣をつけないという意味で，多様性や相対性をより強く強調しているように思う。

たとえば，それは「理論間に優劣などの上下関係はない」（p. 32）と述べていることに典型的に現われている。また先述した「連立制御ネットワーク」は，「個々のノードは，究極的には個々の研究者の考え方に行き着く」ものと考えるものであり，菅村は「重要なのは，各々のノードは等価であって，そのような並列ネットワークが人間科学というメタ理論の生存可能性を高めるということであり，知を序列化すべきではない」（p. 35）と論じている。

こうした構成主義の態度は，「『知の垂直性図式』に挑戦するもの」（p. 34）として提起された思想のなかば必然的な帰結といえよう。これは構造構成主義の文脈でいえば，科学的な多元論を原理的に基礎づけた構造主義科学論と同じ段階にあるといえるかもしれない。

構造構成主義は，唯一の正しい理論などは想定しない点では構成主義と同じである。ただし，科学としては，より上手に現象をコードする構造を追求する点にも現われているように，現実にはすべての理論（構造）が等価とは考えない。構造構成主義においては，関心や目的に照らし合わせて，それを満たす，あるいはそれを達成するのに有効に機能する構造の方がより妥当なものとして高く評価されることになるからだ。したがって，その中には高い汎用性の理論もあれば，ほとんど役に立たない理論などがありうることになる。

連立制御ネットワークと同様に，構造構成主義は「ニューラルネットワーク構造」として知の体系を捉えるため，「知の垂直／並列図式」といった二項図式にとらわれることはない。もちろん，原理的出発点として多様性を重んじるため，その意味では並列図式的側面は有しているといえる。しかし，質の高い理論（構造）は，

活用されることにより，その理論（構造）を起点に質量ともに高度な組織化へ至ると考えられる（もちろん関心や目的と相関するのだが）。

　以上，人間科学を巡る近年の構成主義の動向を踏まえて，構造構成主義との異同や連携について論じてきたが，構成主義と構造構成主義の相違点について，この他にも少しだけスケッチしておくことにしよう。構造構成主義は，戦略的に時間を止めた「共時態」を基礎として理論構築されている。それに対して，急進的構成主義は，「二分法コード」を「基本原理」とすることからもわかるように，「分化」「結合」といった「動き」を基軸に理論構築されているといった差異を指摘することが可能かもしれない。しかし，この点についてはさらなる議論が必要だろう。今後，構成主義の側から構造構成主義を「つなぐ」試みが期待される。

　本章では，他の思想との異同を論じる中で，いわば影絵のように構造構成主義の輪郭を浮かび上がらせる作業を行なってきた。次章では，ここまで論じてきたことを踏まえ，いよいよ構造構成主義の総括的提示を行なう。最後に，本章の冒頭に挙げたベルクソンの引用の続きを挙げることにより，読者を次章へ誘うこととしよう。

> ところで，哲学者の思想の外側をまわることをやめ，その内側に身を置こうと努力するにつれて，彼の学説は別の姿をとってきます。まず複雑さが減少します。次に諸部分がお互いに入りまじってきます。最後に全てが一点へ集中してまいります。この一点に行き着くことは不可能なようですが，しかしますます近づくことはできそうに見えます。　　　　　　　　　　（Bergson, 1911 ; p. 81）

10章 構造構成主義
——全体像と思想的態度

　　　進むべき道を知らないわたしを，旅程を熟知したわたしが領導し，「現在の
　　　わたし」に「未来のわたし」が進むべき道を教える。この背理に耐えることが，
　　　つまり，ひとりの人間のうちに「いまだ人間ならざるもの」と「すでに人間で
　　　あることを完了したもの」が無矛盾的に同居していることが，人間が「過程」
　　　であるためには論理的に不可避なのである。　　　　（内田，2004a；p. 38）

1節
本章の企図と構造構成主義のモデル提示

　本章では，これまでの章で論じてきた各概念を概説しつつ，構造構成主義の全体像を提示する。したがって本章は，各概念の内実というよりも，概念間の関係や，それらがどのような思想的態度をもたらしうるかに焦点化されている。そのため，この章のみで構造構成主義を理解することは困難であり，各概念の具体的な内容や引用元等詳細については，それぞれに焦点化して論じている章を読んでいただきたい。ただし，この章を，本書を読み進めていただく際の「地図」として参照することは意味があるだろう。
　本章では「構造構成主義」のモデル（図10‐1）を中心に論じていくが，このモデルも，1つの構造モデルであり，今後継承されていくことで，修正，洗練，改良

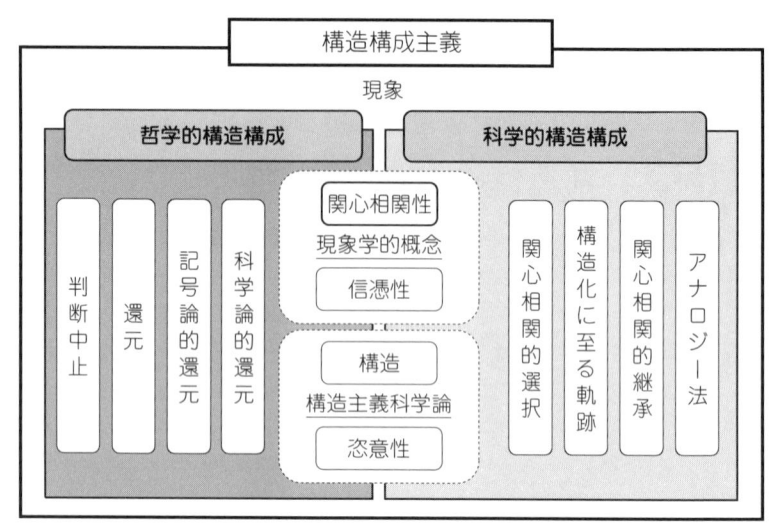

●図10-1　「構造構成主義」モデル

されるべきものであることをあらかじめことわっておきたい。

　さて，構造構成主義は「原理」（考え方の理路）であり，その原理を「視点」として組み込むことにより，それは認識装置として機能する。つまり構造構成主義的な「考え方」を通して現象に接することができる。そして，世界をどのように認識するかによって，おのずと態度や行動が規定されてくる。たとえば，素朴に客観的な真実を措定する認識形式によれば，必然的に研究法レベルでは，1つの真の値（たとえば，平均値や中央値）に落とし込む方法をとることにつながりやすい。また，そういった認識形式によれば，真実は1つであることから，自分と異質なものを排除する態度や行動につながっていくだろう。

　他方，「妥当な考えなど一切ない」という認識形式からは，「何をしてもよい」という自分勝手な態度を導くことになるかもしれない。そうした何でもアリの相対主義的な考え方は，研究法レベルにおいては「妥当な解釈など何もなく，自分勝手におもしろおかしく解釈してみせればよいのである」という態度を導くことになるだろう。

　したがって，この章では，構造構成主義を構成する概念を説明しつつ，その「理路」からはどのような思想的態度が導き出されるのかを明らかにしつつ，「構造構成主義とは何か」をあらためて考えていきたい。

2節 現象の尊重

　構造構成主義は，「科学的知見」や「理論」といったものよりも，各人に立ち現われる「現象」を尊重する（それは構造構成主義にも該当することであり，構造構成主義より現象を尊重すべきといえよう）。

　通常科学とは自然界に実在している客観的法則を「発見」することだと思われているが，「法則」とは自然界に実在している「自然物」や「客観世界の写像」ではない。たとえば，「重力」や「慣性の法則」といったものでさえも，それらはわれわれに立ち現われている現象を上手にコードする構造であるために，人々にあたかも最初から自然界に実在しており，それを今さら疑うことにも意味がないほどの信憑として取り憑いているにすぎないのである（だからといってここでは「重力」という「構造」を否定しているのではない）。

　人為的に構成されたあらゆる知見は，原理的にその妥当性や正しさには懐疑の余地があり，常に新たな展開の中で洗練，修正，棄却される可能性に開かれている（当然これは構造構成主義自体にも該当する）。したがって，原理的な考えを徹底するならば，疑いうる余地がある「人為的な構成物」（理論）と，個々人に立ち現われているという点でどんなに疑おうとしても疑いようがない「現象」のどちらを尊重すべきかといえば，後者ということになる。

1．錯覚とは何か？

　「現象を尊重する」ということの意味を受け取ってもらうために，もう少し具体的なレベルで考えてみよう。たとえば，「錯覚」という現象がある。次の図を見てほしい（図10－2）。これは「ミュラー・リアーの錯視図形」という有名な錯視図形である。右の図の縦の棒線と，左の図の縦の棒線の長さを見比べてみてほしい。

　どうであろうか？

　おそらく，左より，右の方が長く見えるだろう。しかし，定規を当ててもらえばわかるように，いわゆる「客観的な長さ」は同じなのである。このように「客観的には同じ長さの線分のはずなのに，われわれは片方は客観的な長さより長く，他方は客観的な長さより短く，不正確に知覚してしまうこと」が「錯覚」と呼ばれる知覚現象である。そして，それはいわゆる「誤差」というものではなく，ある種の法則性をもって必然的にズレてしまう知覚現象なのである（この錯覚の謎は現在でも十分には解明されていないのだが，ここではその内容には踏み込まない）。

　なぜここで錯覚を取り上げるかといえば，この議論には構造構成主義とはまった

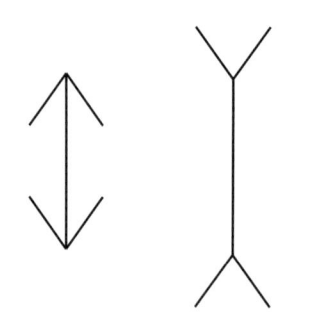

●図10‐2　ミュラー・リアーの錯視図形

く逆の前提が据えられていると考えられるからだ。つまり「錯覚」という言葉に「本当の世界とは違う知覚」というニュアンスが含まれているように，ここでは「客観的な外部世界」が「正しいモノ」であり，われわれに立ち現われている知覚世界は「二次的なコト」と捉えられているのである。そして，こうした事態から多くの人は客観的な外部世界（物理的世界）が正しいのであって，人間は不正確にしか，その客観世界を知覚することができないと考えることだろう。しかし，構造構成主義的には，それこそが錯覚であるといわねばならない。

　繰り返し述べてきたように，構造構成主義は，われわれに立ち現われる「現象」を第一義に尊重し，「定規」（理論と読み替えても可）は社会的に構成されたモノとして捉える。したがって，構造構成主義的には，原理上，錯覚とは不正確な世界の把握ではなくなる。また，だからといって，ここで定規といったいわゆる客観世界が間違っていると強弁したいのでもない。そうした「主観と客観のどちらが正しいのか」という二者択一的発想は，すでに「主観／客観」の枠組みに囚われているといわねばならない。これは，3章で論じた近代ヨーロッパ哲学最大の難問の1つである主観‐客観問題の心理学版（ヴァージョン）の典型的なかたちであることがわかるだろう。

　構造構成主義的には，「錯覚」とは，「人為的（二次的）に構成された『定規』（客観的とされる物理上の長さ）が，個々人がそのつど達成している『知覚』と，特定のパターンをもってズレること」ということになり，もはや安易に「錯覚」という表現をすることすらためらわれるような現象へとその意味が根本的に変更されてしまうのである。

2．「夢」の位置づけの根本変容

　また，「現象」には，夢も幻想も実在もすべて立ち現われとして一元化されることから，「現象」を第一義に置くことは，たとえば「夢」の位置づけが根本的に変容することを意味する。通常の客観主義的な枠組みにおいては，「夢」とは主観的

なものであり，実際に起きた客観的な事実ではないと考えられるであろう。
　しかし，構造構成主義において「夢」は実際に立ち現われた現象という意味では，覚醒時に起きた現象と同じことになる。そんなことをいうと，「夢の中で崖から飛び下りるのと現実に飛び下りるので違う」という声も聞こえてきそうだが，ここでは実質的に先ほどまでみていた夢と今現在覚醒していると確信している現実がまったく一緒だなどと強弁したいのではない。もちろん夢から醒めた後になって「あれは夢だったのか……」となることによって，事後的にその意味は変わりうる。だが，たとえば当人が恐い夢を，夢とは知らずに経験しているその時点においては，それは実際に立ち現われている現象という意味において，主観的なニセの経験などというものではないのだ。「今ここ」でこの本を読んでいるという現象も，仮にもしこの後に目が覚めてしまったならば「あれは夢だったのか……」とならざるを得ない，ということなのである。
　構造構成主義的な観点が身についたならば，悪夢でうなされている人に対して，「どうせ夢なんだからほっておこう」とはならずに，「夢であろうがなんだろうが今まさに恐い経験をしているのは事実なんだから起こしてみよう」となるかもしれない。
　以上，錯覚や夢を例に，現象を尊重するとはどういうことを意味するのか説明してきたが，この「客観的な実在」から「現象」への認識形式の変容は，構造構成主義を理解する上で欠かすことのできないものといえよう。

3節　哲学的構造構成と科学的構造構成の共通概念

　本節では哲学的構造構成と科学的構造構成に通底する概念について概説する（図10‐1の中央）。本節では概念間の関係を示すことが目的でもあり，それぞれが関連しているため説明が重複するところもでてくるが，そのまま記述することとする。

1．現象学的概念

　現象学的概念の中で，「関心相関性」と「信憑性」は哲学的構造構成と科学的構造構成に通底する概念となる。
　「関心相関性」は＜あらゆる存在や意味や価値は，それ自体で独立自存することは原理的にありえず，われわれの身体や欲望や関心といったものと相関的に立ち現われてくる＞とする原理である。その意味では存在論的観点ともいえる。
　関心相関的観点は，研究評価，信念対立解消，目的の相互了解，関心の相互構成等々に有効に機能する認識ツールとなる（4章）。そして，方法の自己目的化や相

対主義に陥らず，認識論的・方法論的多元主義を理論的に担保するための「方法論的概念」としても機能する（8章）。関心相関性は構造構成主義の中核原理であることから，本書を理解する上でも欠かすことのできない原理であるため，詳しくは4章と8章を読んでいただきたい。

また，構造構成主義では「真実性」は原理的に保証できないことから，それに代わり「信憑性」という概念を基本とする（8章）。「信憑性」とは「確かにそうである」という確信のことを指す。哲学的営為としては，確信成立条件の解明が中心となる。つまり，確信がどのように取り憑くのか，その「信憑性」の構成過程を思考実験的に明らかにする。また，科学的営為においては，より上手に現象をコードすべく，「確かにそうである」という「信憑性」を喚起する構造を追究する立場をとることになる。

2．構造主義科学論

「構造主義科学論」は，「現象学的思考法」と「構造」を基軸とすることにより，科学論における主客の難問を解明した科学論であり，人間科学の科学的基盤となるものである（6章）。構造構成主義においては，関心相関的観点（目的性）が組み込まれることで，より科学的営為に直結する枠組みになっている。ここでは，構造主義科学論の中心的概念となる「構造」と「恣意性」の概念を紹介する。

まず構造概念について説明する（7章）。構造構成主義における「構造」とは，狭義には，つまり科学的営為に用いる場合には，構造主義科学論（1990）にならい，「『同一性と同一性の関係性とそれらの総体』といえる存在論的な概念」ということになる。また広義の意味では，ロムバッハにならい，「関心相関的に立ち現われる根源的な何か」とったものになる。

「構造」は存在論的に構成（生成・生起）されるものであり，またそうであるゆえに複数性が前提とされることになる。そして「命題」や，それが検証可能な形となった「仮説」，それらがより包括的なものとなった「理論」も同じ「構造」として包括されることになる。さらには人々の「確信」も「構造」として，つまり「確信構造」として捉えられることになる。

繰り返すが，「構造」とは，実在としての構造や，客観世界の反映としての構造（システム）ではない（それを内包しうる概念ではあるが）。言い換えれば，存在物としての構造ではなく，存在論的な意味における「構造」なのである。つまり，構造構成主義における「構造」とは，われわれと無関係に外部に実在する自然物ではない。そうではなく，いかなる「構造」も人間が「構成」したものであり，その意味において人間の「恣意性」が混入せざるを得ないということなのである。

ただしこれは「構造」から完全に乖離したものとして「現象」を捉えることがで

きると主張するものではない。「現象」は，それが明示化（認識）されているか否かは別として，身体的構造や言語構造，認識構造，理論構造といったさまざまな「構造」を通して立ち現われるということもできるのであり，その意味で「現象」には構成された「構造」が分かちがたく織り込まれているのである。そしてそうでありながら，現象は「構造」の顕在化によらず立ち現われる。つまりコトバや理論がなくとも現象は立ち現われる（したがって原理上言語をもたない子どもや動物にも現象は立ち現われることになる）。しかし，外的視点から言い直せば，「構造」が構成され，われわれに顕在化した後には，われわれが「コトバ」や「理論」を通して世界を眺めるように，その「構造構成」の編み目を通して現象に接することもある，ということなのである。

次に「恣意性」について概説する。コトバは実在の反映である存在的な写像と思われがちであるが，そうではない。コトバは原理的には恣意的（社会的）なコトである。これをコトバの「恣意性」という。したがって，この意味でこれは「記号論的還元」において中心をなす概念となる（5章）。

またコトバが恣意的であるなら，「コトバ（同一性）とコトバ（同一性）の関係形式」である「構造」も恣意的ということになる。その意味では，恣意性は科学的構造構成の基礎ともなるのである（6章）。「恣意性」とは，「コトバ」や「構造」が，人間により構成されたものである以上，原理的には恣意的・社会的な側面を含まざるを得ないことを明示化する概念である。それゆえこれは構造構成主義の根底をなす考え方の1つとなる（ただし，それらが完全に恣意的であると主張するものではない）。

●◆● 4節 ●◆●
哲学的構造構成

次に2種類の「構造構成」について説明する。構造構成主義における『構造構成』は，「哲学的構造構成」と「科学的構造構成」の2側面からなる（図10−1）。次にそれぞれの側面に焦点化しつつ議論していこう。

1．哲学的構造構成の概観

「哲学的構造構成」は，所与の確信を「構成された構造」として捉えることにより，その確信がどのように構成されてきたものなのかを問うタイプの反省的営みを指す（図10−1の左側）。言い換えれば，「確かにそうである」という信憑構造がどのように構成されたものなのか，その確信成立の条件を解き明かしていく哲学的営みということができる。

この「哲学的構造構成」という営為領域には，「判断中止」「現象学的還元」「記号論的還元」「科学論的還元」などの思考法が含まれる。
　最初の2つは，フッサール現象学―竹田青嗣現象学の系譜に由来する。「判断中止」とは確信に対して戦略的にストップを掛け，いったん括弧に入れる「思考法」であることから，「括弧入れ」とも呼ばれる（3章）。これは―それが意識されるか否かは別として―次に述べる「現象学的還元」を行なうための前段階の思考法である。
　「現象学的還元」とは，哲学的構造構成の中心概念であり，一言でいえば，「確信の成立条件を問う」という思考法である（3章）。
　次の2つ，つまり「記号論的還元」と「科学論的還元」は，ソシュールと丸山圭三郎の「記号学」の議論に由来する（5章）。「記号論的還元」とは，「記号」が実在を指し示すものであるという確信がどのように構成されるものであるか，その成立条件を明らかにすることにより，記号（コトバ）が原理的に（本来的に）「恣意的」であることを明示的にするものである。
　「科学論的還元」とは，「記号論的還元」の科学論バージョンである。つまり，「科学」というコトバ（記号）がどのような過程を経て絶対的なモノとして実体化するのか，その過程を明らかにすることにより，「科学」というコトバを相対化する思考法である。
　哲学的構造構成とは，これらの思考ツールを用いて，信憑が取り憑く過程を，あたかも巻き戻しするように思考実験的に解明していくことにより，信念対立に陥らないための認識論的基盤となるものである。

2．建設的態度の重視

　上記のような営為領域を内包するため構造構成主義は，自覚されにくい自他の「関心」や，暗黙裡に措定されている「前提」を知覚することにより，信念対立に陥らないための認識装置となる。したがって，そうした認識形式からは，相手が間違っていると決めつけたり，自分の立場（考え）の絶対性を安易に主張したりしない謙虚な態度が導かれることになる。
　ただし，構造構成主義は信念対立の解消を志向するが，すべての「対立」や「批判」は「悪」であり，それらもすべて排除すべきだと言っているのではない。建設的議論をする中でも，意見の異なる人々が対立することはあるだろうし，また批判は意見をすり合わせてゆく上で，必要なプロセスであるともいえる。
　構造構成主義が解消しようとするのは，異なる前提に無自覚に依拠することにより，そのままでは論理的に解消され得ないような「信念対立」なのである。そうした不毛な信念対立に陥ると，議論をしても進展しないため，政治的，暴力的なパワ

ーゲームによって，「正しい方」を決めることになり，「勝てば官軍」という暴挙がまかり通ってしまうことになる。そしてそれは理不尽な形で虐げられる敗者を生むことになり，さらなる怨念（ルサンチマン）を再生産することとなる。

　信念対立が不毛なものであり，建設的議論を行なうべきだという考えは程度の差こそあれ多くの人が感じてきたことであり，構造構成主義の「やろうとしていること自体」は新しいものではないだろう。その意味では構造構成主義を体系化するために本書で採用した諸思想（理論・概念）は，少なからずそうした根本動機に根ざして提起されてきたといえるかもしれない。

　中東問題やテロによる報復を挙げるまでもなく，信念対立の解消は人類が直面している超難題の１つということができる。われわれ人類にかけられた「呪」をいかにして解いていくことができるか，これは人間科学最大の課題の１つといっても過言ではない，と私は思う。今こそ信念対立による怨念を生み出さないような新たな「思考法」（解決法）を編み出してゆくことが求められており，構造構成主義はそうした要請に応えるべく体系化されたということもできる。つまり，構造構成主義は，信念対立の不毛性を根本動機とし，人間科学の呪を直接的なテーマとして，その解消に有効に機能しうる諸理論を体系的に構成したものといえよう。

3．戦略的ニヒリズム

　構造構成主義は「真実」（「完全純粋なる客観構造」や「絶対構造」）の追究を前提としない。こうした原理的観点は，「方法論的ニヒリズム」とでもいうべき立場につながるものであり，源流はニーチェにまで遡ることができる（4章）。

　われわれが人間である限り，あらゆる事柄について，それが真実かどうかを断じることは原理的に不可能である。そして，そうした「真実」や「完全性」を志向する楽観的な態度は，遅かれ早かれその不可能性に行き着き，ニヒリズム的な態度に回収されることになる。「完全なる解決」が可能だと盲目的に信じてきた人ほど，その原理的不可能性に思い至った時に，「結局完全なる解決なんかできないのだ」とニヒリズムに陥りやすい。そうならないためには，「完全性」は戦略的に放棄する必要があるのだ。

　したがって，構造構成主義においては，「完全なる構造」やそれから導かれる「完全な予測」「完全な再現」「完全な制御」等々，20世紀に明らかにされた完全性に関する「原理的不可能性」は，戦略的な出発点とされる。これは，最終的にニヒリズムに陥らずに，建設的方向性へ向かうための方法として，完全性に対して方法論的ニヒリズムを採用するということに他ならない。構造構成主義においては，「完全」に関するあらゆる「原理的不可能性」を受け入れた上で，信念対立の解消を志向し，また，より上手に現象をコード化する構造を追究するのである。

またこれは,「ベスト」に固執するのではなく「ベター」を実行していく建設的・実行的態度にもつながるといえよう。具体的な問題解決場面でいえば,結果として解決に一歩でも近づけるように行動する「現実的態度」ということができる（その結果として特定の問題が解決されることはあるだろうし,その可能性を否定しているわけではない）。

こうした態度に対して「やはり完全なる解決が達成できないなら意味がない」と考える人もいるかもしれないが,これは妥当な考えとはいえまい。たとえば確かに,警察がいくら頑張っても,犯罪を完全になくすことはできないだろうし,犯罪を減らすべく新たな対策を打ち出したとしても,犯罪はいっこうに減らなかったり,あるいは増加するということもあろう。

しかし,だからといって警察が犯罪を減らそうとする行動や対策に意味がないということにはならない。なぜなら,警察が犯罪を減らそうと新たな対策を打ち出し,日夜活動しているからこそ,その程度の犯罪増加ですんでいるともいえるのであり,もし警察がニヒリズムに陥り活動を中止したならば,犯罪は急激に増加することが容易に想像できるからである。完全解決に至らないことは日々進歩しようとする営みと矛盾するものではないのである。

知的営為も同じである。ニヒリズムが蔓延し,信念対立解消のための思想的営みが行なわれなければ,世の中により頑迷な信念対立が溢れるとも考えられよう。

構造構成主義は,信念対立を解消し,建設的議論を行なうための「理路」として提起されたものではあるが,実際に複雑な信念対立は,認識,行動,政治,歴史,文化,制度,感情,怨念など多くの要素が絡み合っている。そうした場合,認識は行動を規定するとはいえ,認識レベルの工夫だけで信念対立を解消するのはむずかしいだろう。

しかし,考えてみればいかなるものでも,単独のアプローチによって信念対立を完全に解消できるものなどありはしない。そんなものがあれば,とっくの昔に争いは消え,今頃「戦争」という概念もなくなっていることだろう。

ここで問うべきは,「信念対立を完全になくせるかどうか」ではない。そうではなく,「信念対立の低減に向かって,現在より1歩でも前に進められるかどうか」である。構造構成主義は,この意味において信念対立を解消しうる認識装置として,その1歩の前進に寄与する可能性をもっている思想（原理）ということはできよう。

なお,以上のように構造構成主義は建設性を志向することから,構成主義（constructivism）の「建設的」というニュアンス（菅村,2005）を含意する意味も込めて,「構造構成主義」の英訳は"structural-constructivism"とすることとした。

4．構造構成主義者がかかる「呪」とは何か？

　ここで，信念対立の解消を目指す構造構成主義者は，どのような「呪」にかかりやすいか洞察しておくことは無意味なことではないだろう。構造構成主義に価値を見出す人は，信念対立を解消し，建設的議論を行なうための学的基盤を確立しようという関心をもっている可能性が考えられる。そして，なぜそうした関心をもつに至ったかを還元的に考察すれば，信念対立の渦中に巻き込まれたり，あるいはそうした信念対立を目の当たりにし，その不毛性を身を以て経験したことが１つの契機となっていると推測することができる。

　このような経験をしていることが，構造構成主義に価値を見出す条件の１つといえるのであるが，そうであるがゆえに，信念対立に対するルサンチマン（怨念）に囚われてしまい，意図せずして信念対立に対する「批判の仕方」（接し方）が必要以上に厳しいものになることにより，新たな信念対立を引き起こしてしまう危険性がある。つまり，メタレベルの信念対立に対する「呪」にかかる条件を備えているといえるのだ。

　建設性を志向する構造構成主義者が，無用な信念対立を引き起こし，建設的対話を妨げることになってしまったら，それはやはり「ミイラ取りがミイラになる」事態に他ならないといえよう。信念対立の解消と建設的基盤の確立という目的を達成するためにも，構造構成主義者はこの種の「呪」にかかる可能性があることを自覚しておく必要があるだろう。

5節
科学的構造構成

　さて，次に「科学的構造構成」とその営為領域について説明してゆこう。科学的構造構成とは，広義の科学性を担保しつつ，現象を構造化するという意味での構造構成を行なう領域である。

　既存の科学論的枠組みでは，人間的事象の曖昧な側面（意味的側面）を扱うことができなかったため，人間科学の科学論は，人間的事象を包括的に扱える枠組みである必要があった。それゆえ人間科学の科学論としては，人間的事象の確実な側面のみならず，意味や価値といった曖昧な側面を扱えることが必要条件として求められる。

1．構造主義科学論に基づく謙虚で創造的な態度

　構造構成主義では，そうした条件を満たすために，構造主義科学論を科学論とし

て採用し，人間科学が対象とする全領域を包括的に基礎づけることによって，人間科学に妥当する広義の科学性を確立されている（6章）。それによれば，現象を構造化することにより，再現可能性，予測可能性などを担保可能となり，また現象をより上手にコードする構造を追究することにより，科学の深化が担保されている。

また，ここでは「人間による科学」という明確な認識のもとで科学的な基礎づけがなされている。したがって繰り返しになるが，構造構成主義においては，科学的に提起された知見は，それがいかに厳密かつ精緻な実験によって得られたものであったとしても，人間が構成した限りにおいて，原理的に「構成された構造」とみなす。

このような原理的出発点は，人間科学者に，構成した科学的知見が恣意的な側面を備えていることを認識させるという意味で，謙虚な態度をもたらすと考えられる。そして逆にこの原理は，既存の構造（理論・通説）に囚われることなく，自分も「構造」を構成してよいのだという創造的な態度にもつながるといえよう。謙虚な態度と創造的態度は一見相反するようだが，深いところでは，実は同じ原理から導かれうることのようである。

2．認識論的・方法論的多元主義に基づく柔軟性

さて，現象の構造化とは，現象を「同一性（コトバ）と同一性（コトバ）の関係性とその総体」によって言い当てることを意味する。したがってその際に，「コトバ」は数学的記号であっても，日常言語であってもよいことになる。それゆえ，日常言語により構造化する質的アプローチでも，数学的言語で構造化する数量的アプローチでも，現象を構造化できてさえいれば科学の条件を満たす方法になりうる。

また，「客観的世界」を正しい世界とする客観主義的な認識論のもとでは，質的アプローチ（解釈学）というような主観的な側面を多く含むアプローチは，客観との乖離（ズレ）が問題とされることになるが，現象を出発点とする場合は問題とはならない。それゆえ，構造構成主義においては，解釈学的アプローチも構造化のための有効なツールとなり，また原理的には科学の条件を満たすことになるのである。

また従来は，「共約不可能性」の難問があったことから，哲学的，理論的に整合性がとれず，相反する認識論やそれを背景とする理論，方法論といったものを併用することができなかった。

しかし，構造構成主義では「関心相関性」を基軸とすることで，それぞれのアプローチの背後に措定されている認識論は研究者の関心や研究目的等と相関的に選択されることになる。これによって，何でもアリの相対主義に陥ることなく，多様な認識論やそれらを背景とした方法論を選択できる認識論的・方法論的多元主義の理論的基盤が整備されたといえる（8章）。

なお，関心を満たすための適切な枠組み（認識論，理論，方法論）がない場合，あるいはより妥当な枠組みが必要とされる場合は，その枠組み（構造）を新たに創造することも（関心相関的に）重要な選択肢の1つとなる。

このように認識論的・方法論的多元主義を基礎に据える原理を身につけることは，理論や方法論に対する柔軟な態度につながるであろう。

6節
二重の構造構成の意味すること——哲学と科学の融合

さて，以上述べてきた哲学的・科学的といった2種類の構造構成は，竹田（2004）の「世界を構造化し客観化するいわば『構造主義的』視点と，客観化され表象化された世界像を再検証する『現象学的』視点は，われわれの世界視線の基本的構成をなしている」（p. 76）との指摘に対応するものである。つまり，竹田のいう「現象学的」視点とは，ここでいう「哲学的構造構成」であり，「構造主義的」視点とは「科学的構造構成」にちょうど対応するものとなる。

科学的構造構成だけでは，異領域間の信念対立や相互不干渉に陥り，人間科学の学問のるつぼとしての特徴を活かしたコラボレーションを実践することはできない。他方，哲学的構造構成だけでは，現象を構造化することができず，人間科学の科学的営みを基礎づけることができない。それゆえに人間科学が，人間を対象とした人間による科学である以上，この2つの構造構成の一方だけでは人間科学の原理として不十分なのである。

従来，ともすると哲学と科学は相反する営みとして捉えられ，お互いが自らの絶対的正当性を主張し，信念対立に陥ることも少なくなかったといえよう（最近では全体として哲学の力は弱まり，実質的に科学のひとり勝ちの状態であることは確かだが，それらの強弱はここでは問題ではない）。

したがって，構造構成主義では，そのような信念対立に陥らず，哲学と科学を効果的に融合するために，科学的営みに直結する哲学的原理の構築を目指した。そしてその架け橋となったのが，関心相関性という中核原理や，構造存在論，そして構造主義科学論だったといえよう。

ここであらためて科学と哲学の相補完的関係を，明治維新時の，長州と薩摩のアナロジーで説明してみよう（西條，2003c）。双方とも軍隊を組織し，武器生産を重ねて，戦力を増強した。科学的営為は，ちょうどこの武器の生産に該当するといえる。すなわち，科学者は通常「生み出すこと」に価値を見出し，従事している。

しかしながら一方で，長州と薩摩は双方とも偏狭な視野に囚われ，信念対立に陥り，戦争し，消耗し続けていた。いくら武器を生産しても，お互いに足をひっぱり

合っていては，日本の国力は全体として充実することなく，いずれ外国に侵略されてしまう。そこで坂本龍馬は，言葉を尽くし，より高い志を説くことで双方を和解させた。哲学的営為は，ちょうどこの龍馬の仕事に該当するといえよう。すなわち，哲学とは，難問（信念対立）による停滞や消耗を言葉を尽くして解きほぐす営みでもあるのだ。

　このように哲学と科学の営みは原理的に異なるものであるが，それは相反するものではなく，目的を達成するために相補完的に捉えられるべきものなのである。ともすると「異質性」は「対立性」と捉えられがちだが，それらは本来まったく別の次元のことであろう。逆にお互いに異質であることを認め合い，それらの長所を組み合わせることで，その「異質性」を「建設性」へと昇華していくことも可能であるはずだ。

　なお「哲学と科学の融合」というと，「相反する性質のものをごちゃ混ぜにするのは危険ではないか」といった批判が提起されることも予想できるが，ここではテキトウに「ごちゃ混ぜ」にしようとか，「混同しよう」といっているのではない。むしろ，それらの根本的な営みの違いを認識した上で，それらの機能を相補完的に組み合わせることにより，より建設的に人間科学を実践していこうといっているのであり，構造構成主義は，それを可能にする枠組みとして体系化されていることを理解する必要がある。

　1章で論じたように従来の人間科学は，多様な領域を集めれば自動的に異領域間のコラボレーションが起こるという楽観的な前提に依拠しており，その結果，総合学問としての特徴を活かせないばかりか，対立図式に陥り，細分化し，分裂する傾

信念対立の解消	方法論　研究法　研究実践
哲学的営み	科学的生産の営み

●図10-3　人間科学の発展条件

向にあった。化学反応を起こすために何らかの「触媒」が必要なように，人間科学内部でコラボレーションが起こるためには，それに特化したメタ理論（原理）が必要なのである。そしてその「触媒」となるメタ理論こそ，構造構成主義なのである。

「現象学」は哲学的解明の機能を備えており，「構造主義」は科学的営為に適合する枠組みであったように，従来の枠組みは信念対立を解消しつつ，科学的生産力を上げるといった両側面をカバーしたものではなかった。

構造構成主義は，哲学と科学という2つの営為領域を整備することにより，「哲学的構造構成」によって異領域間の信念対立を解消し，「科学的構造構成」により科学的生産力を上昇させることが可能になっている。このように構造構成主義は，科学的構造構成の機能は備えていると同時に，判断中止，還元，関心相関性といった信念対立解消のための哲学的解明の機能をも備えている点が，他の思想と比較して際立った特徴となっているといえよう。このように構造構成主義は人間科学の発展条件を満たす構造を備えているのだ（図10-3）。

7節
「矛盾」に対する態度

このように構造構成主義において，哲学と科学といった従来相反する（矛盾する）営みとして捉えられることも多かった2つの営みは，矛盾することなく有機的に関係づけられることになるのである。

しかし，それは構造構成主義の体系が，内的一貫性に欠け，矛盾した論理により構成されているということを意味しない。菅村（2003b）が「個別の理論の場合，矛盾の存在はその理論の統一性を揺さぶることになるが，メタ理論として見たとき，相矛盾する理論を内包することは，必ずしも内的一貫性を侵犯することにはつながらない」（p. 40）と述べているように，「矛盾を受容可能な理論を作ること」と，「理論体系が内的一貫性に欠けていること」は別種の問題である。前者は，矛盾を受容可能なものとする理論がもたらす「機能」（意義）であり，後者は理論の「構造」につながるからだ。

現象は，時に一様にも多様にも見え，動的にも静的にもみえるといったようにさまざまな姿を現わす。それではこうした世界の在り様を，「どちらか一方だけが正しい」という言い方ではなく，両方を排除しない形で言い当てる認識方法とはどのようなものがありうるのだろうか？　こうした認識問題としての「難問」を解き明かすための原理として提起されたのが，関心相関性を初めとする哲学的構造構成に関する諸概念なのである。

構造構成主義によれば，通常相反するとされるものも原理的にそうではなくなる。

それらのいずれが姿を現わすか，あるいは妥当なものとしてみえるかといったことは，いずれも判断する人間の観点による側面があり，そのいずれかが絶対的に正しいということではないのである。このように一見矛盾とされることを，認識の次元を高めることにより矛盾とは感じない状態にするのが，構造構成主義の思想的態度ということもできる。

これは菅村（2003b）が「要は，矛盾を許容する理論を通じて，メタレベルで内的に一貫させればよいだけである」（p. 40）といっているように，構造構成主義は，機能的には一見「矛盾」とされることを認識の次元を上げることによって，「矛盾」とは感じない状態にするための理論として構成されたものである。つまり，構造構成主義は，矛盾を受容する論理的整合性のある理論ということができる。

それではこうした理論的特性はどのような研究者の態度を導くことになるだろうか。菅村が人間科学のメタ理論を論じる中で，この点を的確に指摘しているので以下に引用する。

> 得てして，学問は……（略）……異なる観点や矛盾を伴うことを嫌う。より正確にいえば，学問がそれを嫌うのではなく，個々の研究者が忌むのである。皮肉的にも，パーソナル・コンストラクト理論が示唆するのは，そのような研究者の構成システムは未発達であり，生存可能性を低めるものであるということである。人間科学のメタ理論を構成するうえでは，個々の研究者のレベルで，曖昧さへの耐性をもつことが必要となるのかもしれない。
>
> （菅村，2003b；p. 41）

このように，矛盾を受容する理論特性は，曖昧さに耐え，「異なる観点」を排除しない研究者としての生存可能性を高める成熟した態度へとつながるものといえよう。

●◆● 8節 ●◆●
開放系としての知の継承——関心相関性という媒介者

構造構成主義において，構成された構造（知見）は，研究の内部に閉じたものとしてではなく，社会に開かれた「開放系」に位置づけられる。そして，いかなる知見も他者（あるいは未来の自分）に継承される可能性がある。「継承」とは「本当かどうか」を確かめる検証という精緻化の方向性と，発展的に引き継いでいく生成的方向性の2側面を備えている。したがって，ある知見は批判，否定されることもありうるし，また部分的に引き継がれ発展されることもある。ここでは，この継承

という方法概念から導出される構造構成主義的な態度について言及しておこう。

1.「誤解」に対する態度

　他者に構造が継承される場合は，まず他者が構造を関心相関的に取り込み，消化するという過程を経る。煎じ詰めれば，提示されるものが「論理的に考える限り必ず解かれる」確実な証明であったとしても，原理的に誤解は避けられないのである（われわれが時に簡単な計算を間違えるのを考えればそれはわかる）。したがって，継承の過程では，それが非厳密科学の構造であればあるほど，解釈の余地が大きくなるため誤解する人も出てきやすい。

　そして実際に「誤解に基づく批判」がなされた時に学問的には問題（あるいは意義ある展開の契機）となる。その場合誤解された方としては―たとえ誤解されるような記述や説明不足ということがあったにしても―看過できない問題となることもあろう。特に，絶対でも相対でもなく，客観でも主観でもないといった中庸的な理論（哲学）は，二者択一的な世界認識から読み解かれることによって，誤解されてしまうことが多いといえよう。

　構造構成主義的には，「誤解」は出発点としては享受せねばならない。もっといえば，「誤解的継承」と「発展的継承」は紙一重なのであり，後者を原理的に保証しようと思うならば，前者も享受せねばならないのである。また誤解されることは一概に悪いことだけともいえない。継続される対話の過程の中に位置づけられれば，誤解は，より適切な理解を得るための好機ともなりうるからである。

　しかし，これは誤解に基づく批判をただ受容し，是認するということを意味しない。そうではなく，原理的に発展性（生成性）を保証するならば，多様な知の継承（解釈）の在り様を認めるものでなくてはならないということなのだ。

　ロムバッハ（Rombach, 1971）は，『構造存在論』の最後に，構造存在論についてなされる誤解について次のように述べている。

>　　われわれの叙述は神学主義的にも生物主義的にも，道教的にも擬人観的にも，プラグマティズム的にも宿命論的にも，実証主義的にも存在論主義的にも，その他いかようにでも読める。思想を中心においてつかまないと，その思想をつかんだつもりで誤解ばかり引きずり出しているということになろう。ここでは，他所のように誤解しないでおくわけにはいかないかもしれない。その時々に逆の誤解がありうるということを考慮に入れなければ，余りにも単純な誤謬を避けられないということもありうるのである。
>
>　　　　　　　　　　　　　　　　　　　（Rombach, 1971 ; pp. 355-356）

ここでは必然的に多様な誤解がなされうることを踏まえた上で，思想をその中心でつかむことの重要性を解きつつ，自らの理解とは異なる理解の仕方もありうるということを念頭においておくことの大切さを述べているといえよう。
　そして，ロムバッハ（Rombach, 1971）が「正解とは誤解に手を加えて仕上げることである」（p. 14）と述べているように，一度「誤解」を引き受けた上で，説明を加えたり，反論したり，誤解を解消していく過程の中で，理論を洗練していくことが大事なのだと思う。

2.「同じ論」に対する態度

　また誤解と同様に，「構造構成主義は〜と同じである」という意見もあろう。これもまたその人の関心に照らし合わせるため「〜と同じ」と感じられることは多々ある。もっとも，「〜と同じ」と感じること自体何ら問題ではない（むしろ，それを契機に「アナロジーに基づく一般化」が行なわれ，異領域にてその知見が発展する可能性もある）。
　ただし，それが「〜と同じだから学問的に価値がない」という批判として提起された場合は，アカデミックには看過できない問題となる。ここでは，こうした批判を「同じ論」と呼ぶことにする。この「同じ論」的批判に対して，簡単に議論しておこう。
　まず「同じ論」を提起する際には，単に「同じだと思う」というだけではなく，できるだけ具体的に「やろうとしたことが同じ」なのか，「議論の組み立て方が同じ」なのか，どの部分がどのように同じであり，そのことは何を意味するのか（良いのか悪いのか），またそれらを踏まえて今後どうすべきなのかを論じなければならないだろう。
　またこうした「同じ論」の問題を考える際に，加賀野井（2004）の議論は押さえておく価値があるだろう。

　　　　　　　もちろん，言語学者であれ哲学者であれ，ソシュール以前にも「言語」を論じた人々はたくさんいるし，あらためて読みかえしてみれば，彼らの書物のそこかしこにも「言語とは何か」という問いが秘められてはいる。しかし，そうした問いが秘められていることと，主題化されることとの間には，月とスッポンの違いがある。
　　　　　　　たとえば，哲学者デカルトの言葉に，あの有名な「コギト・エルゴ・スム（我思うゆえに我あり）」というのがあって，この言葉が，近代思想史の出発点に置かれているわけだけれど，あれなんかも，よくよく見れば，聖アウグスティヌスの思想のなかにだって，その他の中世思想のなかにだって，ほとんどそ

のままの形で含蓄されていたと言っていい．大切なのは，そうした含蓄のなかから，デカルトという人物が「コギト」に目をつけ，のっぴきならぬ形でそれを主題化したということなのだ．　　　　　　　　　　（加賀野井，2004；pp. 11-12）

　ここで論じられているように，注意深くみれば同じ問いが秘められていることと，主題化されることは，まったく異なる次元であることを理解する必要がある．このことを踏まえることにより，より建設的に議論を行なうことができるようになるであろう．
　「誤解」と同様に，「〜と同じ」と言われたりすることは，関心相関性という観点から考えれば，不可避のことであり，享受しなければならない．しかし，それはやはり「出発点」として享受するのであり，結論としてナンデモカンデモ是認するということではない．まず指摘された内容を建設的に吟味した上で，反論すべき点には反論し，そして妥当な点は汲んでいかなければならない，ということなのである．

3．知のダイナミズムを保証するもの——関心相関的継承

　また，これまでの章で述べてきたように，構造構成主義は，主観－客観問題をはじめとし多くの難問を解明する原理性を備えている．「解明」とは言葉の営みとして立ち現われてきた難問を，言葉を駆使することにより原理的に終わらせてしまうことである．
　しかし，原理レベルで問題を終結させる構造構成主義に対して「問題を終わらせてしまってはその後に何も生まないではないか」という気の効いた批判が提起される可能性がある．それでは構造構成主義では，そうした批判にどのように答えるのであろうか．これは裏返せば，「知の運動をどのように保証するのか」という問題でもある．ここではこの種の批判を「知の運動終結論」と呼んでおく．
　先に結論をいえば，8章で論じた「関心相関的継承」が知の運動を保証することになる．構造は，関心相関的に解釈，検討，評価，加工されることから，それは発展的方向へと継承される可能性もある．したがって，たとえば，構造構成主義を体系化した筆者の身体，欲望，関心からはけっして考えつかない領域やテーマに，他の人がこの理論を援用し，発展させる可能性も十分考えられるのである（実際，次章ではそうした展開例を紹介する）．
　こうした営みは「アナロジーに基づく一般化」と呼ばれる新たな一般化として理論化されている．つまり，人間特有の思考の飛躍を活かすことにより，一見異なるテーマに対しても，「これとあれは構造的，直接的に似ていることから，あれにもあてはまるかもしれない」というように発展的に継承することが理論的に担保されているのである．

また，実際には，論理的なレベルで問題が解消されたとしても，まずそれが他者に伝達されて，各人が検証を加え，「論理的に考える限り，確かにこの問題は解消される」と納得了解するという過程を経る（その過程では先に述べたように，当然誤解されることも含まれる）。この意味で，論理的に問題を終結させることは，実際的には問題を終結させることと同義ではない。
　そしてこの知のダイナミズムを保証しておくためにも，「関心相関的継承」という概念は重要な役割を果たす。誤解，援用，発展，批判といったあらゆる知の継承の在り方は，この「関心相関的継承」によって媒介される。媒介といっても「関心相関的継承」という言葉を手に入れなければ継承できないのではない。それは関心相関的に多様な知の継承の在り様を言い当てることができる概念的基盤となるものなのである。
　また，構造構成主義は，人間科学の営みに妥当するメタ理論ではあるのだが，メタ理論といってもそれはけっして他人に押しつけたり，強制したりするものではないことに注意しなければならない。たとえば，それは誰もが構造構成主義という絨毯の上に載らねばならないと主張するものではない。そうではなく，構造構成主義は野山にある植物のように，あるいはインターネット上からダウンロードできるソフトのように，それを欲する人が各自でその有効性を試して，納得した人だけがさまざまな目的に合わせて柔軟に使用してもらうような活用イメージがふさわしいといえよう。

◆◆◆ 9節 ◆◆◆
構造構成主義とは何か？

　ここまで論じた上で，あらためて，本書の主題になっている「構造構成主義とは何か？」という問いを正面から考えていくことにしよう。これは構造構成主義を体系化した私にとっても一筋縄ではいかない問いであったが，この問いの答えに至る際の認識の仕方は，まさに構造構成主義のエッセンスがよく現われているものであった。
　それはどういうことか？
　私は状況や文脈に応じて，構造構成主義のことを「理論」「メタ理論」「認識論」「原理」「方法」「科学論」「枠組み」「認識装置」「ツール」「グランドセオリー」「超認識論」と，実に多様な「名称」（カテゴリー）で呼んでいた。しかし，それはまったくデタラメにいろいろな呼び方をしていたのではなく，文脈上しっくりくるカテゴリーを探し当てながら使っていたのである。そうであるゆえになおさら「構造構成主義とはいったい何と称するのが妥当なのか？」という問いは悩ましい問題で

あった。

　そんなある時，ふと上記の呼び名のいずれか1つの名称にしなければならないというのは1つの考え方にすぎず，そうした前提に囚われることは，まったく構造構成主義的ではなく，むしろ文脈に応じて多様な呼び方がされるということそれ自体が構造構成主義の本質に他ならないという考えに至ったのである。つまり，構造構成主義は，そのようなカテゴリーのいずれでもあり，いずれでもないということができ，そしてそうでありながら，これらは構造構成主義の内的な矛盾を意味するものではないのである。

　この「謎」は関心相関的観点を導入することでたちどころに解消される。

　構造構成主義は，さまざまな領域や科学の多様な次元（メタレベル，研究レベル，実践レベル，制度レベル）に適用可能な「理路」という意味では，「原理」である。また，人間科学を科学論的に基礎づけるという意味では「科学論」である。また，哲学から科学論を経由し，人間諸科学を包括するという意味では「メタ理論」である。認識の基底をなすという意味では「認識論」である。人間科学者としての認識機能を上昇させるという意味では「認識装置」である。そして，人間科学実践のための枠組みという意味では，人間科学の「方法論」でもある。さらに，これは人間科学に留まらず，一般の人々の日常生活においてもみられる信念対立の超克するための「考え方」という意味では，「思想」でもある。

　つまり，構造構成主義は「原理」（考え方の筋道）であり，原理は，より根底的な原理であるほど多様な関心に応じて多様な側面（機能）を現わす。すなわち，構造構成主義は，関心相関的に多様な姿を現わす構造を備えている，ということなのである。したがって，これらはどれも構造構成主義の「ほんとう」であるということを強調しておかねばならない。また，ここに挙げた以外にも，構造構成主義は，さまざまな関心に応じて，多様な姿をみせるであろう。

　このように矛盾と感じられていたものが，認識次元が上がることにより，矛盾ではないものとして受けとめられるようになる認識変容のプロセスは，いわば「一」でありながら「多」であり，「多」でありながら「一」である『一即多』『多即一』といった，矛盾をそのまま扱う構造構成主義の認識の在り様が凝縮されているといえよう。

11章　構造構成主義の継承実践

> 類推というものが、およそなんの手引きにもなりえないような、原理的に新たな種類の課題においてはすべてそうであるように、この探求がある種の素朴さのうちではじめられることは避けえない。はじめに行為あり、というわけである。行為こそがまだ不確かな企図をはっきりしたものにしてくれるし、それと同時に、部分的に成功した遂行を拠りどころに、徐々に明確なものにしてくれるのである。そののちに（そしてそれは二次的なことであるが）方法的反省が必要になってくる。そしてこの反省によって、この種の企図の実現可能性と、目標設定のうちですでになしとげられたものとの意味と有効範囲が、明確に限界づけられることになる。
> 　　　　　　　　　　　　　　　　　　　　　　　　（Husserl, 1954 ; pp. 282-283）

●◆● 1節 ●◆●
構造構成主義の応用実践へ向けて

　前章では、構造構成主義の全体像と思想的態度を明らかにしてきた。ただし、哲学的な原理は、それに直接携わる研究者でもなければ、それを原理たらしめている徹底された原理性の意義を知覚することはむずかしいだろう（そもそも哲学とは、上手な思考法と問いの立て方によって難問を消滅させてしまう営みなので、優れた哲学が通った後には何も残らないため、その価値はわかりにくいものなのだ）。人

間科学者は，科学的知の「生産」に関わっているため，その原理を基礎としていかに新たな知が生み出されるかによってその価値を判断することが多いだろう。それはたとえば，「次世代のICチップを開発した」といわれても，ICチップ開発の専門スタッフでもなければ，その価値を知覚することは困難であるのと同じように。

そしてそれは関心相関的には妥当なことといえよう。すなわち，科学者の関心からは，その原理はいかに新たな知見の生産力の向上に「役立つ」のか，従来の問題をどのようにクリアし，研究的営為を実践しやすくなるのかといったことが重要な価値をもつ。いわば，包丁そのもののよりも，それを用いていかなる料理ができるのかが問われるのである。

それでは，構造構成主義はどのような領域に転用（継承）されることによって，その威力を発揮すると考えられるであろうか？

構造構成主義は，信念対立（二項対立図式）の超克，絶対化された方法論の相対化（方法論の多様化），科学性の担保等に活用することができる。ひるがえせば，構造構成主義は，信念対立がはびこり，「方法の自己目的化」により特定の方法論が規範化されていたり，非科学的とみなされてきた領域に導入されることによって，その現状の打開に有効性を発揮すると考えられる。

本章ではメタ理論としての構造構成主義が，人間科学における研究実践にどのような有効性をもたらすのか，すでに導入されつつある学問領域を具体例に確認してゆく。ただし，それぞれの議論は専門領域に焦点化した議論になるため，やや専門的な話になってしまうことをあらかじめことわっておきたい。構造構成主義の継承法，適用法という観点から，読者の専門領域に近いテーマや領域を中心に読み進めていただければと思う。

また同じ原理を転用しているため，各節の議論が構造上重複してしまう箇所も出てきてしまうが，むしろそこに通底する「構造」を把握してもらうことにより，構造構成主義の「継承発展のさせ方」を伝えることができればと考えている。

このようなモチーフのもと以下，基礎的な領域から応用人間科学領域に至るまで順次，構造構成主義の実践例を示していくことにする。まず人間科学における2つの代表的なアプローチといえる「質的アプローチ」と「数量的アプローチ」のそれぞれに構造構成主義を導入した枠組みを紹介する。その後，「発達研究法」「知覚研究法」といった基礎人間科学領域へ，さらには「人間科学的医学」「QOL評価法」といった応用人間科学領域へと導入することによって，新たなメタ理論的枠組みを提示する。最後に甲野善紀の「古武術」（身体技法）を，構造構成主義によって哲学的・科学論的に基礎づける試みにより，新たな領域の理論的基礎づけの方法を示してみたい。

2節
構造構成的質的研究法

　まず，やまだようこ（1997）の「モデル構成的現場心理学」を構造構成主義によって基礎づけた「構造構成的質的研究法」（西條，2002b，2003a，2004b，2005b）を紹介する。この英訳は Structure-construction qualitative research method であるため，略称は SCQRM（スクラム）とする。

　質的アプローチとは，心理学，社会学，看護学，教育学，医学等々のヒューマンサービスの領域を中心に広まりつつある数量化に依存しない新たな研究法の総称である。現在，質的アプローチは人文科学領域を中心に，わが国にも着実に浸透しつつあり，実際に，いくつかのメジャー・ジャーナルにも，質的アプローチを用いた研究は散見されるようになってきている。また2002年から『質的心理学研究』という質的研究の学術専門誌が創刊され，それを契機として2004年には「質的心理学

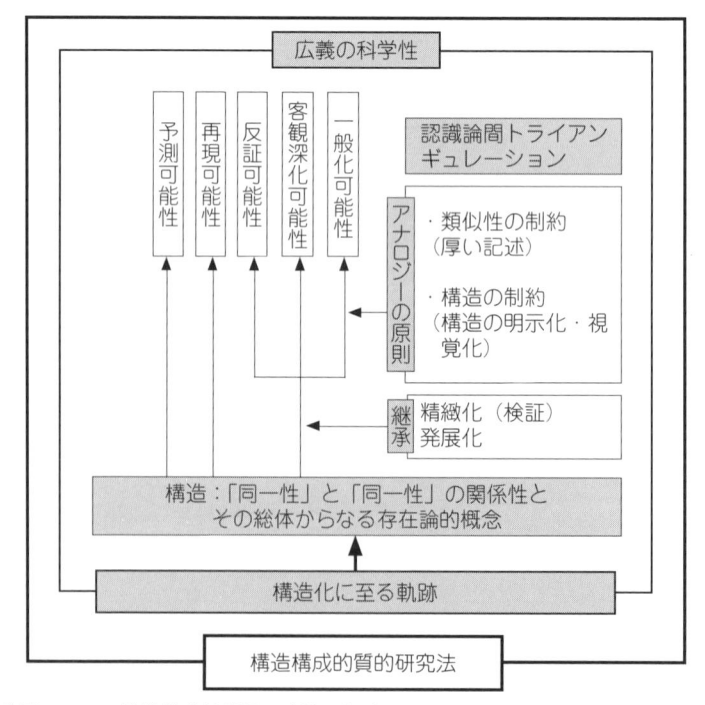

●図11-1　構造構成的質的研究法の概略
　　　　　（注）■は方法論的概念を示す。西條（2003a）を参照に作成した。

会」も設立された。

このように、質的研究の価値は認められつつある一方で、新たな領域であるため、認識論や方法論の整備が不十分であり、主観性や恣意性が混入する問題、技法の未整備による職人芸的段階にある点、科学性の確保・評価基準の設定など、課題は山積している。

SCQRM(スクラム)はこれらの難問を解消すべく体系化されたメタ理論である（西條、2003a）。これによれば質的研究のメリットを損なうことなく、広義の科学性を理論的に担保可能となり、かつ優れた質的研究を行うための具体的技法を提供することが可能となる（図11‐1）。

以下、質的研究を巡る問題をいくつか取り上げつつ、SCQRM(スクラム)について概説していく。

1．質的研究を巡る主客問題とその解明

質的アプローチは、程度の差こそあれ主観的、あるいは間主観的な「解釈」を尊重することから、客観的な外部世界との乖離（ズレ）が問題とされる。これは「主観―客観問題」の質的研究版(ヴァージョン)ということができる。具体的にいえば、「それはあなたの『解釈』が含まれているので、本当の客観的実在からかけ離れた研究である」と批判されることになる。「客観的実在」を前提とする限りにおいては、「客観的な外部世界」の写像となる法則を追究する自然科学的アプローチの方が妥当なものとなり、主観的解釈を含む質的アプローチの立場は理論的に弱いものにならざるを得ない。しかし、同時に「現実は社会的、言語的に構成される」とする社会的構築主義のような「主観」側の主張では、語られた言説こそが現実になってしまうため、煎じ詰めれば、都合のよい言説を構築すればよいといった何でもアリの相対主義に陥ってしまう。

構造構成主義においては「客観的な外部実在」を前提とすることなく、「現象」（立ち現われ）を出発点とすることから、客観からの乖離は本質的な問題とはならなくなる。つまり、認識論とのズレにより立ち現われていた質的アプローチの欠陥は、根本に据えられている認識論的背景を変更することで消失する。それはいわば、白いアプローチは黒い背景のもとでは背景から浮いてしまうが、背景が白いものに変更されれば白いアプローチは白い背景とマッチし、そのズレは解消され、一体化するのと同じような事態といえよう。そして構造構成主義は「言説」ではなく「現象」を出発点とするため、言説至上主義や何でもアリの相対主義に陥ることも避けることができる。

また、主客問題は、異なる認識論を背景とした方法論間のトライアンギュレーションを実施する際の、共約不可能性の難問として立ち現われる。質的アプローチの

中でも，たとえば，実証主義（positivism），ポスト実証主義（postpositivism），批判理論（critical theory），構成主義（constructivism），社会的構築主義（social construtionism）といった多様な認識論があり，相容れない認識論を併用することは，「場当たり的折衷主義」として批判されることになる。

しかし，SCQRM（スクラム）はそのメタ的特質と関心相関的選択により，異なる認識論に依拠した方法論を，状況に合わせて柔軟に選択することが可能となる。すなわち，「場当たり的折衷主義」ではなく「方法論的多元主義」という論理的に整合性のある方法論として整備されている。したがって，フィールドワーク，解釈学的アプローチ，エスノメソドロジー，ナラティブアプローチ，象徴的相互作用論，ライフストーリー，社会的表層論，アクションリサーチ，グラウンデッドセオリーアプローチ等々の多種多様な質的アプローチを関心相関的に組み合わせたり，併用したりすることも可能となる。さらに数量的アプローチとのトライアンギュレーションも可能となる。

2．科学性を巡る難問とその解明

また先の主観―客観問題とも関連するが，質的研究においては，いかに科学性を確保するかという課題も切実な問題である。人文科学（人間科学）といえども，それが「科学」を標榜する限りにおいて，「科学的じゃなくてもよい」という開き直りともいえる議論は可能であり，実際に散見されるが，説得力に欠けるという印象は否めない。

他方，従来の自然科学のいう「科学性」を遵守すればよいかといえば，質的アプローチが対象とする現象が，往々にしてそれを許さないし，それを遵守すれば，質的アプローチのメリットは失われてしまう。

以上のように，質的アプローチを巡る科学性の難問とは，質的アプローチが科学性を放棄すれば人間科学として説得性に欠けるものになり，科学性を遵守すれば自らの長所を失うことになるというダブルバインドにある。したがって次に，SCQRM（スクラム）をメタ理論とすることにより，こうした難問を解消することが可能となることを論じていく。

構造構成主義（構造主義科学論）は，現象を構造化することにより，再現可能性，予測可能性といった広義の科学性を担保する枠組みである。したがって，広義の科学性を担保するための条件として，第一に，人間的事象を「構造化」することが求められる。たとえば，6章でも述べたように，他人のモノマネは，構造を把握していることに他ならず，それゆえ何度でも再現できるのだ（再現可能性）。また，それを見た人が，「あはは，絶対言いそう」などと反応するのは，予測可能性を満たしていることを意味する。そして，構造化することにより，その構造を継承したり，

他の領域，テーマ，現象に転用したりすることが可能となる。

　また，従来は反証可能性を残すために「条件統制」を科学性の条件とすることが多かった。しかし，質的アプローチは複雑な要因が絡み合う「現場」（やまだ，1997）にて用いられることも多いことから，その対象は条件統制そのものを受けつけないことは少なくない。たとえば，医療や福祉現場では，条件統制など不可能なことがほとんどであろう。条件統制を科学性の条件とすることは，自然科学には妥当だったかもしれないが，質的研究が対象とする現象の性質は，条件統制を許さないため，質的研究（人間科学）には適していない。

　したがって，SCQRM（スクラム）においては条件統制ではなく条件開示によって広義の科学性を満たすことになる。従来の「条件統制」は「条件を統制した」という条件の開示に他ならないことから，条件開示の下位条件となる。それゆえ，「構造化に至る軌跡」を残すことによって，つまり「構造化に至るまでの諸条件を開示」することによって，広義の科学性を保証することになる（詳しくは8章を参照）。

　たとえば，どのような関心をもつ研究者が，研究対象となるフィールドや人物にどのような関わり方をし，どのような視点から，どのような方法により，どのようなデータを取り，どのような観点からそれを解釈，分析したのかといったように，構造化に重要な影響を与えると考えられる諸条件を開示していくのである。これによって反証可能性も残されることになる。

　また従来の「検証」の枠組みは，質的アプローチには適合していなかった（西條，2002b）。なぜなら，検証とは仮説が「本当かどうか」を実証的に確認する作業であることから，通常それは統計学的な検定という手段をとることが多いため，測定や数量化を行なわない質的アプローチや，そもそも本当かどうかは問わない「物語論」といった枠組みに適合する枠組みではないからだ。

　SCQRM（スクラム）においては，生成された仮説（構造）は，「継承」という方法概念を媒介として他者に吟味されつつ精緻化・発展されることになる（西條，2002b；やまだ，2002）。それによって知見は開かれたものとなり，継承された結果，反証されることもあるだろうし，修正され，発展されることにもつながる。

　さらに従来は，単一事例から得られた知見（構造）は，「それはその対象のみにあてはまることであり，他にはまったく一般化できないのではないか？」と批判されてきた。しかし，SCQRM（スクラム）では，アナロジーの原則を活用することによって，書き手と読み手の相互作用を基軸とし，構造の「質」に依拠する新たな一般化可能性の道が開かれている。これによって，単一事例の質的研究に突きつけられる上記のような「一般化不可能性」の批判を，理論的に解消することが可能となる。つまり，単一事例から得られた「構造」（知見）であっても，それは読み手が「直接的類似性」と「構造的類似性」から，自分の関心のある現象に引きつけることにより，

「あの事例でいっていたこと（構造）は，この事例（テーマ，領域）でも有効なものとなるかもしれない」と一般化しつつ現象を「理解」することが可能となるのである。

3．恣意性問題と技の技法化

また，SCQRM（スクラム）は，上述してきたように，メタ理論，方法論のレベルで有効であるだけでなく，技法的なレベルでも有効性を発揮するものとなる。従来，質的研究は，技（アート）という側面が強く，職人芸的に行なわれてきた。これは質的研究の公共化を妨げてきた主要因の1つといえるだろう。

たとえば，修正版グラウンデッド・セオリー・アプローチの提唱者である木下康仁（2003）は，「質的研究一般について指摘されることとして，論文を読んだり発表を聞いても，どうしてその結果が導かれたのかがわからない，データから都合のよい部分を恣意的に選び抜いたのではないか，あるいは典型例だけをつかっているのではないかといったことや，あるいは，分析結果と相容れないデータ，例外となる部分は捨象したのではないかという疑問や批判が多く見られる」とその現状を正しく指摘している。このような質的研究に突きつけられる恣意性に関する批判は総

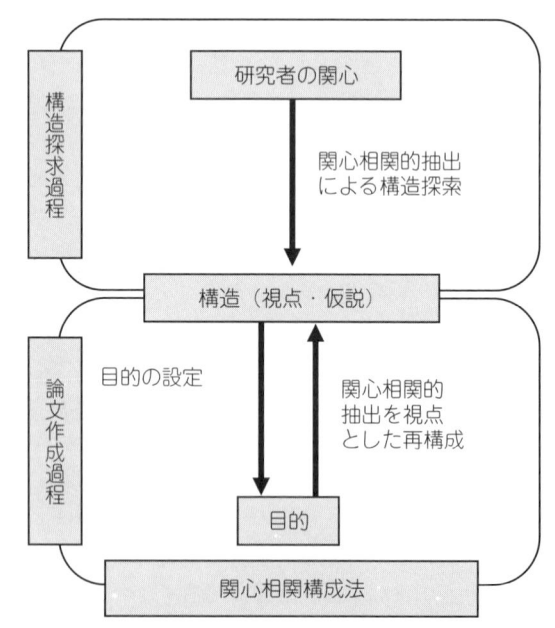

●図11-2 「構造探求」と関心相関的構成法による「論文作成」の2段階研究プロセス（西條，2005c）

称して「恣意性問題」と呼ばれる（西條, 2005b）。

この恣意性問題を打開するために提唱されたのが「関心相関的抽出」と「関心相関的構成法」である。詳細や具体例は西條論文（2005b）を参照してもらうこととし、ここではそのエッセンスを提示する。

『関心相関的抽出』とは「研究者の関心や目的に照らし合わせて研究の構成要素を抽出（選択）していくこと」である。つまり、SCQRM（スクラム）においては、理論、方法論、各種研究手法、事例、テクスト、解釈枠組みといった「研究（論文）」を構成するすべての要素が、関心相関的に選択されることになる。これによって根拠を明示化しながらそれらの選定を行なうのである。これは構造を探索（生成）する過程で機能する枠組みということができる。

そして『関心相関的構成法』とは、「研究者の関心に基づき探索的に構成されてきた構造（仮説・視点）を踏まえ、そこから逆算的に目的を設定し、関心相関的抽出を方法論的な視点として論文を構成する」論文構成の一般技法である（図11-2）。つまり、探索的に研究を進めてきた結果構成された「構造」に照らし合わせて、目的を再設定した上で、あらためて手続きや方法の選択の理由を明示的に示すことにより、高い論理的整合性、内的一貫性を備えた論文に再構成するのである。

これはすべてのアプローチに適用できる汎用性を備えており、また単一事例や偶発事例を、恣意性問題を回避しつつ、説得的な研究として構成する際に威力を発揮する。このように、関心相関的構成法とは、関心相関性を基軸とすることで、質的研究論文執筆に関する職人芸的な技（アート）を技法（テクニック）化した「質的研究論文執筆の一般技法」なのである。なお、関心相関的構成法は、「質的研究論文の一般評価法」としても有効に機能するであろう。

以上のように、アプローチを問わず、多様な質的アプローチをソフトとして十全に機能させることが可能であるSCQRM（スクラム）は質的アプローチのメタ理論といえるのである。SCQRMに関しては本節で引用してきたいくつかの論文（西條, 2002b, 2003a, 2004b, 2005b）が『質的心理学研究』に掲載されているので詳しくはそちらを参照してもらいたい（この学会誌は市販されているので一般の人でも購入可能である）。

ただし、構造構成主義は、質的研究のみを理論的にサポートするものではない。構造構成主義は「原理」であるため、質的研究・量的研究関係なく、サポーティブなものになりうる。次に構造構成主義を統計学へと導入した枠組みといえる「構造構成的心理統計学」を紹介しよう。

●◆● 3節 ●◆●
構造構成的心理統計学

　本節では心理統計学の分野で，20代にして多数の論文を精力的に生産している（荘島，2003a，2003b，2003c，2004；Shojima，2003；荘島・豊田，2004；荘島・吉村・石塚，2004），荘島宏二郎氏の論考に基づき議論を進める。

　荘島（2004）は「項目反応理論（IRT）の発展と最新動向」の報告書の冒頭において，ユーザーがどのような前提に依拠してその統計ツールを使うかによって，目前のデータ（現象）からの「知見の抽出」や「知見の意味」は大きく異なってくるとして「項目反応理論の認識論的基盤の提案」を行なっており，その中で依拠すべき認識論の1つとして構造構成主義を挙げている。これは統計も人間の営みであるという原理的出発点から，統計の営みの「意味」を問い直している優れた論考である。それゆえ，以下この論考を参照としつつ，「構造構成的心理統計学」（Structure-construction psychometrics）とでもいうべき枠組みの考え方を概説してゆこう。

1．心理統計学の原理的再考

　統計はともすると客観的であると誤解され，それによって得られた知見も客観的な真実かのように一人歩きする危険性が高い。荘島は，特に最先端のテスト理論である「項目反応理論」（池田，1994；豊田，2002a，2002b）は非常に強力な統計ツールであるため，「テストの現場において，万能で，純粋な意味での客観的知見を提示できるかのような幻想を抱いてしまうことがある」と注意を促している。

　そして，項目反応理論（IRT）モデルも研究者によって作られた「模型」（構造）の1つであるとした上で，「現象の方が，模型よりも豊かであることは疑いようがない」として「現象」を第一義に置くべきであると強調している。そして「構造構成主義は，世界はただ1つ存在するのではなく，同時に多様な世界が存在することを許容」するという多様性を重んじる立場を明確にしている。

　構造構成的心理統計学は「あらゆる知見は人間が『広義の言語』により構成したものである」という立場をとるため，「あらゆる知は『純粋に客観的』ではありえないし，まして『絶対的』なものにはなりえない」として多様な構造が並列しうるという謙虚な態度を出発点としている。これは構造構成主義の構造（知）の恣意性と，それによりもたらされる構造の複数性，多元性と重なるものといえよう。

　そもそも，統計モデルは，「現象の形を数式という基本構造で確定させた上で，少数のパラメタ（母数）の動きでもって現象の豊かさを表現しようという試み」である。しかし，荘島も言うように，パラメタ（要因でもよい）を挙げきることは，

人間の認識の限界により不可能であり，仮に挙げきったとしてもその時，数学的にそのモデルを解くことができなくなる。

また荘島は，項目反応理論も1つのモデル（模型）である以上，「テスト現象のある純粋な部分のみを抽象し，それ以外の混沌とした部分は捨象している」として，統計モデルの原理的限界を明示化している。そして，それは「モデルによって構造が構成されているという認識論的前提に依拠する必然的帰結」であり，IRTにより捨象されている学力観があることについて，われわれは自覚的になるべきと主張している。

また荘島は「IRTを用いることは，テストの実務家が，『何を大事に思うか』による」と述べており，これはさまざまな統計ツールは，ユーザの関心に応じて関心相関的に選択すべきという主張に他ならないといえよう。そして荘島は，「1つの方法論に固執することが最も危険である」としつつ「到底，モデル（模型）を通してみたところで，現象のすべてを認識することはできない」ことから，「IRTに限らず，多種の方法でテスト現象に対して輻輳的にアプローチし，多角的に現象を立体化する必要がある」と主張している。これは統計学における方法論的多元主義（トライアンギュレーション）を提唱していると考えてよいだろう。

2. 構造構成的心理統計学とは何か？

以上の荘島の議論を総括し，定式化するならば，「構造構成的心理統計学」とは「現象」を第一義に尊重し，「統計モデル」を構成されたものとして捉えた上で，その複数性を許容し，それを関心相関的に選択することにより，心理現象を多元的に構造化する理論的枠組みということができよう。

上述してきたような認識態度は，優れた心理統計学者や統計ユーザにとっては既に了解されている部分もあろうが，構造構成的心理統計学の意義は，それを理論的枠組みとして提示したことにある。すなわち，それは，統計的営みに対する妥当な態度を，意識的に実践・教育するための1つの「視点」として機能する心理統計学のメタ理論となるだろう。

3. 研究実践における構造構成的心理統計学の有効性

次に，構造構成的心理統計学の研究実践上の有効性を確認していく。ここで述べる内容は，荘島宏二郎氏・山森光陽氏によって企画された第9回次世代人間科学研究会（於：国立教育政策研究所，2004年7月24日）における岡田佳子の研究発表を，筆者が構造構成主義の観点から基礎づけた考察に基づいている。なお，岡田の発表は，共分散構造分析によって「中学生の心理的ストレス・プロセス」をモデル化した自らの研究（岡田，2002）を素材に，共分散構造分析がいかに質的な営みを含む

かを論じたものであった。

　共分散構造分析（豊田, 1998）の最大の長所は，「柔軟なモデル構成力」にある。従来の統計モデルは，数理モデルにデータの方を合わせなければならなかったのに対して，共分散構造分析は，データの振る舞いに応じて柔軟にモデルを構成可能である。また，従来の方法は，1つのデータに対して1つ，あるいは数個の分析結果しか得られなかったのに対して，共分散構造分析は，研究仮説を反映した多様なモデルを構成することが可能である。

　こうした高度な統計モデルを使えば，無用な批判を受けずにすむように思われるかもしれないが，岡田によると実際は，「結局モデル構成はあなたが恣意的に行っているのではないか」「それ以外のモデルもありうるのではないか」「多くのモデル構成が可能な中でそれが本当に最も妥当なモデルといえる保証はあるのか」といった批判を受けることも少なくないという。これは心理統計学における「恣意性問題」といえよう。

　それでは，なぜこのような恣意性問題が立ち現われるのであろうか？　心理統計学は通常，暗黙裡に客観主義を認識論とする。そうした認識形式からはおのずと「完全なる客観性」や「厳密な検証」といった理想状態を目指すことになる。したがって，そのような客観主義的な前提に依拠すると，共分散構造分析のモデル構成の柔軟性という「方法論的メリット」は，恣意的との批判が入り込む「理論的デメリット」へと変容してしまうのである。

　それに対して，構造構成的心理統計学は，純粋に客観的なモデルや，完全に厳密な検証といったものを前提としない。むしろそこでは，構造モデルは人為的に構成されるものであるため，構造構成における恣意性が問題とされることはなくなる。ただしそれは，構造（モデル）を研究者が完全に恣意的に構成することを意味しない。そうではなく，構造（モデル）の構成には原理的に恣意的な側面は入り込まざるを得ないということなのである。そして，共分散構造分析において，構成された構造モデルは研究目的に照らし合わせつつ，「適合度」という指標により，その妥当性をチェックした上で提起されるため，広義の客観性は保証されるのである。

　ただし，自らの提示したモデルが適合度が高かったからといって，たちまち説得的なモデルになるかといえば，そうではないだろう。モデル構成にいたった軌跡や結果の解釈など，現象に寄り添った精緻な議論が伴わなければならない。

　また，構造構成的心理統計学において，構成された構造モデルの価値は，客観主義的な理想状態との比較によるのではなく，研究目的と相関的に判断されることになる。つまり，その価値は研究者が掲げた目的を達成できているかによって判断されることになる。それゆえ，研究目的と無関係に「他にも検討すべき要因がある」といった批判を理論的に退けることが可能になる。

以上のことから，構造構成的心理統計学は，柔軟なモデル構成力をもつ統計モデルのメタ理論としても有効に機能することがわかるだろう。

4節
構造構成的発達研究法

次に，構造構成主義を発達研究（発達心理学）領域に継承発展させた「構造構成的発達研究法」を紹介する。この詳しい内容や実践例は，『母子間の抱きの人間科学的研究』（西條，2004a）や『構造構成的発達研究法の理論と実践』（西條，2005a）としてすでに出版されていることから，ここではごく簡単に紹介する。

1．従来の発達研究の問題点

発達とは時間を内包して変化し続ける現象に他ならない。したがって発達研究法を他の研究法と比較した際の最大のポイントは，「変化」を扱う点にあるといえよう。

しかし，驚くべきことに，従来の発達心理学は，変化を変化として捉える（動的に構造化する）独自の方法を整備してこなかった。つまり，発達研究者はプロセスとしての発達を構造化する方法を整備してこなかったのである。これはいわば「餅は餅屋」（発達は発達心理学者）どころか，餅屋が「臼と杵」を整備してこなかった事態に等しいといえよう。これは，従来の発達心理学が，本来自らのアイデンティティをかけて整備すべきであった縦断研究法の体系化を行なってこなかったということを意味するといってもよいだろう。

2．構造構成的発達研究法とは何か？

こうした問題をクリアし，発達現象を動的に構造化するためのメタ理論（方法論）として整備されたのが「構造構成的発達研究法」（西條，2005a）である。

すでに述べてきたように，構造構成的発達研究法においても，認識論的・方法論的多元主義をとることになるため，質的アプローチも数量的アプローチも相補完的に活用可能である。さらに発達現象を構造化するさまざまな方法として，横断研究法や縦断研究法をはじめとした発達研究法は，関心相関的に選択されることになる。

そして発達研究法を多元的に駆使するためには，各発達研究の方法論の特徴を明示化しておく必要がある。それぞれの発達研究法の長所，短所，制約（いかなるデータに用いることができるか）等々を明らかにしておくことによって，それを研究者の関心や目的，対象やデータの特質に合わせて，柔軟かつ論理的に整合性のある形で活用することができるのである。

したがって，構造構成的発達研究法では，発達を構造化するのに有効な枠組みを，分析法，統計的解析法，アプローチ，理論といった多様な観点から，それぞれの長所や限界を踏まえつつ，提示されている。すなわち，発達現象の動的構造化に役立つ選択ツールを整備することにより，それらの効果的な使用や，多元的組み合わせ方などが可能になっているのである。

3．現象を動的に構造化する方法論の可能性

また，考えてみれば，「発達」に限らず，あらゆる現象は時間を内包して変化し続けるといえる。しかし，そうした現象を動的に構造化する研究法は体系化されず，動的現象のほとんどは静的（無時間的）構造へと変換されてきた。その意味で，縦断研究法とは，経時的研究法とも言い換え可能な方法論であり，多様で動的に変化するプロセスを扱う技法ということもできる。したがって，構造構成的発達研究法は，領域や対象を問わず，現象をダイナミックな視点から捉えようとする研究者にとって，有効な方法になると考えられる。

5節
構造構成的知覚研究法

本節では，まず新進気鋭の知覚研究者である清水武氏の議論を踏まえて，近年アフォーダンス理論で広く知られるようになった生態心理学が抱える問題を明らかにする。そして，その欠陥を補完可能な枠組みとして，清水が中心に示した理論的・方法論的提案（清水・根ヶ山，2003；清水・西條，2004；清水，2005；清水・西條・白神，2005, Shimizu & Norimatsu, 2005）を基軸として，「構造構成的知覚研究法」という知覚研究のメタ理論を提起する。それによって，生態心理学が「やりたいこと」を従来の生態心理学以上にうまく実行可能であることを示す。なおここでは，生態心理学の中で最も研究が進展している領域の1つである「ダイナミックタッチ」という触知覚研究領域を中心に取り上げる。

1．ギブソンのアフォーダンス理論の有効性

知覚研究は伝統的に，感覚受容器を通して取り入れられた「感覚データ」が「中枢」で処理されるというスタティックな図式を前提としており，知覚者の「動き」が果たす役割については軽視されてきた。

これに対して，ギブソンの生態心理学（アフォーダンス理論）（Gibson, 1966, 1979）では，探索する知覚者とそれが接する環境を1つの「知覚─行動システム」として捉える。そして，知覚者は環境において能動的に動くことによ

り，意味や価値といった「情報」を直接知覚すると考える（Gibson, 1966, 1979 ; Reed, 1982, 1989, 1996 ; 佐々木，1994, 2000）。この意味での「情報」が，「アフォーダンス」（行為の機会）と呼ばれるものである。

このギブソンの理論に依拠することにより，「ダイナミックタッチ」（Gibson, 1966）という「触」知覚の研究が進められてきた。以下の清水の議論は，生態心理学の中でも特に実験的検討が重ねられている「ダイナミックタッチ」と呼ばれる触に関連している。ダイナミックタッチとは，「振る」ことにより，目で見ることなく持っているモノの長さや形態を知覚する動的な「触知覚」のことである。この領域では，生態学的な知覚情報（アフォーダンス）の単位として，「慣性テンソル」を位置づけることにより，知覚研究における心身二元論を克服し，ギブソンの知覚システム，アフォーダンスの抽出理論を実証的に補強するという意味において，大きな成果をあげてきた（清水，2005）。

2．ダイナミックタッチ研究の問題点

しかしその一方で，清水（2005）は，ダイナミックタッチ研究が量的アプローチによる精神物理学的分析に偏重していると指摘する。その典型例として，ダイナミックタッチの恒常性を取り上げてみよう。

パガノら（1993）が行なった棒の長さ知覚課題の実験は，棒を振る際の被験者の振り方を変えてみるというものであった。まず，手首，肘，肩の関節のみで振るそれぞれの振り方，及び制限のない自由な振り方の4種類の振り方を設定する。そして，それぞれの振りかたで実験参加者に棒の長さを報告させ，測定する。すると，知覚された棒の長さは振り方を変えてもほとんど違いがないことが示された。

ターヴェイ（1996）はこの結果をまとめ，「自由に腕全体を使って物を振る時や，肩や腕のどちらか一方の関節で振る時の知覚が，手首だけで振る時の知覚とまったく同じ」と述べている。つまり，どのように振り方を変えても，知覚される長さはまったく同じというのだ。また「あらゆる場合に，手首のところでの物の慣性テンソルが，知覚される物体の長さを規定している」ともいう。

しかし，はたしてそうだろうか。実際に物を振ってみればどうだろう。手から伝わってくる感触は振り方を変えると，変わってくるはずだ。結局のところ，パガノら（1993）の実験結果は，知覚された長さを別々に測定し，その後で量的な差異が小さいというものにすぎない。これでは，振りによる探索時に行為者が得る「感触」といった知覚の質的な側面は扱われず，結果的に経験と乖離した知見が導かれてしまうだろう。

完了した事態に対する外部観察者からの記述（数理モデル化）は，行為者がその場で進行している事態として経験することと大きくかけ離れたものになる危険性が

あるのだ（西條, 2004a）。

そして，このズレは知覚研究のような基礎領域になるほど認識しにくくなるのである。池田（1990）が，科学が客観的と盲信されるのはその構造がみえないためだと鋭く指摘したように，「慣性テンソル」という目に見えない「構造」を扱っているために，根本的問題が隠蔽されてしまっており，まさにその意味において生態心理学の認識論的欠陥を最も顕著な形で孕んでいるといえるのである。

3．構造構成的知覚研究法

こうした問題意識から，従来の知覚研究法が抱える認識論的欠陥を補完するために，構造構成主義を導入する。ここでは，清水ら（2005）の行なった試みを，構造構成主義により基礎づけることで，あらためて「構造構成的知覚研究法」として定式化する。

既述したように，数理モデルが一人歩きした結果，そのモデルは知覚者が棒を振った時の「ありありとした経験」から乖離してしまうことは本末転倒といえよう。したがって，清水ら（2005）はそうした知覚者の内的な経験を捉えるために，カッツ（1930, 1948）の実験現象学を導入した。現象学的アプローチは，主体に立ち現われるありありとした経験を出発点として知覚現象を明らかにしようとする立場である。これを構造構成主義的にいえば，現象を第一義に尊重し，数理モデルは現象理解のために構成された二次的なものに位置づけるということになる。

ただし，個々人の立ち現われ（現象）を尊重する現象学的アプローチは，本人が感じたものが知覚であるといった独我論的な知覚像につながる危険性がある（清水ら，2005）。したがって，従来の精神物理学的な枠組みに依拠した量的なアプローチによって公共性を確保する必要もある。

このように実験現象学に基づく質的アプローチによって知覚者の内的な（進行形としての）経験を明らかにしつつ，精神物理学に基づく数量的アプローチによる外的記述により相互特定化していく方法を「相互特定的アプローチ」という（図11-3）。これはトライアンギュレーションに他ならず，ヴァレラの「エナクティブ・アプローチ」（Varela, Thompson, & Rosch, 1991）を実践する立場ということもできる。

こうした知覚現象解明のためのトライアンギュレーションを行なう際には，さらなる方法論的改良を行なう必要がある。特に，構造構成主義においては現象をより上手に構造化することを追求する上で，「誰の」「何を」構造化するかについて意識的になることにより，「どのように」構造化するのかといった方法を規定していくことになる。

したがって，数量的分析を行なう際には，分析対象が「誰の」知覚現象かを明確

```
┌─────────相互特定的アプローチ（エナクティブ・アプローチ）─────────┐
│  ┌─（従来）外的・客観的・静的─┐ ┌─内的・意味的・生成的─┐  │
│  │          │  行為   │          │  │
│  │ 現象の   負荷量の発生   ↻    探索として       │  │
│  │ 捉え方   慣性テンソル  知覚   触世界の産出     │  │
│  │          │          │  │
│  │ 方法     量的アプローチ    質的アプローチ      │  │
│  └──────────────┘ └──────────┘  │
└──────────────────────────────────┘
```

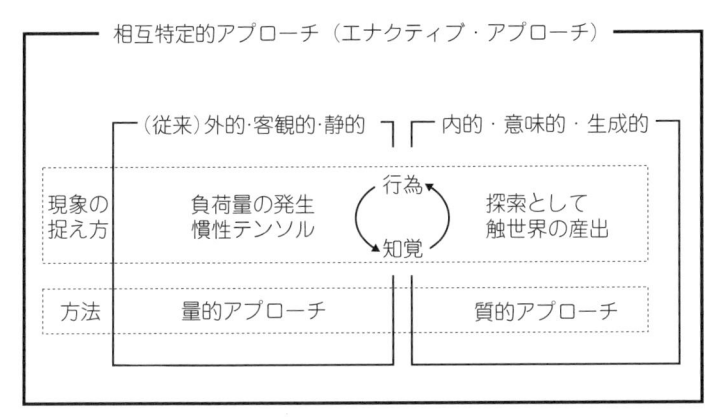

●図11-3　知覚の公共性と個体性を包括する相互特定的アプローチ（清水ら，2005）

に意識しつつ進める必要がある。

そうした観点から鑑みれば，従来の知覚研究は，多数の人々の平均値に基づき分析されてきたことがわかる。これはつまり構造化の対象が「集団」であったことを意味する。清水（2005）はこうした分析からは，個々人の多様な知覚のあり方は結果に反映されないため，その結果，物理的条件に機械的に反応する一様な人間像ともつながりかねないとその問題点を指摘している。

知覚とは集団で起こっているのではなく，個々人ごとに起こっている現象である。したがって，分析技術のレベルでいえば，知覚が個々人によって異なることを前提として，個々人に対して，回帰係数や切片値を算出する必要がある（清水，2005；清水ら，2005）。

次に「何を」構造化しているのかといえば，それは「知覚」ということになる。そして，生態心理学（アフォーダンス理論）における「知覚」を突き詰めれば，環境における動きの中でそのつど達成されるコトということになる。したがって，これを方法論に反映するためには，動的なプロセスとして「知覚現象」を捉える必要がある（清水，2005）。そのためには4節で紹介した「構造構成的発達研究法」（西條，2004a）の方法論が役立つであろう。

そして，個々人が環境の中で動くことにより，そのつど知覚を達成している（生成している）と考えるならば，実験現象学に依拠した質的アプローチも有効であると考えられる。特に，個々人が進行形として体験している知覚現象を明らかにするためには，知覚プロセスをまるごと検討する事例研究が有効だと考えられる。

しかし，事例研究の問題点として，論文に掲載する際の紙面的制約等から，事例を厳選する必要があるため，その選定の際に「恣意性問題」が立ち現われるといっ

たことがある。つまり，「事例の選択が恣意的になされているのではないか，都合のよい事例を恣意的に選んでいるだけではないか」という批判がなされる余地が生まれることになるのだ。

その際に，先述したSCQRM（スクラム）の技法の1つである「関心相関的抽出」という技法が恣意性問題を打開し，説得的な事例提示をするために有効な方法となる。たとえば，清水ら（2005）のダイナミックタッチ研究は，材質や長さの異なる棒の振り方を変えた時に経験される感触の違いに焦点化し，従来の知覚の恒常性説の批判的検討を目的としたものであった。そのため，その目的と照らし合わせて，「内的視点からどのような感触が経験されるか」という観点から報告された事例を選出した上で，さらにそうした側面が凝縮されていると思われる箇所をテクストとして抽出し検討を加えた。

このように，関心相関性を視点とし，研究目的と照らし合わせつつ，事例やテクストを選定していき，選定理由を明示化することで，事例の選定に必然性を与え，恣意性問題を回避可能となるのである（西條，2005b）。

上記のように，数量的アプローチ，質的アプローチのそれぞれに方法論的改良を加えつつ，トライアンギュレーションを実行することにより，経験と乖離せずに公共性のある形で知覚現象を多面的に構造化していくことが可能となる（表11－1）。

構造構成的知覚研究法は，ダイナミックタッチ研究領域において清水武氏が職人芸的に行なってきた独自の工夫や分析の数々を，他の知覚現象一般に使用できるよう理論化したものということができる。今後，知覚研究全般のメタ理論（視点）として活用されることにより，主観的事象と客観的事象のはざまにある知覚現象の解明が期待される。

表11－1　パガノ，フィツパトリック，ターベイ（1993）の枠組みと対比させた本研究の研究法及びスタンス（清水ら，2005）

	パガノら（1993）	本研究
実験の方法論	精神物理学	精神物理学と実験現象学
実験の手続き	同一性を導く「絶対的」方法	差異を顕在化させる「比較による方法」
分析の標本	集団の平均値	生データ（被験者層別化）
知覚の存在論	慣性テンソルに規定	振りによる産出
振りの影響	除去	統合

6節
人間科学的医学

次に構造構成主義を導入した人間科学的医学の代表的な例として，斎藤清二氏が提唱している「人間科学的医学」を紹介する。斎藤は，構造構成主義の端緒となる論文（西條，2002a，2003a，2003b）を踏まえつつ，人間科学的医学に関する著書や論文を精力的に発表している（斎藤，2003a，2003b，2004a，2004b）。ここでは，人間科学的医学（構造構成的医学）の認識論的基盤のさらなる整備を試みる。

1．生物科学的医学と人間科学的医学

斎藤（2003b）は，まず人間は「生物として『ヒト』」としての側面と，「個々の意志と感情を持ち，社会生活を営み，互いに交流する主体としての『人間』」という側面を合わせ持つ存在であることを確認する。そして，医学の方法論は，「生物科学的な医学」と「人間科学的な医学」に大別されるとしている。

「生物科学的医学」とは現代の生物学（生命科学）の認識論，方法論をそのまま借りてきた医学であり，現代の医学の大部分はこれにあたるという。また，それは「生物としてのヒト」の側面を対象とし，主として，組織，細胞，遺伝子といった「要素」に分割して理解する立場をとるという。

それに対して，人間科学的医学は，「人間を全体として捉える」ことから，それが扱う事象は「客観的な事象」と「主観的・相互交流的な事象」に大別することができるという。そして「生物科学的医学は客観的事象を扱う方法論しか持っていない」が，人間科学的な方法論は客観的事象と，主観的・相互交流的事象の双方を扱う多元的方法論をもっているとその特徴を論じている（斎藤，2003b）。

斎藤がこの2つの事象を扱う方法論を対比する形で的確にまとめているので，以下引用してみよう。

> 客観的な事象を扱う方法論が論理実証主義的，仮説検証的であるのに対して，主観的／相互交流的な事象を扱う方法論は，仮説生成的，仮説継承的である。前者が量的な方法論をとるのに対して，後者は主として質的な方法論をとる。前者は，事象を数値化して扱うのに対して，後者が主として扱うのは，テクスト（文章記述）であり，具体的には，面接記録，参与観察記録，対話記録などがデータとして利用される。何より大きな相違は，前者は客観的な事実が実在すると考えるのに対して，後者は現象の客観的な実在を前提とせず，現象とは言語を通じて，社会的または個人的に構成されると考える。前者を近代的なパ

ラダイムと呼ぶならば，後者はポストモダンなパラダイムと呼ばれる。

(斎藤，2003b；p. 66)

　斎藤は，このように人間科学的医学の方法論を大別してみせた上で，「医学とは，単一の科学的方法論ではなく，患者への援助という目的の遂行のためには，複数の科学の方法論を採用する学際的科学であるし，そうあるべき」と医学は方法論的多元主義を中軸とすべきと主張している。

　そして，これも何度か述べてきたように，構造構成主義をメタ理論として認識論や方法論を関心相関的に選択することで，認識論レベルで齟齬をきたすことなく，柔軟かつ論理的整合性のある形で多様な方法を選択することが可能である。

　それでは人間科学的医学において，関心相関性の基軸となる「目的」とは，どのようなものとなるだろうか？　斎藤(2003b)は，「医学における研究法」を再考する中で，「医」の目的は患者（病んでいる人）の援助にあると指摘する。この見解が妥当なものとするならば—私は極めて妥当なものだと思うが—，人間科学的医学とは，＜患者への援助という目的と相関的に，多様な認識論を背景とする方法論を柔軟に選択し，組み合わせることにより目的の達成を目指す医学的立場＞というように定式化されることになる。このようにあらためて定式化するとその内実は至極当然のことのように思われるが，実際はこの当然のことを失念するところに現代医学の問題が集約されているといっても過言ではないだろう。

2．EBMか？NBMか？

　現代医学には，方法論とは異なる軸として，「EBM」と「NBM」といった2つの潮流がある。EBMの3人の父といわれる1人であるSackett (2000)によれば，EBM (Evidence-Based Medicine)とは「個々の患者のケアの決定において，最新かつ最良の根拠（エビデンス）を良心的に正しく明瞭に用いること」と定義されている。他方，NBM (Narrative Based Medicine)は医療・医学に関する全領域をナラティブ（語り）の観点から再検討しようとする立場である。そこでは，患者の語りも医学的なエビデンスも「物語」として相対的に捉えることにより，双方をすりあわせていくことを志向する。

　斎藤(2003b)は，「現代医療を席巻しているエビデンス・ベイスド・メディスン (EBM)は，一般に『科学的な根拠』に基づく医療実践を提唱するムーブメントであると理解されている」ことから，「ナラティブの視点はその対極にあるかのように誤解されていることが多い」とその現状を指摘している。その上で，「しかし実際には，NBMの主唱者であるグリーンハルやハービッツ自身が，EBMの専門家でもあることからも分かるように，NBMとEBMはけっして相対立する方法

論ではなく，むしろ患者中心の医療を実践するための車の両輪と考えるべき相補的な方法論」であるとして,それらを相補完的に活用すべきという立場を表明している。

そして，「いずれにせよ，EBMとNBMは，ともに『目の前の患者の最大幸福に焦点をあてる医療の方法論』である」ことから，「この2つの方法論は患者との現実の対話の場面においてこそ統合されるものである」と主張している。これは現実レベルでは極めて妥当な見解と思われるが，「現実の対話場面」で統合できると主張しても，それらの認識論が，従来の生物学的医学の背景にある客観主義に対するアンチテーゼとして台頭してきた背景があることからもわかるように，認識論レベルでは，そこに立ち現われる共約不可能性の難問（アポリア）を無視することはできない。そのため現状では認識論間のズレによって,医学界における不毛な二項対立に回収されてしまう危険性は理論的（学的）に排除できない状況にあるといえよう。

また，EBM（エビデンスに基づく医療）とは，エビデンスを中軸とする医療であり，他方NBM（物語に基づく医療）とは，物語を根底とする医療であることからもわかるように,"Based"（基づく）というコトバは，煎じ詰めれば，何を根底（中軸）に置くかを規定する強い意味を包含する。そしてそれらは，根本仮説に他ならないことから，理論上はどちらの立場からでも，もう一方をその下位カテゴリーとして位置づけることが可能となる。要するに，EBMの立場からは，ナラティブはエビデンスを活用するための補助装置的な扱いとなるし，NBMの立場からは，エビデンスは物語の1つにすぎないことになる（あるいはそのように誤解される可能性が高い）。

それゆえ，それらは「エビデンスの方を基軸とするべきだ／ナラティブの方を基軸とするべきだ」といった終わりのない信念対立へと陥る構造をもっているといえるのだ。

3．人間科学的医学の認識論的基盤としての構造構成主義

ここでは，こうした問題を認識論レベルで解消しておくことにより，人間科学的医学の基礎づけを行なう。

斎藤（2004a）は認識論に関して「認識論としてのNBMは，社会構成主義，構造主義科学論（構造構成主義），ナラティブ論など広義の構成主義（構築主義）をその背景としている」と述べているように，これらの認識論を客観主義との対比という意味で，おおまかに同じものとして扱っているようにみえるが，これらは認識論的にかなり異なる立場ということもできる。たとえば「NBMは，私達が生活するこの世界は，先験的に実在しているのではなく，言語を通じて，文化的，社会的，あるいは個人的に構成される，と考える」（斎藤，2004a）といったことから，このNBMの立場と，社会的構築主義やナラティブ論は「言語により世界が構成され

る」という前提に依拠する点では同じといってよい。したがって，NBMの認識論としては，社会的構築主義やナラティブ論の方が近いということができよう。

それに対して，構造構成主義は患者や医療従事者に立ち現われた「現象」から出発することから，ナラティブもエビデンスもその場に立ち現われた「現象」の一部ということになる。それゆえ，構造構成主義は，NBMの認識論的基盤になると同時に，論理実証主義を背景とするEBMの認識論的基盤にもなる。より正確にいえば，構造構成主義は超認識論とでもいうべき次元で機能することから，EBMとNBMは関心相関的に選択されることになる。

その結果，エビデンスやナラティブは先験的に措定されるものではなくなるため，「本来エビデンスに基づくべきか，ナラティブに基づくべきか」といった信念対立へとつながる難問は解消できるのである。このように，構造構成主義はEBMとNBMといった一見矛盾する認識論に依拠する立場を，統合的に扱うためのメタ理論的基盤として機能することから，人間科学的医学の認識論的基盤となる条件を備えているといえよう。

4．人間科学的臨床実践

次に，人間科学的医学の研究実践について触れていこう。斎藤（2004b）は「一般的な臨床の知とは何か」という問いを掲げて，従来の医学的研究法が「臨床的な知」を得るために適していないことを次のように論じている。

> 一般には，仮説を検証するためには，動物実験や，RCTのような実験的，あるいは臨床疫学的研究が必要であると考えられてきた。しかし，これは，「臨床的な知」を得るための方法論としてはむしろおかしい。このような論理実証的な認識論に基づいて仮説を検証しても，そこで得られた結果は再び確率論的な情報に変換されているため，無時間的な情報となってしまい，臨床現場で起こる現象に当てはめることは厳密にいうと不可能になってしまうのである。
>
> （斎藤，2004b, p. 17）

従来の方法は「無時間的な情報」（静的構造）へ変換するため，そうして得られた結果から，医療の現場における，時間を含んで絶えず変化し続ける過程としての「現象」を理解することは困難である。そしてこのことは「臨床的な知」を得るための方法としては致命的な欠陥といえるのである。なぜなら，臨床現場では，目の前の患者の近未来予測とそれに基づく介入が本質的に重要になるのだが，無時間的な情報はそのために直接役立つ知見にはならないからだ（斎藤，2004b）。

そして，「患者や医療従事者が『体験する現象』は時間の流れとともに体験され

るものであり，同一の現象は1回限りしか体験できない」(斎藤，2004b) ものである。この一回起性の「現象体験」から「一般的な知」になりうる構造を引き出そうとすることが広義の科学的研究ということができる (池田，1990，斎藤，2003a)。

そして，斎藤 (2004b) は，従来の医学は生物学的医学に偏重しており，「臨床現場で実際に体験される事象の多くは，この『主観的／相互交流的であいまいなもの』に属するにも関わらず，これを『科学的に』扱う研究法，いい換えれば，『アートを科学する』方法論が，今までの医学には欠如していた」と指摘するように，従来の医学には「臨床の知」を構造化するための方法論が欠如していたといえる。

しかし，斎藤 (2004b) が「主観的，関係性を丸ごと入れ込んだ事象を取り扱うことができ，しかも『広義の科学性』を担保できる方法論の意義はきわめて大きい」と主張しているように，人間科学的医学に構造構成的質的研究法を導入することにより，広義の科学性を確保しつつ「一般的な臨床の知」を構造化することが可能になるだろう。

また斎藤 (2004b) は臨床的な研究において，検証は実験的な環境で行なわれるのではないことを強調する。だからといって，質的研究といえども何でもアリというわけにはいかないため，そうした相対主義に陥らず，知を洗練する方法論が必要である。斎藤 (2003b) は，「継承」枠組みを用いた研究モデルである「仮説継承型ライフストーリー研究」(西條，2002) を援用することにより，「構造仮説継承型事例研究」を提唱した (図11-4)。ここでの「構造仮説継承」とは，「新しい事例経験において，縦列的に連続的検証・改良・精緻化・発展させるプロセスのこと」

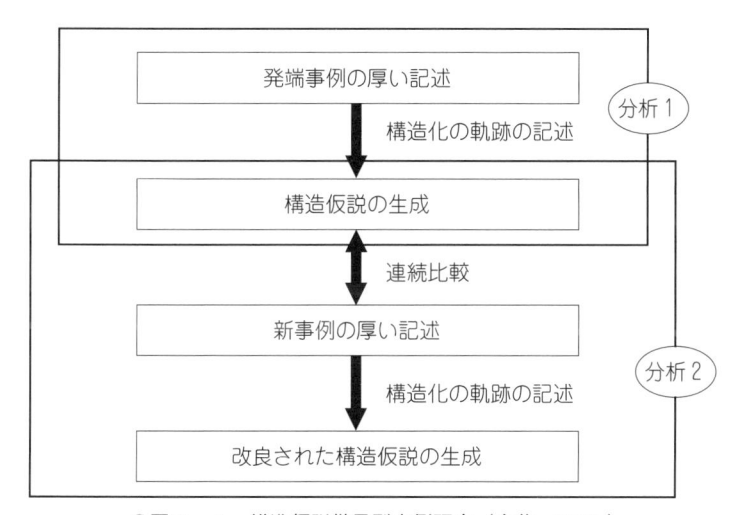

●図11-4　構造仮説継承型事例研究 (斉藤，2003a)

を指す（事例の詳細は斎藤（2003a）を読んでいただきたい）。

こうした構造仮説は，「研究の終了の時点で完成するものではなく，共通あるいは異なるコンテクストにおいて新たに体験される臨床事例の経験プロセスにおいて，さらに改良・変更されていくもの」とみなされるべきものとなる。この方法は，臨床実践者が見いだした「構造」を，医療現場に役立つ「一般的な臨床の知」へと鍛える具体的方法として有効に機能するであろう。

また上記の例は，構造仮説を個人の中で縦列的に継承洗練していく研究法であるが，斎藤（2004b）は他者（Okamoto, 2001）の提起した「構造仮説」を「視点」として活用する形で継承発展させる事例も報告している。したがって，構造仮説継承型事例研究法は継承者の自他を問わず「臨床の知」を鍛えていく枠組みといえよう。

5．人間的事象の全体的構造化の再確認

このように従来の医学が，生物学的医学に偏重していたことから，人間科学的医学は一見すると主観的・相互交流的事象を強調しているようにみえるが，人間科学はあくまでも「客観的事象と，主観的／相互交流的事象の両者を扱う」枠組みであることを強調しておきたい。

実際に，人間の客観的で明確な事象（生物学的側面）を明らかにする際にも，構造構成主義は有効な認識論的基盤を提供する。たとえば，高度な統計モデルを駆使して得た知見であっても，それはけっして客観的な真理といったものではなく，原理的には恣意的（人為的）に構成されたものであることを自覚するために有効だろう。これは本章3節で紹介した構造構成的心理統計学の考え方に他ならず，それは人間の客観的で明確な側面を構造化する際に有効な枠組みとなると考えられる。

以上のことから，応用人間科学的医学においては，構造構成的質的研究法（SCQRM）や構造構成的心理統計学といった人間科学の基礎ツールが有効に機能するといえよう。人間科学的医学の理論化と実践の道は開かれたばかりだが，人間の客観的（生物学的）側面に偏重した現代医学に，一石を投じ，人間を包括的に扱う新たな医学への道を開きつつある。今後のさらなる発展を期待したい。

●●● 7節 ●●●
構造構成的 QOL 評価法

次に，応用人間科学への継承例の1つとして「構造構成的 QOL 評価法」(Structure-Construction Quality of Life Assessment) を紹介する。「構造構成的 QOL 評価法」は新進気鋭の研究者（作業療法士）である京極真氏が中心となり提唱している枠組みである。QOLとは，Quality of life（生活の質）のことであり，ここではQOLと

略記する。以下，京極ら（京極，繁田，京極，西條，山田，投稿中）の議論に基づき，その試みを紹介する。

1．QOLを巡る主客問題

QOL評価には，他者評価による測定・数値化を基本とする「客観的評価法」と，評価対象者の自己報告を基本とする「主観的評価法」という2つの相対する評価法がある。そして，こうしたQOLの客観的評価と主観的評価の関係や，それらのどちらを重視すべきかといった問題については統一された見解はない。京極らは，そのため客観的評価と主観的評価の結果が異なる場合に，どちらを優先させるべきかという葛藤を引き起こし，実際にQOL評価を用いる際に問題になると，主客問題がQOL評価における最大の難問とされてきたことを指摘する。

2．出発点としての「現象」

構造構成主義においては，「現象」を第一義に尊重すべきであり，コトバや理論や測定（構造）はすべて人間が「構成」した二次的なものであるという立場をとる。したがって，最も基底となるべきは「何を評価したいのか」という評価者の関心から立ち現われる臨床的な「現象」ということになる。そしてそこから立ち現われた「何を評価したいか」といった評価者の関心に応じて，「どのように評価するか」といった方法が規定されることになる。

3．関心相関性の導入による二項対立の解消

関心相関的観点によれば，QOL評価における信念対立を引き起こす最大のネックは，QOLを評価する／評価される人々の「関心」に先立って，客観的・主観的いずれの方法が妥当なのかという議論を行っている点にあることが可視化される。

そして，関心相関的観点からは，評価データの表現法や評価方法の妥当性は評価者の関心と相関的に決められることになる（図11-5）。「QOL」も構成された概念（構造）である以上，それは必ず何らかのコトバを用いて表現されることにより，初めて他者と共有可能な「情報」となる。そして，情報の表現方法も1つの「手段」にすぎないため，測定された「数値」も，クライエントの日常言語による「生の語り」も，表現法としていずれが絶対的に妥当なものという先験的価値付けを行うことはできず，それらは関心相関的に選択される。つまり，数値か日常言語かといったように，どのような表現法（コトバ）を用いるかは，「患者と医師の双方にとって有用な情報として提供できる表現方法は何か」，という関心に応じて選択されることになる。

評価者は関心相関的観点から，評価時にどのような「関心」をもっているかをあ

[図: QOLのデータ と QOLの捉え方 が「関心相関的選択」で結ばれ、→ QOLの主観−客観を巡る信念対立の解消 → QOLの多元的評価／構造構成的QOL評価法]

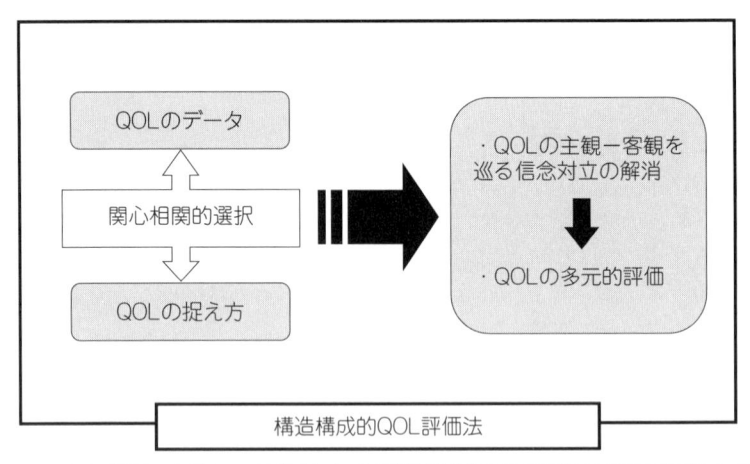

●図11-5　QOL評価におけるメタ理論としての構造構成的QOL評価法のモデル（京極ら，投稿中）

らためて認識，自覚した上で，どのような評価方法を採用し，評価データのどの側面を重視するかを検討することが可能となるのである。

4．構造構成的QOL評価法とは何か？

　以上から，「構造構成的QOL評価法」とは多様な表現方法を活用し，必要に応じてさまざまな評価法を相補完的に併用するQOLの多元的評価法ということができる（表11-2）。そしてこの評価法によれば，評価の妥当性を最大化させるといった評価者―評価対象者相互の関心に照らし合わせつつ，「科学的説明」と「物語的説明」を組み合わせることにより，多角的・多面的・立体的な評価が可能になる。これは測定・数値化による「客観的評価法」と自己報告による言語データに基づく「主観的評価法」のいずれが絶対的に正しいのかといった難問に陥ることなく，かつ「何でもアリ」の相対主義に陥ることなく，多様であり，かつ柔軟な評価を理論的に担保したものといえよう。

表11-2　従来のQOL評価と構造構成的QOL評価法の対比（京極ら，投稿中）

	従来のQOL評価	構造構成的QOL評価法
QOLの捉え方	「主観」or「客観」	「主観」と「客観」の関心相関的選択と併用
データの扱い方	数量的データに偏重	数量的データと質的データの関心相関的選択と併用

　以上が京極らの提唱している「構造構成的QOL評価法」の概要である。これは優れたQOL評価実践者が現場においておそらくは実行していたとされる職人芸的

な営みを，理論的に基礎づけた枠組みといえる。これはQOLの多元的評価を実践，教育するための「視点」として活用されることであろう。

さらに京極真氏は，QOL評価法を端緒として，構造構成的EBMと，それを作業療法に応用した構造構成的EBOTという新たなフロンティアを切り開こうとしており，今後のさらなる展開が期待される。

8節
構造構成主義による甲野善紀流古武術の基礎づけ

1．甲野善紀の古武術とその課題

甲野善紀氏は，武術稽古研究会松聲館（しょうせいかん）を設立し，他流儀や異分野との交流を通し，現代では失われた古の術理を研究することにより，現代スポーツでは不可能とされてきた数々の技（動きの原理）を開発してきた。そして，それはさまざまなスポーツに応用されるだけでなく，介護や芸術といった多領域へと広がっている。

しかし，その一方で，科学者たちには，それは科学とは認められてこなかったようである。たとえば甲野は，人間は「倒れまいとする動きを常に保とうとする」という仮説のもとで，さまざまな技を開発しているが，科学者たちにはそれは「擬人的表現だから，科学ではない」（養老・甲野，2002；p. 46）といわれたり，あるいはそのような「主観的表現は，非科学的だといわれて却下」（甲野，2003；p. 39）されると述べている。

他方，甲野は「科学で人体を考えることの限界を自覚して，全然違う学問の体系をつくらなければならない」とし，「数学や物理の考え方を真似して，人間を説明しようというのがそもそもの間違いであり，根本的に見直すべきところは，まずそこ」であると主張している（甲野・井上，2004；p. 125）。こうしたことから，甲野善紀の古武術を学的に基礎づけるためには，新たな学問体系が求められるといえよう。

私は構造構成主義こそ，甲野の指摘する新たな学問の体系の礎となりうると考える。甲野の根本的な態度や考え方は，構造構成主義と高い類似性がみられることから，この節では，甲野善紀氏が開発している古武術（身体技法）を構造構成主義により基礎づけることで，古武術研究法（身体技法研究法）として人間科学に位置づける試みを行なう。

2．出発点としての現象

甲野善紀の技の中には，動きの原理的なものとしては，たとえば「井桁崩しの原

理」「四方輪の術理」「『アソビ』と『うねり』のない動き」といったものがあり，それを応用した技として，甲野・井上（2004）に挙げられているだけでも「切込入身」「奥襟取り」「タックル潰し」「スクリーンアウト崩し」「抱え上げ」「抱え上げの潰し」「浪之下」「足取り崩し」「バスケットボールの抜き」「杖術：下段付き」「三方斬り」「太刀奪り」「稲妻抜」「翡翠」「円月抜」「平蜘蛛返し」等々ある。

例として，ここではその中の1つである「平蜘蛛返し」を取り上げてみよう。「平蜘蛛返し」とは，床にはいつくばり格闘技でいう「亀の形」になって踏ん張っている人を，ほとんど腕力を用いずに，仰向けにひっくり返してしまう技である（甲野・井上，2004）。

現代スポーツでは，「亀の形」になっている人は，レスリングで行なっているように腰にがっちり手を回して全身の筋力を使うことによって——相手をひっくり返すのに十分な筋力が備わっていれば——かろうじて可能とされるものである。したがって，現代スポーツにおいては，上記のような形で大きな人を小さな人が仰向けにひっくり返すことは不可能とされてきた。したがって，こうしたことは，現代スポーツの「常識」に骨の髄まで浸かっている人にはとうてい信じることができないであろう。この点については，甲野も「まだまだ多くの科学者は武術的発想から目を背けているのが実情」（甲野・井上，2004；p. 97）と述べているように，実際に技が利くことを示しても，それは無視されるか，インチキの類として扱われることも少なくないようである。

それではなぜそのような態度になるかといえば，そういう人は，目の前で立ち現われている現象ではなく，現代スポーツの常識（理論）を先験的に正しいものとして措定しているためであろう。甲野（2003）は，科学の実態を「"事実"よりも"学説"が，いわば教典として優先する」（p. 33）と指摘しているように，多くの人は自分の知っている「常識」を絶対視してしまうため，その常識にはあてはまらない（計測・解釈・理解不可能な）コトには目をつむってしまうのである。

しかし，構造構成主義的な観点からすれば，これはやはり本末転倒といわねばならない。繰り返し述べているように，われわれに立ち現われた現象こそ尊重すべきであり，理論は現象をより上手に説明するための人為的に構成されたものにすぎないからだ。人間の構成した理論（常識）が目の前の現象を説明できないのであれば，理論の方を改善していかなければならないのは，当然のことといえよう。

したがってまず，ひっくり返されまいと全力で床にはいつくばっている大きな男が，小柄な男によって，ひょいと，簡単にひっくり返されるという現象を尊重するところから出発せねばならない。

3．古武術の構造化と構造構成的質的研究法

　また，古武術の技（構造）は，内的な感覚の工夫によるところも大きいため，外的な視点から測定し，数量化することによって捉えにくい側面がある。甲野が「物量化できないものを，無理に物量化しようとしているから，おかしくなってしまう。多少なりとも科学的な要素を入れるのは良いでしょうが，とにかくそれですべてを説明しようとすれば，間違った答えが導き出されるのは当然です」（甲野・井上，2004；pp. 125-126）と力説しているように，そこでは測定，数量化に依存しない研究法が求められることになる。

　たとえば，甲野は，先の「平蜘蛛返し」については「相手に接触した手を上に動かし，負荷がかかりかけた瞬間に，腰を下に落としながら，その反動で上向きに力を働かせる。さらに，相手を転がす横方向に力を操作します。下，上，横と瞬間的に力の方向を連続して作用させる」（p. 111）と説明している。そして「体重をシーソーのように使うといっても，ほんの一瞬ですから，とてもそんなことをしているようには見えないようで，力任せにやっているようにも思われて」しまうと付け加えている。

　こうした説明の仕方を学的に基礎づける（体系付ける）研究法として，本章 2 節で論じた，内的視点による構造化（言語化）を軸とする構造構成的質的研究法（SCQRM）が有効な枠組みとなるだろう。これは数量化に依存することなく，日常言語で対象を構造化しつつ，広義の科学性を担保する枠組みである。

　また SCQRM によれば，「現象の構造化」と「構造化に至る軌跡を残すこと」によって，科学性は担保可能となる。たとえば，技がどのような構造（原理・しくみ）により成し遂げられているのかを身体言語化していくことが，ここでいう「現象の構造化」（構造構成）に他ならないといえよう。甲野は「武術では自分の中に微妙なシステムをそのつど，つくり上げるわけですが，それは見せようがないし，測りようがない。現実にどういう構造になっているのかは私自身もわかりません。ただ，こういう仮説を立てて研究することで，私の動きの質が変わってきていることは確か」（甲野・井上，2004；p. 114）と述べている。これは，内的な構造を明示化することの困難さを認めながらも，その構造（原理）を用いることにより，質の異なる行動ができるようになっている（アウトプットが変化している）という事実を強調しているといえよう。

　構造構成主義において，構造は直接触れることのできる実体を意味するのではない。そして，より有効な構造（技）を構成（探求）していくことが，科学的営為の基本となるとする立場をとる。したがって，実際に見たり触ったりすることのできない仮説的な構造でも何ら矛盾（問題）はない。

この点について，甲野は「簡単ではないでしょうが，人から人に伝えることは可能」として「天才といっても何らかの原理，法則を使って動いているのですから。そのためにも私は『言葉で説明できる範囲は言葉で説明しなければ』と思っている」（甲野・井上，2004；p. 97）と述べているように，自らの「感じ」を手がかりにどのような手続きで技を行っているのかを言語化することにより，伝承可能な「技法」として提示しようと試みている。そして先に挙げたように，実際にコトバを用いた構造化（技法の説明）を行っている。
　そして，甲野はその技の改良・進展過程を数十にわたる著書や雑誌，ビデオの中で説明し，また，そして自身のwebサイト（http://www.shouseikan.com/）に克明に記録していることから，「構造化に至る軌跡」を残しているということができる。
　さらにいえば，甲野善紀は一度身につけた技は，場所や相手を選ばずに繰り返し再現できることから，再現可能性は担保されている。また，その技をかけられた人がどのようになるか宣告した上で，実際，技をかけることによりその通りにすることも可能なので，この意味で，予測可能性も制御可能性も担保されているといえよう。
　また，甲野（2003）は「稽古会は実験室」（p. 85）と述べているように，そこではさまざまな技の研究（工夫・探求・開発）が奨励されている。しかし，同時に「勝手にやってゆくことが意味のないことであれば，何よりも技がいろいろな相手に利きませんから，ドンドンおかしな方向に反れていってしまう，ということがない」（p. 85）と述べているように，その技の有効性は常に現実で試されることから，反証可能性も確保されているといえる。
　以上のことから，甲野善紀の古武術は，再現可能性，予測可能性，制御可能性，反証可能性を満たしており，まぎれもなく人間科学の実践に位置づけることができるといえよう。

4．並行構造を利用した構造構成主義による学的基礎づけ

　さらに，甲野は「前提をすべて取り払ったところで，自分が納得できる世界を見たい」（甲野・井上，2004；p. 38）と述べているように，何らかの前提（根本仮説）を無条件に正しいものとしない点も構造構成主義と重なる。
　また甲野（2003；p. 221）は，武術を教えている中で「この方が有効でしょう」とか「普通だったら，こうした場合は払われてしまうけれど，こうしたら払われないでしょう」といったことはいえるが，「これが正しいやり方です」とは，とてもいえないといっているように，自らを，絶対的に正しいものに位置づけたり，絶対的な正しさを標榜したりする態度はとらない。
　技の紹介においても，「松聲館の武術は常に変化，進展し続けているため，あく

までもこれは2004年春の段階のものである」(甲野・井上,2004；p. 191)と付記しているように,技の完全なる完成を謳うこともない。構造構成主義的に言い換えれば,構造構成には原理的に終わりはないということである。そして,そうした認識からは,他人に絶対的な正しいものとして知見(構造・技)を押しつけない謙虚な態度と,技の工夫と改良を重ね探求し続ける創造的態度が導かれることになる。

また,甲野は「矛盾」に関して以下のように述べている。

> だいたい物事というのは,「あちらを立てればこちらが立たず,こちらを立てればあちらが立たず」という構造になっているもので,達人といわれる人の精妙な技術というのは,この「あちらを立てればこちらが立たず……」を「あちらを立ててもこちらも立つ,こちらを立ててもあちらも立つ」としたものだと思うのです。
> もちろん,これは,ある限定した状況のなかで,ということですけれど。
> (甲野,2003；pp. 205-206)

こうしたことからも,甲野善紀の古武術は「動きの質的転換」(甲野,2003；p. 88)をもたらす動き方の原理として,動き方の次元を上げることにより,「矛盾を矛盾のまま矛盾なく取り扱う」(甲野・井上,2004；pp. 36-37)ことを体現する体系ということができる。これは,考え方の原理として,認識の次元を上げることにより,矛盾を論理的整合性のある形で取り扱う構造構成主義の理論構造と,構造上並行(パラレル)であることがわかるだろう。

そして,甲野善紀の古武術が生み出した身体技法(構造)は,バスケットボールや野球,卓球,サッカー,ラグビー,射撃,陸上競技,アイスホッケー,カバディ,ボクシング,フェンシング,ラクロス,ゴルフ,レスリングなどのスポーツ分野にとどまらず,フルートやピアノ,太鼓などの楽器演奏,舞踊や工学,介護,精神科医のカウンセリングさらにはJAXA(宇宙航空研究開発機構)……と,他分野に多岐にわたって応用されつつあり,その勢いはさらに広がりをみせている(甲野・田中,2005)。このように,その身体技法は幅広い汎用性をもたらす「原理」となっていることがわかる。このように領域やテーマを問わず援用(継承)可能なのは,それが「原理」と呼ぶにふさわしいほど抜本的に動き方の質を変更する「理路」を提供しているからに他ならない。構造構成主義は,新たな考え方の理路を提供する思考の「原理」であるから,この点でも構造上並行(パラレル)ということができよう。

このように甲野善紀の古武術と構造構成主義は,構造上の高い類似性が認められることからも,構造構成主義によりそれを哲学的,科学的に基礎づけることが可能となる。ここでは簡単にしか述べられなかったが,今後他の機会により厳密な形で

論証を進めることにより,「古武術研究法」として人間科学の一領域を築くことができるだろう。本試論を契機として,この古武術が学的（アカデミック）な探求対象となっていき,より広範な領域にその身体技法が導入されることを望みたい。

9節
原理としての優れた継承性

これまでの議論から,構造構成主義は基礎から応用まで幅広い研究領域に継承（導入）可能な原理であることがわかるであろう（図11-7）。構造構成主義は新たな考え方の基礎となる「原理」であるため,テーマや領域を問わずそれらを基礎づけるもの枠組みとなる。また,ここではすでに導入されつつある「研究法」に焦点化して紹介したが,その継承対象は研究領域に限られたものではなく,あらゆる領域に継承することが可能であろう。

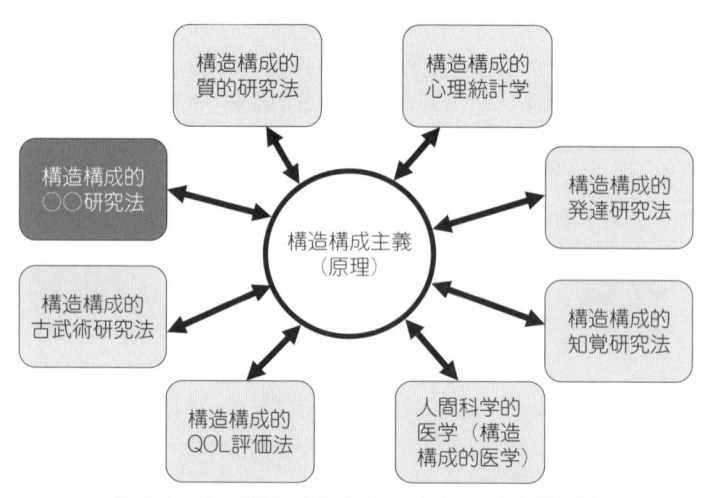

●図11-6　構造構成主義の原理としての継承発展性

そしてその場合には,本章で示してきたように,構造構成主義全体をそのまま継承する必要はない。自らの関心や目的と照らし合わせて,「いいとこ取り」すればよい。また,構造構成主義を単独で使う必要もないことから,構造構成主義自体がさまざまな思想のエッセンスで構成されているように,他の思想や理論とあわせて,新たな思想（枠組み）を創造するための一ツールとして用いるという使い方もあるだろう。

引用文献

赤川　学　2001　言説分析と構築主義　上野千鶴子（編）　構築主義とは何か　勁草書房　pp. 63-83.

荒川　歩・サトウタツヤ　2005　セク融・学融を妨げる要因の検討と構造構成主義による解決の可能性とその適用範囲　立命館人間科学研究，9，85-96.

綾部広則　2002　実験装置の科学論：クーンは乗り越えられるか　金森　修・中島秀人（編著）　科学論の現在　勁草書房　pp. 203-229.

Berger, P. L., & Luckmann, T.　1966　*The social construction or reality: A treatise in the sociology of knowledge.* New York: Doubleday.　山口節郎（訳）　1977　日常世界の構成：アイデンティティと社会の弁証法　新曜社

Bergson, H.　1970　*L'intuition philosophique, conference faite au Congres de philosophie de Bologne, le 10 avirl 1991.* London: Harper Collins Publishers Ltd.　三輪　正（訳）　2002　哲学的直観：一九一一年四月十日ボローニャ哲学会における講演「ベルクソン哲学的直観ほか」＜中公クラシック＞　中央公論新社　pp. 74-109.

Bruner, E. M.　1986　*Actual minds, possible world.* Cambridge. MA: Harvard University Press.　田中一郎（訳）　1998　可能世界の心理　みすず書房

千田有紀　2001　構築主義の系譜学　上野千鶴子（編）　構築主義とは何か　勁草書房　pp. 1-41.

Culler, J.　1976　*Saussure.* London: Harper Collins Publishers Ltd.　川本茂雄（訳）　1998　ソシュール　岩波書店

Descartes, R.　1637　*Discours de la méthode.*　野田又夫（訳）　2001　方法序説「デカルト方法序説ほか」＜中公クラシック＞　中央公論新社　pp. 1-95.

Flick, U.　1995　*Quallitative forschung* Reinbek bei Hamburg: Rowohlt Taschenbuch Verlag　小田博志・山本則子・春日　常・宮地尚子（訳）　2002　質的研究入門：＜人間科学＞のための方法論　春秋社

Galison, P.　1997　*Image and Logic.* Chicago: The university of Chicago Press.

Geertz, C.　1973　*The interpretation of cultures.* New York: Basic Books.　吉田偵吾・柳川啓一・中牧弘允・板橋作美（訳）　1987　文化の解釈学（1・2）　岩波書店

Gergen, K. J.　1985　The social construction movement in modern psychology. *American Psychologist*, 40, 266-275.

Gergen, K. J.　1994　*Toward transformation in social knowledge* (2nd ed.), New York: Springer Publishing Company.　杉万俊夫・矢守克也・渥美公秀（監訳）　1998　もう一つの社会心理学：社会行動の転換に向けて　ナカニシヤ出版

Gergen, K. J.　1999　*An invitation to social construction.* London: Sage Publications.

Gibson, J. J.　1966　*The senses considered as perceptual systems.* Boston: Houghton Mif-

flin.
Gibson, J. J. 1979 *The ecological approach to visual perception*. Boston : Houghton Mifflin.
春木 豊 1988 人間科学への態度：人間科学を考えるシリーズ①　ヒューマンサイエンス，**1**，3-10.
Heidegger, M. 1927 *Sein und Zeit*. Halle a. d. S. : Niemeyer. 細谷貞雄(訳) 1994 存在と時間(上・下) 筑摩書房
Holloway, I., & Wheeler, S. 1996 *Qualitative research for nurses*. Malden : Blackwell Science Ltd. 野口美和子(監訳) 2000 ナースのための質的研究入門：研究方法から論文作成まで 医学書院
Holyoak, K. J., & Thagard, P. 1995 *Mental leaps : Analogy in Creative Thought*. London : MIT. 鈴木宏昭・河原哲雄(監訳) 1998 アナロジーの力：認知科学の新しい探究 新曜社
Husserl, E. 1954 *Die krisis der europaischen Wissenschaften und die transzendentale Phanomenologie : Eine einleitung in die phanomenologische philosophie*. Haag : Martinus Nijhoff. 細谷恒夫・木田 元(訳) 1995 ヨーロッパ諸学の危機と超越論的現象学 中央公論新社
飯野徹雄 1993 人間の遺伝子の探究：人間科学を考えるシリーズ⑨　ヒューマンサイエンス，**5**，1-4.
池田 央 1994 現代テスト理論 朝倉書店
池田清彦 1988 構造主義生物学とは何か：多元主義による世界読解の試み 海鳴社
池田清彦 1990 構造主義科学論の冒険 毎日新聞社 (本文中の引用頁は講談社現代新書版1998による)
池田清彦 1992 分類という思想 新潮社
池田清彦 2005 生きる力，死ぬ能力 弘文堂
岩本隆茂・川俣甲子夫 1990 シングルケース研究法：新しい実験計画法とその応用 勁草書房
加賀野井秀一 2004 ソシュール 講談社
柿崎京一 1992 「大道無門」の人間探究 ヒューマンサイエンスリサーチ，**1**，5-6.
金森 修 2002 あとがき 金森 修・中島秀人(編著) 科学論の現在 勁草書房 pp. 267-270.
金森 修・中島秀人 2002 科学論の現在 勁草書房
Kant, I. 1787 *Kritik der reinen Vernunft*. 篠田英雄(訳) 1961 純粋理性批判(上) 岩波書店
Katz, D. 1925 *Der Aufbau der Tastwelt*. Leipzig : Verlag von Johann Ambrosius Barth. 武政太郎・浅見千鶴子(訳) 1998 ゲシタルト心理学(第2版) 新書館
Katz, D. 1948 *Gestaltpsychologi (reweiterte Aulf)*. Basel : B. Schwabe. 東山篤規・岩切絹代(訳) 2003 触覚の世界：実験現象学の地平 新曜社
木田 元 2000 現象学の思想 筑摩書房

木田　元　2002　マッハとニーチェ：世紀転換期思想史　新書館
木下康仁　2003　グラウンデッド・セオリー・アプローチの実践：質的研究への誘い　弘文堂
甲野善紀　2003　古武術からの発想　PHP研究所
甲野善紀・井上雄彦　2004　武　宝島社
甲野善紀・田中聡　2005　身体から革命を起こす　新潮社
熊木徹夫　2004　精神科医になる　中央公論新社
黒崎政男　2000　カント「純粋理性批判」入門　講談社
Levi-Strauss, C.　1958　*Anthropologie structurale*. Paris : Librairie, Plon.　荒川幾男・生松敬三・川田順造・佐々木明・田島節夫(訳)　1972　構造人類学　みすず書房
Mahoney, M. J.　1985　Psychotherapy and human change processes. In M. J. Mahoney & A. Freeman (Eds.), *Cognition and psychotherapy*. New York : Plenum Press. pp. 3-48.
丸山圭三郎　1981　ソシュールの思想　岩波書店
丸山圭三郎　1983　ソシュールを読む　岩波書店
松嶋秀明　2002　いかに非行少年は問題のある人物となるのか？：ある更正保護施設でのソーシャルスキルトレーニングにおける言語的相互行為　質的心理学研究, 1, 17-35.
三嶋博之　2000　エコロジカル・マインド　日本放送出版協会
村上陽一郎　1979　科学と日常性の文脈　海鳴社
中河伸俊　1999　社会問題の社会学：構築主義アプローチの新展開　世界思想社
中島貴子　2002　論争する科学：レギュラトリーサイエンス論争を中心に　金森　修・中島秀人(編著)　科学論の現在　勁草書房　pp. 183-201.
Neimeyer, R. A.　1995　Constructivist phychotherapies : Features, foundations, and future directions. In R. A. Neimeyer & M. J. Mahoney (Eds.), *Constructivism in psychotherapy* Washington : American Psycho logical Association. pp. 11-38.
Nietzsche, F.　1880-1888　*Der Wille zur Macht*.　原　佑(訳)　1993　権力への意志(上・下)　筑摩書房
西　研　2001　哲学的思考：フッサール現象学の核心　筑摩書房
野口裕二　2001　臨床のナラティブ　上野千鶴子(編)　構築主義とは何か　勁草書房　pp. 43-62.
岡田佳子　2002　中学生の心理的ストレス・プロセスに関する研究——二次的反応の生起についての検討——　教育心理学研究, 50, 193-203.
Okamoto, I.　2001　"Japanese Health Cosmology ; A study of terminal canc er patients in Japan. Kenkyu", Proceedings of a Postgraduate Researc h Seminar in Japanese Studies, British Association for Japanese Stud ies, University of Essex, pp. 43-54.
尾見康博・川野健治　1994　心理学における統計手法再考——数字に対する「期待」と「不安」——　性格心理学研究, 2, 56-67.
Pagano, C. C., Fitzpatrick, P., & Turvey, M. T.　1993　Tensorial basis to the constancy

of perceived object extent over variations of dynamic touch. *Perception & Psychophysics*, **54**, 43-54.

Piaget, J. 1968 *Le structuralisme.* Paris : Presses Universitaires de France. 滝沢武久・佐々木明(訳) 1970 構造主義＜文庫クセジュ＞ 白水社

Piaget, J. 1972 発生的認識論 滝沢武久・佐々木明(訳) 白水社

Popper, K. R. 1959 *The Logic of Scientific Discovery.* London : Hutchinson. 大内義一・森博(訳) 1971 科学的発見の論理(上) 恒星社厚生閣

Popper, K. R. 1976 *Unended quest : An intellectual Autobiography.* 森博(訳) 2004 果てしなき探求：知的自伝(上) 岩波書店

Reed, E. S. 1982 An outline of a theory of action systems. *Journal of Motor Behavior*, **14**, 98-134.

Reed, E. S. 1989 Changing theories of postural development. In M. H. Woollacott, A. Shumway - Cook (Eds.), *Development of posture and gait across the life span.* Columbia : University of South Carolina Press. pp. 3-24.

Reed, E. S. 1996 *Encountering the world toward an ecological psychology.* New York : Oxford University.

Rombach, H. 1971 *Strukturontologie : Eine phanomenologie der freiheit.* Munchen : Verlag Karl Alber Gmbh Freiburg. 中岡成文(訳) 1983 存在論の根本問題：構造存在論 晃洋書房

Sackett D. L., Straus S.E., Richardson W.S., Rosenberg W., & Haynes R.B. 2000 Evidence-Based Medicine ; How to practice and teach EBM. 2nd ed. *Churchill Livingstone Pub*. エルゼビア・サイエンス(編) 2002 Evidence-Based Medicine ; EBMの実践と教育 エルゼビア・サイエンス

西條剛央 2002a 人間科学の再構築Ⅰ：人間科学の危機 ヒューマンサイエンスリサーチ, **11**, 175-194.

西條剛央 2002b 生死の境界と「自然・天気・季節」の語り：「仮説継承型ライフストーリー研究」のモデル提示 質的心理学研究, **1**, 55-69.

西條剛央 2003a 「構造構成的質の心理学」の構築：モデル構成的現場心理学の発展的継承 質的心理学研究, **2**, 164-186.

西條剛央 2003b 人間科学の再構築Ⅱ：「人間科学の考え方」再考 人間科学研究, **16**, 129-146.

西條剛央 2003c 人間科学の再構築Ⅲ：人間科学的コラボレーションの方法論と人間科学の哲学 ヒューマンサイエンスリサーチ, **12**, 133-145.

西條剛央 2004a 母子間の抱きの人間科学的研究：ダイナミック・システムズ・アプローチの適用 北大路書房

西條剛央 2004b 構造構成的質的心理学の理論的射程：やまだ (2002) と菅村 (2003) の提言を踏まえて 質的心理学研究, **3**, 173-179.

西條剛央 2005a 構造構成的発達研究法とは何か 西條剛央(編著) 構造構成的発達研究法の理論と実践：縦断研究法の体系化へ向けて 北大路書房

西條剛央　2005b　質的研究論文執筆の一般技法：関心相関的構成法　質的心理学研究，**4**，186-200.

斎藤清二　2003a　いわゆる「慢性膵炎疑診例」における構造仮説継承型事例研究　斎藤清二・岸本寛史（編著）　ナラティブ・ベイスド・メディスンの実践　金剛出版　pp. 230-245.

斎藤清二　2003b　NBMにおける研究法　斎藤清二・岸本寛史（編著）　ナラティブ・ベイスド・メディスンの実践　金剛出版　pp. 62-89.

斎藤清二　2004a　ナラティブ・ベイスド・メディスンからみた健康観　医学哲学・医学倫理，**22**，147-153.

斎藤清二　2004b　消化器心身医学における人間科学的研究：新しい事例研究法と質的研究法　医学哲学・医学倫理，**11**，14-20.

Sandelowski, M. 1986 The problem of rigor in qualitative research. *Advances in nursing science*, **8**, 27-37.

佐々木正人　1994　アフォーダンス：新しい認知の理論　岩波書店

佐々木正人　2000　知覚はおわらない：アフォーダンスへの招待　青土社

Saussure, F. de. 1910-1911 *Troisieme cours de linguistique generale : D'apres les chaiers d'Emile Constantin*. Pergamon Press　相原奈津江・秋津伶（訳）1971　一般言語学第三回講義：コンスタンタンによる講義記録　エディット・パルク

柴谷篤弘　1999　構造主義生物学　東京大学出版会

荘島宏二郎　2003a　実験計画のための項目反応モデル　心理学研究，**73**，506-511.

荘島宏二郎　2003b　複数の項目反応モデルの母数の同時推定　豊田秀樹（編者）　共分散構造分析［技術編］――構造方程式モデリング――　朝倉書店　pp. 222-233.

荘島宏二郎　2003c　非補償完全情報因子分析モデル　狩野裕（研究代表者）　数理統計学と計量心理学をつなぐ　科学研究費研究集会

荘島宏二郎　2004　項目反応理論（IRT）の発展と最新動向　植野真臣（編著）　日本行動計量学会第7回セミナー講演論文集：知識社会のための情報・統計学　長岡技術科学大学　pp. 58-77.

Shojima, K. 2003 Linking tests under the continuous response model. *Behaviormetrika*, **30**, 155-171.

荘島宏二郎・豊田秀樹　2004　テストが複数の出題形式を含むときの項目母数の推定　教育心理学研究，**52**，61-70.

荘島宏二郎・吉村宰・石塚智一　2004　年度間共通問題を用いた平成15，16年の「数学Ⅰ・数学A」「数学Ⅱ・数学B」の等化の試み　吉村宰（研究代表者）　平成16年度大学入試センター試験モニター調査報告　大学入試センター研究開発部　pp. 88-94.

清水武　2003　人間科学の新たな組織化のためのシステムマネジメント　ヒューマンサイエンスリサーチ，**12**，121-131.

清水武・根ヶ山光一　2003　棒の長さ知覚課題におけるダイナミックタッチの発達的研究　発達心理学研究，**14**，113-123.

清水　武・西條剛央　2004　知覚における確信度変化への生態学的アプローチ　認知科学，11，299-305．
清水　武　2005　ダイナミックタッチ研究の現状と今後の課題：批判的レヴュー　認知心理学研究，2，25-34．
清水　武・西條剛央・白神敬介　2005　ダイナミックタッチにおける知覚の恒常性：方法論としての精神物理学と実験現象学　質的心理学研究，4，136-151
Shimizu, T. & Norimatsu, H.　2005　Detection of invariants by haptic touch across age groups: rod-length perception. *Perceptual and Motor Skills*, 100, 543-553.
菅村玄二・春木　豊　2001　人間科学のメタ理論　ヒューマンサイエンスリサーチ，10，287-299．
菅村玄二　2000　クライエント中心療法についての構成主義的見解Ⅰ：現象学的アプローチと自己実現傾向の再考　人間性心理学研究，18，94-104．
菅村玄二　2002　クライエント中心療法における変化のプロセスの再考：構成主義の立場から　理論心理学研究，4，1-12．
菅村玄二　2003a　カウンセリングの条件の再考：構成主義によるクライエント中心療法の再解釈を通して　心理学評論，46，233-248．
菅村玄二　2003b　構成主義，東洋思想，そして人間科学：知の縦列性から知の並列性へ　ヒューマンサイエンスリサーチ，12，29-48．
菅村玄二　2003c　生死の境界での語り：実験心理学から見た質的心理学　質的心理学研究，2，150-158．
菅村玄二　2004　臨床心理学における構成主義とは何か？：基本主題をめぐって　臨床心理学，4，273-278．
菅村玄二　2005　複雑系科学，心理学，そしてカウンセリング：構成主義を媒介にして　三輪敬之・鈴木平（編）　身体性，コミュニケーション，こころ　早稲田大学複雑系高等学術研究所（編）　複雑系叢書　第二分冊　共立出版
高田明典　1997　構造主義方法論入門　夏目書房
高野陽太郎　2000　因果関係を推定する：無作為分配と統計的検定　佐伯　胖・松原　望（編著）　実践としての統計学　東京大学出版会　pp. 109-146．
田畑　稔　2004　人間科学の概念史のために　大阪経大論集，54，99-129．
竹田青嗣　1989　現象学入門　日本放送出版協会
竹田青嗣　1990　自分を知るための哲学入門　筑摩書房
竹田青嗣　1992　現代思想の冒険　筑摩書房（初出；1987　毎日新聞社）
竹田青嗣　1994　ニーチェ入門　筑摩書房
竹田青嗣　1995　ハイデガー入門　講談社
竹田青嗣　2001　言語論的思考へ：脱構築と現象学　径書房
竹田青嗣　2004　現象学は＜思考の原理＞である　筑摩書房
竹田青嗣・西　研　2004　よみがえれ，哲学　日本放送出版協会
谷　徹　2002　これが現象学だ　講談社
豊田秀樹　1998　共分散構造分析［入門編］――構造方程式モデリング　朝倉書店

豊田秀樹　2002a　項目反応理論［入門編］——テストと測定の科学　朝倉書店
豊田秀樹（編著）　2002b　項目反応理論［事例編］——新しい心理テストの構成法　朝倉書店
Turvey, M. T.　1996　Dynamic touch. *American psychologist*, **51**.　三嶋博之（訳）　佐々木正人・三嶋博之（編）　2001　アフォーダンスの構想：知覚研究の生態心理学的デザイン　東京大学出版会　pp. 173-211.
内田　樹　2004a　死と身体：コミュニケーションの磁場　医学書院
内田　樹　2004b　他者と死者：ラカンによるレヴィナス　海鳥社
上野千鶴子　2001　構築主義とは何か：あとがきに代えて　上野千鶴子（編）　構築主義とは何か　勁草書房　pp. 275-305.
ヴァン・デン・ベルク　1988　現象学の発見：歴史的現象学からの展望　立教大学早坂研究室（訳）　勁草書房
Varela, F., Thompson, E., & Rosch, E.　1991　*The embodied mind : cognitive science and human experience.* Cambridge：MIT Press.　田中靖夫（訳）　2001　身体化された心：仏教思想からのエナクティブ・アプローチ　工作舎
渡邊二郎　1994　構造と解釈　筑摩書房
Wittgenstein, L.　1977　*Vermischte Bemerkungen*. Frankfurt: Suhrkamp Verlag.　丘沢静也（訳）　1995　反哲学的断章　青土社
やまだようこ　1997　モデル構成をめざす現場心理学の方法論　やまだようこ（編）　現場心理学の発想　新曜社　pp. 161-186.
やまだようこ（編）　2000　人生を物語る：生成のライフストーリー　ミネルヴァ書房
やまだようこ　2001　いのちと人生の物語：生死の境界と天気の語り　やまだようこ・サトウタツヤ・南　博文（編）　カタログ現場心理学　金子書房　pp. 4-11.
やまだようこ　2002　なぜ生死の境界で明るい天空や天気が語られるのか？：質的研究における仮説構成とデータ分析の生成継承的サイクル　質的心理学研究，**1**，70-87.
山本貴光・吉川浩満　2004　心脳問題　朝日出版社
安田　雪　2001　実践ネットワーク分析：関係を解く理論と技法　新曜社
横山輝雄　1999　社会構成主義と相対主義：「サイエンス・ウォーズ」の哲学的問題　哲学雑誌，**114**，130-143.
吉岡　斉　1984　巨大科学とパラダイム　パラダイム再考　ミネルヴァ書房　pp. 300-326.
吉岡　亨　1989　ブレインとマインド：そのミクロな社会：人間科学を考えるシリーズ③　ヒューマンサイエンス，**2**，66-72.
養老孟司　2002　人間科学　筑摩書房
養老孟司　2003　バカの壁　新潮社
養老孟司　2004　死の壁　新潮社
養老孟司・甲野善紀　2002　自分の頭と身体で考える　PHP研究所
Van Zwanenberg, P., & Erik, M.　2000　Beyond Skeptical Relativism：Evaluating the

Social Constructions of Expert Risk Assessments. *Science, Technology & Human Values*, **25**, 259-282.

Vygotskii, L. S. 1976 Собрние сочинений том 1 Moscow: Pedagogika. 柴田義松・藤本卓・森岡修一(訳) 1987 心理学の危機:歴史的意味と方法論の研究 明治図書出版

あとがき

［本書の特徴］

　本書を読んでもらえば，構造構成主義というメタ理論は，実践と対置されるものではなく，むしろ哲学，理論，実証，議論，現場といったさまざまなレベルの研究実践をより建設的なものにする汎用性の高い原理となっていることがわかるであろう。

　とはいえ，構造構成主義の構成要素となっている諸概念自体は目新しい概念ではないかもしれない。たとえば，本文の中でも再三述べているが，構造構成主義の中核原理である「関心相関性」1つとってみても，言われてみれば「当たり前」と言いうる原理なのである。しかし，人間は当たり前のことを，当たり前であるゆえに，当たり前のように見失ってしまう存在であり，それは研究者といえども例外ではない（私も含め）。否，むしろ研究者は専門性が高いがゆえに，視野が狭くなり，一般の人々にとって当たり前のことを見失いがちになる，といえなくもない。そうした研究者にとって盲点になることを認識するのに有効に機能するのが構造構成主義なのである。

　また，本書を，実際に活用していただくためには，継承した思想を網羅的に紹介するのではなく，必要不可欠なエッセンスに集約して提示するのが適切であると考えた。それは過去の思想を過度に単純化して，イイカゲンに提示したということではない。あくまで過去の思想を中核において掴み示すことを心がけた（本書の目的に照らし合わせてではあるが）。また「研究実践に役立つ具体性」を満たすために，適時，具体的な事例などを挿入しつつ説明するようにした。

　また科学的知の生産に関心のある科学者にとっても，哲学や原理の意義を受け取ってもらうために，抽象的な認識論レベルの問題が，どのように具体的な問題を引き起こし，また原理的哲学がそれを解決しうるのか，そして科学的知の生産に役立ちうるのかを理解していただけるように心がけた。そのため，人間科学の新たな方法論的基盤も体系的に提示した（8章）。さらには，構造構成主義をさまざまな領域へ導入した実践例を紹介した（11章）。

　本書をこのような構成にしたコンセプトは，本書の最終目的が，単に構造構成主義という原理（メタ理論）を理解してもらうことではなく，あくまでも人間科学や日々の営みの中で有効な視点や方法となることにあるからに他ならない。さらにい

えば構造構成主義は，学問領域に留まらず，あらゆる世界にはびこる信念対立を低減するための「原理」として機能するものであり，おおげさにいえば現実社会の紛争の減少にすら貢献する「理路」を開く視点になると考えている。

[本書の成立経緯]

　本書ができるまでの経緯を，ターニングポイントに限定して簡単に述べておきたい。構造構成主義の体系化の起点となる最初の出会いは『構造主義科学論の冒険』であった。それは，博士課程に入ったばかり（2001年）だったと思うが，ちょうどその頃従来の心理学の方法論に根本的な疑念を抱き始めていた頃であった。加えてその頃公刊された菅村玄二氏の論文に影響を受け，人間科学のメタ理論の必要性を感じ始め，認識論の問題に関心が移り始めていた頃に，ふとしたことからその本に出会ったのだった。その本を社会的構築主義の本と比較しながら親友の清水武氏と徹夜で読み解いたのを覚えている。

　そして徐々にその内実が理解できるようになるにつれて，帰納主義，反証主義，規約主義を止揚する構造主義科学論は，科学論における主客難問（アポリア）を解明し，人間科学のメタ理論になるべき理論性を備えていることが徐々に分かってきた。そのエッセンスを掴んだ時点で，ぼくは科学論における「奥義」を手に入れたと確信するに至った。これにより人間科学や心理学といった多パラダイム並列科学の統一理論を体系化できるように思えて，そういった方向でいくつかの論文をまとめていった。

　次に理論化の方向性に決定的な影響を与えたのは，Mr. Childrenの『掌』という曲であった。それは次のような歌詞である。前半は割愛し，直接影響を受けた後半の部分を引用してみたい。

　　　　　君は君で　僕は僕　そんな当たり前のこと
　　　　　なんでこんなにも簡単に　僕ら
　　　　　見失ってしまえるんだろう？

　　　　　ALL FOR ONE FOR ALL
　　　　　BUT I AM ONE
　　　　　ALL FOR ONE FOR ALL
　　　　　BUT YOU ARE ONE

> ひとつにならなくていいよ
> 認め合うことができればさ
> もちろん投げやりじゃなくて
> 認め合うことができるから
> ひとつにならなくていいよ
> 価値観も　理念も　宗教もさ
> ひとつにならなくていいよ
> 認め合うことができるから
> それで素晴らしい
>
> キスしながら唾を吐いて
> 舐めるつもりが噛みついて
> 着せたつもりが引き裂いて
> また愛　求める
> ひとつにならなくていいよ
> 認め合えばそれでいいよ
> それだけが僕らの前の
> 暗闇を　優しく　散らして
> 光を　降らして　与えてくれる
>
> 2003年11月19日　Mr.Children『掌』より部分引用

　これを聞いて，自分がやりかったのは，統一とかそんなことじゃなく，わかり合うための原理を作りたかったのだと腑に落ちる形で認識できたのである。
　こうして『掌』は，ぼくの認識の大きな転換点となった。そして認識の変容は，行動の変容をもたらす。その後，構造構成主義の理論化の方向性は，統一理論の提起といった拙い野望から，お互いを認め合うための礎となる原理の体系化へと転換していったのだ。
　そしてちょうどその頃，次世代人間科学研究会において人間科学セミナー「構造主義科学論の展開―人間科学にもたらすもの―」が開かれ，そこで初めて池田清彦氏と直接会うことができた。そこでの手応えから，構造構成主義の方向性が間違っていないことを強く確信することができた。
　その後，構造主義科学論を中心として，フッサール現象学，信念対立の超克をモチーフとする竹田青嗣現象学，ニーチェの力の思想，デカルトの方法論的懐疑，ソシュールの一般言語学，丸山圭三郎の記号論的還元，ロムバッハの構造存在論などを継承しつつ，理論構築を進めていった。それと同時に，次世代人間科学研究会の

メーリングリストや研究会での議論を通して，理論は深まっていった。

この本は，ぼくの20歳代最後の夏休みを捧げれば書き上がると踏んでいたのだが，書けば書くほど理論的進展がみられる（書くべきことが溢れてくる）といった循環構造に取り込まれ，夏休みを明けてもいっこうにゴールは切れなかった。しかし，構造構成主義がそれだけの深遠な原理性を包含していたということなのだと自分に言い聞かせて，非常勤講師の合間に書き進めていた。

本書はこのような流れの中で，ぼくが書いたには違いないのだが，それと同時に「西條剛央という人間を通して自律的に組織化されていった」という言い方をした方がしっくりくる気もする。というのは，ぼくは偶然という言葉では片づけることができないほどの多くの，貴重で，時節を得た出会いの接点に位置づけられていた結果として，構造構成主義を体系化することになったように感じるからだ。

今あなたの前に立ち現われている本書はこうして構成されるに至った。とはいえ，これは構造構成主義がやっと独り立ちできるようになったということにすぎない。今後多くの方々のご意見を拝聴しながら，洗練していかなければならない。特に，他の思潮との関連については必要最低限の議論にとどまっている。今後，さまざまな立場から検討していただきたいと思っている。

［謝　辞］

上述してきたように，構造構成主義は多くの人々との出会いやサポートのおかげで体系化されたものに他なりません。お世話になった皆様に謝意を表したいと思います。

まず，大学，大学院時代の指導教官である根ヶ山光一氏には本書を書き上げるための基礎能力（理論を読み解く批判的な視点，論理的で説得的な文章を書く技術）を鍛えていただきました。また研究環境も整えていただいたおかげで，本書の執筆に専念することもできました。心より感謝いたします。

斎藤清二氏は，もっとも早く構造構成主義の価値を認めてくださり，また多くの議論の中で，重要な示唆をいただきました。構造構成主義に関する議論で最も影響を受けた人の1人といえると思います。また草稿に目を通していただき，構造構成主義的である点と構造構成主義的ではない点を鋭くコメントしていただき，特に後者は盲点となっていたので，本書が少しでも構造構成主義的なものになっているとすれば，それは斎藤清二氏のおかげであります。誠にありがとうございました。

川野健治氏には，研究環境を整えていただいたばかりでなく，各種学会や研究会などさまざまな局面でサポートしてくださいました。特に，日本心理学会において構造構成主義に関する小講演に推薦してくださり，司会もしていただきました。ありがとうございました。

圓岡偉男氏には，ぼくの理論の方向性を踏まえてくださった上で，「ロムバッハを読むべき」と的を射たアドバイスをしていただきました。本書の7章はその提言を契機に書かれたものです。御礼申し上げます。

大谷尚氏には，多神教と一神教の違いといった比喩を用いた指摘していただくことで，関心相関性を人々の内的な営みに位置づけることの重要性を再確認することができました。ありがとうございました。

小島康次氏との，メーリングリスト上での対話は，構造構成主義についての考えを深め，また考えを整理するよい契機となりました。厚く御礼申し上げます。

岡本拡子氏には，第10回次世代人間科学研究会を一緒に企画していただくなどさまざまな側面から助力していただきました，また学的，社会的にサポートもしていただきました。ご恩情に感謝いたします。

麻生武氏には，偉大な先達の仕事をしっかりと消化した上で超えていく重要性を教えていただきました。ありがとうございました。

構造構成主義には，清水武氏との日頃の対話の中で創発してきたことがその根底にあります。特に，ロムバッハの読解は，清水氏の読みに負うところが大きいです。また構造構成的知覚研究法は，氏の諸論文を契機として構想されたものであり，また草稿も吟味していただき，有意義なコメントをいただきました。また，全稿について建設的コメントをいただき，特に4章については，氏のコメントのおかげで大幅に改良することができました。ありがとうございました。また本書執筆中に，清水武氏と妹の西條香理が結婚するというとてもうれしい出来事がありました。今後ともどうぞよろしくお願いします。

荘島宏二郎氏には，山森光陽氏とともに第9回次世代人間科学研究会を企画・発表してくださり，その研究会や氏の論考から，構造構成的心理統計学に関して深い洞察を得ることができました。また，11章全般に建設的コメントをいただき，特に構造構成的心理統計学に関して重要な示唆をいただきました。心より感謝いたします。

菅村玄二氏には，構造構成主義を体系化するにあたり，氏の書いた論文にも，私的な対話においても，多大な影響を受けました。構成主義や社会的構築主義といった認識論の議論は氏の論文等から学んだことが多々あります。そして，本書について全稿を理論的，形式的観点からていねいに吟味していただき，数百カ所にわたり建設的なご指摘をいただきました。深謝いたします。

岡田佳子氏には，第9回次世代研における共分散構造分析の話は，構造構成的心理統計学の実践例として有意義な示唆を受けました。またいつも次世代研の会場の準備を尽力していただきありがとうございました。

本書で論じた「理論と実践の乖離」についての箇所は，京極真氏のメーリングリ

スト上の議論を参考にさせていただきました。また，京極氏は，いち早く構造構成主義の有用性を認め，医療現場領域に継承発展してくださり，その仕事からも大きな影響を受けました。まことにありがとうございました。

　香川秀太氏との認識論の先駆性を巡る議論を通じて，構造構成主義を称する時に「認識装置」という言葉を意識的に使うようになりました。また，家島明彦氏との「議論の方法論」に関する議論では，建設的議論に関する自分の考えを整理するよい機会になりました。2人の若き大学院生に感謝します。

　荒川歩氏には，本書執筆中に構造構成主義の有用性と適用範囲を学融の観点からまとめた論文を送っていただき，それらは理論の精緻化に役立てることができました。心から感謝いたします。

　松嶋秀明氏には，構造構成的質的研究法や構造構成的発達研究法を通して，構造構成主義について考えを深めるよいきっかけを与えてもらいました。ありがとうございました。

　根ヶ山研究室の後輩でもある白神敬介氏は，全稿にわたり，繰り返し，ていねいに目を通してくださり，誤字・脱字のチェックから読みやすくなるような形式上の工夫に至るまで，本書をよりよいものにするために尽力してくださいました。また校正にもご助力いただきました。本当にありがとう。

　足立自朗氏，北村英哉氏，近藤清美氏は，さまざまな側面から研究環境を整備してくださいました。本書を執筆できたのは，そうした環境的条件があったからに他なりません。厚謝いたします。また内田伸子氏，渡辺恒夫氏，渡邊芳之氏，尾見康博氏には学問的にさまざまな助言や助力を受けました。まことにありがとうございました。

　無藤隆氏には，学的，社会的にさまざまな建設的助言をいただきました。また，次世代人間科学研究会では，これまで2回話題提供をしていただき，理論と実践をいかに「つなぐ」かといった点で大きな影響を受けました。心より感謝いたします。また無藤隆氏ややまだようこ氏をはじめとする『質的心理学研究』編集委員会のみなさまには，厳しくも建設的なコメントをいただいたおかげで，その雑誌上で構造構成主義の体系化を一部進展させることができました。ありがとうございました。今後も創造的な論文が掲載されるジャーナルであり続けることを期待しております。

　以上の方々はいずれも，次世代人間科学研究会（2002年7月発足〜2007年2月解散）のメンバーであり，メーリングリストや研究会，各種学会等での議論を通して多くを学ばせていただきました。その契機となった次世代研をサポートしてくださり，盛り上げてくださった発起人やMLP（メーリング・リスト・パーソナリティ）のみなさまにも心より感謝申し上げます。

　本書の副題を「次世代人間科学の原理」としたのは，構造構成主義が次世代研を

通じて体系化されたこともその理由の1つになります。また，自分としては，開かれた建設的態度に基づき「次世代の創造」を体現する次世代人間科学研究会は，構造構成主義の実践の場（フィールド）として捉えているところもあり，そういった意味も込めて上記のような副題をつけることとしました。

また少し前のこととなりますが，小澤則昭氏，藤倉真一氏にはたいへんお世話になりました。現在の自分があるのは両氏のおかげです。心より感謝いたします。石崎明人氏にも，いろいろとよい影響を受けました。ありがとう。また寺田俊一朗氏，寺田和枝氏による親身の，そして数多くのサポートがなければ，構造構成主義が現在の形に至ることはまずなかったと思います。心より感謝いたします。また，村田純一氏の的確なご指摘により，本書を「人間科学のメタ理論」として書くことを決めることができました。深く感謝いたします。

池田清彦氏は初めてお会いしてから，何かと気にかけてくださり，理論のみならず，生き様という面からもよい影響を受けました。また文字通り『有り難い』序文まで書いていただき，本当にうれしかったです。ありがとうございました。

また，紙面の関係上，ここには書くことはできませんでしたが，その他公私ともに私を支えてくださったすべての皆様に，心より御礼申し上げます。

そして最後に，北大路書房の関一明さんに感謝いたします。思えば3年以上前に，日本心理学会で「心理学の統一理論」に関する小講演を行なった際に，「感動した」という台詞でぼくにとって最初となる出版のオファーをくださったのが関さんでした。それから随分と月日が経ってしまいましたが，その間，文字通りあらゆる側面から『全面的なバックアップ』をしていただき，執筆活動を支えてくださいました。心から感謝いたします。

本書は，尊敬と感謝の気持ちを込めて父と母に捧げます。

2004年12月

西條剛央

[執筆者紹介]

西條剛央（さいじょう　たけお）　Essential Management School 代表

　若手研究者の登竜門といわれる日本学術振興会特別研究員 DC および PD を経て、最年少で早稲田大学大学院（MBA）専任講師、客員准教授を歴任。MBA での哲学に基づく独自の授業が注目され、『Forbes』に取り上げられる。2019年より現職。専門は本質行動学。現在、ドラッカー学会唯一の公認マネジメントスクールとなる Essential Management School を創設し、一部上場企業の経営者から中小企業の経営者、大学教授、ビジネスマンからアーティストまで、1年で600名以上が修了するスクールの代表を務める。2011年の東日本大震災に際して、構造構成主義（本質行動学）をもとに3000人のボランティアにより運営される50のプロジェクトからなる日本最大級の「総合支援ボランティア組織」を創設し、支援活動に従事。その功績が認められ、Prix Ars Electronica のコミュニティ部門において、WWW やウィキペディアが受賞した最優秀賞（ゴールデン・ニカ）を日本人として初受賞。「ベストチームオブザイヤー2014」「最優秀グッド減災賞」「NPO の社会課題解決を支える ICT サービス大賞」受賞。著書に、『質的研究とは何か（ベーシック編）』（新曜社）、『質的研究とは何か（アドバンス編）』（新曜社）、『人を助けるすんごい仕組み』（ダイヤモンド社）、『チームの力』（筑摩書房）など多数。

構造構成主義とは何か　次世代人間科学の原理

2005年3月20日　初版第1刷発行	定価はカバーに表示してあります。
2020年5月20日　初版第7刷発行	

著　者　　西　條　剛　央
発　行　所　　㈱北大路書房

〒603-8303 京都市北区紫野十二坊町12-8
　　　　電　話　（075）４３１－０３６１㈹
　　　　ＦＡＸ　（075）４３１－９３９３
　　　　振　替　01050-4-2083

ⓒ2005　印刷／製本　亜細亜印刷㈱
検印省略　落丁・乱丁はお取り替えいたします。

日本音楽著作権協会（出）許諾第0501478-007号
ISBN 978-4-7628-2427-2 Printed in Japan

・ JCOPY 〈㈳出版者著作権管理機構 委託出版物〉
本書の無断複写は著作権法上での例外を除き禁じられています。複写される場合は、そのつど事前に、㈳出版者著作権管理機構（電話 03-5244-5088, FAX 03-5244-5089, e-mail: info@jcopy.or.jp）の許諾を得てください。